W0076911

Innovatives Personalmanagement

Herausgegeben von
Dr. Lutz von Rosenstiel
Professor an der Universität München

Band 7

Lernen im Unternehmen

Effiziente Organisation durch Lernkultur

von

Prof. Dr. Karlheinz Sonntag

Universität Heidelberg

C.H. Beck'sche Verlagsbuchhandlung
München 1996

Die Deutsche Bibliothek – CIP-Einheitsaufnahme

Sonntag, Karlheinz:
Lernen im Unternehmen / von Karlheinz Sonntag. – München :
Beck, 1996
   (Innovatives Personalmanagement ; Bd. 7)
   ISBN 3-406-40105-8
NE: GT

ISBN 3 406 40105 8

© 1996 C.H. Beck'sche Verlagsbuchhandlung
(Oscar Beck), München
Satz: Fotosatz H. Buck, 84036 Kumhausen
Gedruckt auf säurefreiem, alterungsbeständigem Papier
(hergestellt aus chlorfrei gebleichtem Zellstoff)

Anstelle des Vorwortes: Aufruf zur Reflexion

„Sokrates der alte Greis,
sagte oft in tiefen Sorgen:
Ach wie viel ist doch verborgen,
was man immer noch nicht weiß.
Und so ist es. – Doch indessen
darf man eines nicht vergessen,
eines weiß man doch hienieden,
nämlich, wenn man unzufrieden.

(Wilhelm Busch, 1875, Abenteuer eines Junggesellen, 1. Kap.)

Unzufriedenheit und Verdruß ruft bei mir die Legion von Arbeiten zu den Themen Innovation, Lernen, Effizienz oder Humanressourcen hervor, die vor dem Hintergrund sich dynamisch verändernder Unternehmensumwelten in letzter Zeit veröffentlicht wurden. Was wird da nicht alles von Unternehmensberatern, Wissenschaftlern und Praktikern über strategieorientierte Personalentwicklung, Organisationales Lernen, Veränderungsmanagement, Schlanke Organisation usw. in rascher Folge geschrieben. Aber – in entsprechender Diktion: Die „Wertschöpfung" dieser literarischen „Prozeßkette" gereicht nicht zur Freude. Flüchtig werden Konzepte „gestrickt", Modelle ungeprüft entwickelt, Empfehlungen, gespickt mit plakativen Formulierungen und wohlanmutenden Begrifflichkeiten, abgeleitet. „Lean learning" hätte in diesem Zusammenhang große Chancen, zum Unwort des Jahres gekürt zu werden.

Ich zweifle nicht im geringsten daran, daß Lernen **die** zentrale und strategische Größe des Unternehmenserfolgs darstellt. Gerade deshalb ist es aber wichtig, Vorhandenes und Neues kritisch aufzuarbeiten und zu hinterfragen, also zu reflektieren.

Dazu wird im **einführenden Kapitel** anhand realer Beispiele aus der betrieblichen Praxis die Notwendigkeit aufgezeigt, Lernpotentiale zu schaffen und zu gestalten, sollen nicht wertvolle Humanressourcen vergeudet, eine suboptimale Produktivität erreicht und damit entscheidende Wettbewerbsvorteile verspielt werden.

Das **zweite Kapitel** beschreibt differenziert und belegt durch zahlreiche Untersuchungen, **was** die kompetent handelnden Mitarbeiter in neuen, effizienteren Organisationsstrukturen ausmacht, welchen veränderten Anforderungen an Denk- und Entscheidungsleistungen oder kooperativem und kommunikativem Verhalten sie genügen müssen.

Solchermaßen qualifikatorische und personale Rahmenbedingungen werden dann zum Problem der Organisation, wenn keine systematische potentialorientierte Förderung der Mitarbeiter betrieben wird, die strategisch ausgerichtet ist. Voraussetzung hierfür ist das Vorhandensein einer **Lernkultur**. Welche Merkmale und Bedingungen eine solche Lernkultur im Unternehmen konstituieren, ist Gegenstand des zentralen **dritten Kapitels**. Theoretische Konzepte individuellen, gruppenbezogenen und organisationalen Lernens werden vorgestellt und zu einem integrativen Modell zusammengeführt, wobei Lernen im Unternehmen als zielgerichtetes Handeln in einem konstruktiven kommunikativen und reflexiven Prozeß verstanden wird. Die Umsetzung erfolgt durch die Gestaltung förderlicher Lernumgebungen und die Redefinition von Macht, Führung und Kommunikation. Maßnahmen und Instrumente der Personal- und Organisationsentwicklung werden hierfür vorgestellt.

Im **vierten Kapitel** wird Lernkultur am Beispiel der Förderung der beruflichen Handlungskompetenz von Mitarbeitern „praktiziert", wobei erprobte Techniken und Methoden der Analyse des Lernbedarfs und des Förderpotentials, der Intervention und der Evaluation (Qualitätssicherung) beschrieben werden. Im abschließenden **fünften Kapitel** wird ein Fallbeispiel eines lernfähigen Unternehmens diskutiert.

Mit diesem Buch kann kein allumfassender Ansatz betrieblichen Lernens erstellt werden, es wird vielmehr versucht, auf der konzeptionellen Ebene sowie der Gestaltungs- und Interventionsebene in kleinen Schritten einen reflektierten Beitrag zur Etablierung einer Lernkultur im Unternehmen zu leisten.

Entscheidend zum Gelingen dieses Buches haben Margarete Edelmann, Anke Jungmann, Dr. Niclas Schaper, Barbara Schulz und Moritz Thomas beigetragen. Bei ihnen möchte ich mich ganz herzlich für die engagierte Mitarbeit bedanken.

Karlheinz Sonntag   Heidelberg, im Mai 1996

Inhaltsverzeichnis

Kapitel 1
Zur Einführung: Lernen als Antwort auf Veränderungen
und Promotor von Veränderungen

Kapitel 2
Das Problem: Kompetent handelnde Mitarbeiter in
komplexen Umwelten und neuen Organisationsstrukturen

Kapitel 3
Die Lösung: Lernkultur im Unternehmen

Kapitel 4
Praktizierte Lernkultur: Personale Förderung

Kapitel 5
Zum Abschluß: Wann sind Unternehmen lernfähig?

Kapitel 1
Zur Einführung: Lernen als Antwort auf Veränderungen und Promotor von Veränderungen

1 Vergeudung von Humanressourcen und suboptimale Produktivität

Zur Einführung und Einstimmung auf dieses Buch sind nachfolgende Textpassagen sorgfältig zu lesen. Anschließend ist die Frage zu beantworten, welcher Berufsgruppe der Autor dieses Textausschnittes zuzuordnen ist:

> *„Man hätte die Japaner erfinden müssen, um unsere nicht menschengerechten Strukturen, die nicht zu ausreichender Produktivität geführt haben, aufzubrechen ... Es gilt nun das Geistkapital als neue Energiequelle freizusetzen ... Die Mitarbeiter von heute lassen sich nicht mehr auf der Basis von Befehl und Gehorsam führen ... Die Fremdbestimmung muß reduziert, Mitsprache- und Mitgestaltungsaufgaben müssen aufgebaut werden ... Menschen funktionieren nicht nur sachlogisch, die psychologische und soziale Komponente sind von größerer Bedeutung. Gruppenorientierung muß zu selbstorganisiertem Handeln führen ... Befugnisse und Verantwortung sind auszuweiten. Diese gewaltigen Veränderungen erfordern ein anderes, das dialogisch-partnerschaftliche Führungskonzept, und natürlich neue Einstellungen des Managements. "*

Wer ist Autor dieser gewichtigen Aussagen?

– ein Gewerkschaftsfunktionär, der die Mitsprache und Mitbestimmung auf sein Banner geschrieben hat;

– ein Topmanager eines Automobilunternehmens, der die „soft factors" entdeckt hat;

– ein Arbeitswissenschaftler, der im Bereich „Humanisierung der Arbeit" forscht;

– ein Inhaber eines betriebswirtschaftlichen Lehrstuhls, der sich über „Lean Management" und den Produktionsfaktor „Mensch" ausläßt;

– ein würdiger Vertreter der katholischen Soziallehre, der sich über die Zukunft der Arbeitsgesellschaft so seine Gedanken macht?

(Bitte erst umblättern, wenn Frage beantwortet ist.)

Es ist dies kein fiktives Beispiel und jeder der aufgeführten Vertreter einer gesellschaftlichen Gruppierung hätte, nuanciert, diese Aussagen zur aktuellen Bedeutung von Humankapital formulieren können. Daß ein Topmanager und ehemaliges stellvertretendes Vorstandsmitglied eines bayerischen Automobilunternehmens so eindeutig Position bezieht, verdient Beachtung, zumal eine suboptimale Produktivität auf „nicht menschengerechte Strukturen" zurückgeführt, ein partizipatives Führungskonzept, das auf Dialog ausgerichtet ist, propagiert und die „psychologische und soziale Komponente" der Mitarbeiter hervorgehoben werden.

Diese Auszüge aus einem Vortrag von *Henneke* (zit. in *Gottschall*, 1992) mögen für viele als eine Aneinanderreihung gerade sehr aktueller rhetorischer Floskeln gelten, dennoch sind sie auch ein Eingeständnis einer verfehlten Unternehmenspolitik, die der einseitigen Ausrichtung auf technisch-sachlogische Aspekte bisher eindeutig den Vorrang einräumten, insbesondere dann, wenn „gewaltige Veränderungen" anstanden. Eine Einsicht, die z. Zt. häufig in offiziellen Statements von Vorständen und leitenden Mitarbeitern wiederzufinden ist und sich in dem Wortspiel „Denken und Investieren in Humanressourcen" verdichtet. Erkannt hat man in der Zwischenzeit, daß eine dem technokratischen und kaufmännischen Denken verhaftete Unternehmensphilosophie (Technischer Determinismus) die weit verbreitete Annahme einer **einseitigen linearen** Beziehung zwischen Technik (T), Arbeitsorganisation (A) und Qualifikation (Q) der Mitarbeiter unterstellt. Werden diese zentralen Faktoren betrieblicher Veränderungsprozesse in ihrem vielfältigen und komplexen Wirkungszusammenhang nicht gleichwertig berücksichtigt bzw. in Planungsprozesse einbezogen, dann sind Vergeudung von Humanressourcen und suboptimale Produktivität die Folge.

Nachfolgende Beispiele verdeutlichen solche möglichen „misfits" (Nichtpassungen) und deren Auswirkungen bei technisch-organisatorischen Veränderungsprozessen (z.B. Einführung computergestützter Arbeitsmittel) in der betrieblichen Praxis (vgl. Abb. 1).

Beispiel 1: Arbeitsorganisatorisches „misfit"

Computergestützte Arbeitsmittel werden eingesetzt, ein adäquates Qualifikationspotential der Mitarbeiter ist vorhanden, die Arbeitsorganisation ermöglicht jedoch keine Anwendung dieser Qualifikationen.

Wir haben hier das Beispiel des unterforderten, qualifizierten Facharbeiters (z.B. Industriemechaniker/Produktionstechnik), der nur Überwachungstätigkeiten ausführt, von seiner Fach- und Methodenkompetenz aber durchaus in der Lage wäre, weitere Tätigkeits-

Technischer Determinismus:

Technik (T) $\Rightarrow$ Arbeitsorganisation (A) $\Rightarrow$ Qualifikation (Q)

Beispiel 1:   Arbeitsorganisatorisches „misfit"
$$T^+ \quad A^- \quad Q^+$$

Beispiel 2:   Arbeitsgestalterisches „misfit"
$$T^+ \quad A^+ \quad Q^+ \quad A^-_{gest}$$

Beispiel 3:   Qualifikatorisches „misfit"
$$T^+ \quad A^+ \quad Q^-$$

Beispiel 4:   Technisches „misfit"
$$T^- \quad Q^+$$

Abb. 1: „Misfits", suboptimale Produktivität und Vergeudung von Humanressourcen bei Veränderungen

bereiche, wie Störungssuche und -beseitigung, Qualitätssicherung usw. zu übernehmen. Werden vorhandene Qualifikationen, die womöglich noch in zeit- und kostenaufwendigen Maßnahmen vermittelt wurden, nicht durch entsprechend gestaltete Arbeits- und Organisationsstrukturen abgefragt, dann werden Humanressourcen vergeudet und die konkrete Arbeitssituation bekommt den Charakter eines „Verlernfeldes".

Beispiel 2: Arbeitsgestalterisches „misfit"
Computergestützte Arbeitsmittel werden eingesetzt, ein adäquates Qualifizierungspotential der Mitarbeiter ist vorhanden, die Arbeitsorganisation ist entsprechend geändert, aber die Umgebungsbedingungen machen eine Anwendung der Qualifikationen unmöglich. Dieses Beispiel bezieht sich auf qualifizierte CNC-Maschinenbediener, die durch einen hohen Lärmpegel bei den kognitiv anspruchsvollen Tätigkeiten der Programmerstellung vor Ort erheblich behindert werden. Auch hier werden vorhandene Mitarbeiterpotentiale nicht entsprechend am Lernort Arbeitsplatz genutzt und weiterentwickelt.

Beispiel 3: Qualifikatorisches „misfit"
Computergestützte Arbeitsmittel werden eingesetzt, die Arbeitsorganisation ermöglicht ganzheitliche Tätigkeiten (im Sinne von Planen, Durchführen und Kontrollieren), aber das erforderliche Qualifikationsniveau liegt nicht vor.

Es ist dies das Beispiel des überforderten, weil zu spät oder falsch qualifizierten Mitarbeiters. Gestaltungsoptionen, die eine stärkere intellektuelle und selbständige Bewältigung von Arbeitsaufgaben vorsehen, können deshalb nicht realisiert werden, weil beispielsweise

– berufliche Curricula zugrunde liegen, die teilweise noch extrem fertigkeitsorientiert ausgerichtet sind;
– Lernmethoden angewandt wurden, die nur ein passiv-rezipierendes Lernen fördern;
– das Lehrpersonal nur über ein methodisch-didaktisches Repertoire verfügt, das sich im „imitatio-repetitio-Prinzip" (Vormachen-Nachmachen) erschöpft.

Während sich die ersten beiden Beispiele mit lernförderlichen bzw. lernhemmenden Arbeitsstrukturen und -bedingungen befassen, beziehen sich die qualifikatorischen „misfits" auf eine völlig verfehlte oder nachrangig behandelte Lehr-Lernkonzeption im Unternehmen. Lernen der Mitarbeiter spielt in solchen Betrieben keine Rolle.

Beispiel 4: Technisches „misfit"

Computergestützte Arbeitsmittel werden eingesetzt, ohne die vorhandenen Qualifikationen zu berücksichtigen. Zu nennen sind hier beispielsweise CAD-Konstrukteure, die sich einer konzernübergreifenden Beschaffungspolitik beugen und ein einheitliches CAD-Modell (beispielsweise 3D-Volumen-Modell) übernehmen müssen, auch wenn das bisherige Konstruktions„denken" sich als sehr erfolgreich erwiesen hat.

Dieses vierte Negativbeispiel ist auf mangelnde Bereitschaft des Managements zurückzuführen, Mitarbeiter bei Fragen der qualitativen Personalplanung und der Nutzung vorhandener Ressourcen zu beteiligen.

Die genannten durchaus realen Beispiele, deren Anzahl sich um ein leichtes erhöhen ließe, erzeugen Friktionen und Spannungen im Betrieb, die sich in *mitarbeiterbezogenen* Problemen, wie Unzufriedenheit, mangelnder Akzeptanz neuer Techniken und Organisationskonzepte, Motivationsverlusten usw., und *technisch-ökonomischen* Problemen, wie erhöhten Stillstandszeiten, geringer Anlagenverfügbarkeit usw. äußern.

Lernförderliche Arbeits- und Organisationsstrukturen, Lernarrangements, die zu kompetent und selbstbewußt handelnden Mitarbeitern führen, und partizipative Führungsstrukturen sind somit enorme erfolgskritische Bereiche innerhalb betrieblicher Veränderungsprozesse. Sie vermeiden bei entsprechender Beachtung und Gestaltung die sinnlose Vergeudung von Humanressourcen und eine suboptimale Produktivität. Insofern sind *Hennekes* Aussagen (zit. in *Gottschall*, 1992), wie sie in den o.g. Textpassagen aufgeführt sind, belegt und von erheblicher Bedeutung für erfolgreiche auf dem Markt agierende Unternehmen.

2 Erfolgreiche Unternehmen setzen Wandel und Entwicklung voraus

Seit den Griechen wissen wir, daß „alles im Fluß ist" (panta rhei), und ebenso gerne und häufig benutzen wir das Bonmot, daß „das einzig Stabile der Wandel sei", wenn gerade einmal wieder umorganisiert wird. Nicht der Status Quo, das Beharrende, Verknöcherte also, sondern der Wandel, die Veränderung sind notwendig und selbstverständlich. Veränderung meint in einem normativen, qualitativen Sinne stets Entwicklung, als **Höher-** und **Weiter**entwicklung beispielsweise von Eigenschaften, Fähigkeiten, Interessen oder Beziehungen.

Zur Zeit befinden sich insbesondere die Industrieländer in einem dynamischen, sozioökonomischen und technologischen Strukturwandel mit hohen Anforderungen an das Innovations- und Lernpotential der Unternehmen und seiner Mitarbeiter. Eine im Auftrag von Harvard Business Review (vgl. *Moss-Kanter*, 1991) durchgeführte weltweite Studie bei 11 678 Managern der ersten Linie über künftige Herausforderungen an Führungskräfte und Unternehmen zeigt eindrucksvoll die Bedeutung, die der Erziehung und Bildung als wesentlichem Einflußfaktor auf den Organisationserfolg beigemessen wird, ebenso die aktive Rolle und Verantwortung, die der Wirtschaft bei der Bildung zugeschrieben wird (vgl. Abb. 2 und 3).

Von zentraler Bedeutung sind dabei Fragestellungen,

– wie Unternehmen und Mitarbeiter mit sich (laufend) verändernden Umfeldbedingungen umgehen,
– wie sie deren teilweise komplexe und vernetzten Zusammenhänge bewältigen, oder
– wie sie Veränderungsprozesse steuern, beeinflussen und sich ihnen nicht nur anpassen.

Diese existentiellen Fragen zu Veränderungsprozessen fordern die Unternehmensführungen zu unterschiedlichen Reaktionen bzw. Aktionen heraus. Die Palette der Veränderungsphilosophien polarisiert sich dabei in **strategische** und **adaptive** Änderungen. In Abhängigkeit vom Problemdruck bzw. Änderungsbedarf lassen sich nach *Reinhardt* (1993) vier Veränderungstypen charakterisieren (vgl. Abb. 4).

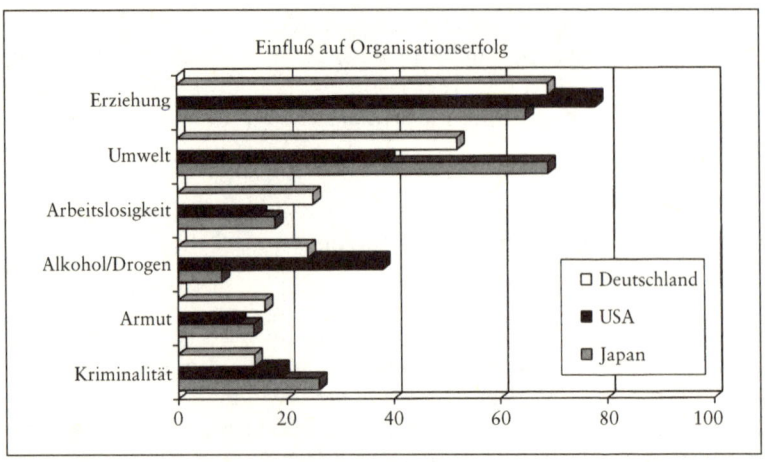

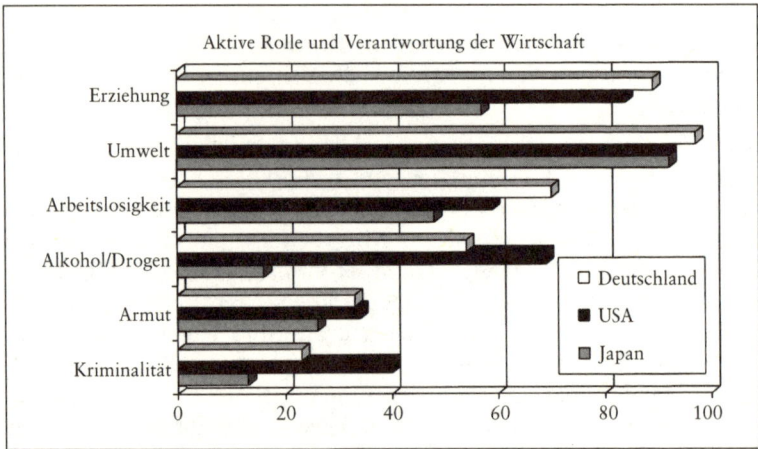

Abb. 2 und 3: Einfluß auf Organisationserfolg sowie aktive Rolle und
Verantwortung der Wirtschaft (N=11678, Angaben in %,
nach *Moss-Kanter, 1991*)

Es erscheint plausibel, daß auf dem Markt erfolgreiche Unternehmen dem Veränderungstypus I zuzuordnen sind, da sie ohne „Leidensdruck" zu erwartende Entwicklungsverläufe vorwegnehmen
(antizipieren) und strategische Veränderungsprozesse einleiten. Ein
solches strategisches Management ist wesentlich schwieriger zu initiieren, da in Zeiten ökonomischer Stabilität die Notwendigkeit zur
Veränderung im Unternehmen nur schwer vermittelbar ist (vgl. Infobox 1).

Betrachtet man die derzeitigen hektischen Aktionen in nicht wenigen Unternehmen, so sind in diesen Fällen wohl die Veränderungs-

Veränderungstyp I beinhaltet eine strategische Neuausrichtung des Unternehmens bei fehlendem „Leidensdruck" auf zukünftige Herausforderungen durch Antizipation zu erwartender Entwicklungen – und kann somit kurz als „strategisch-antizipatorische" Erhöhung der Wachstumsfähigkeit des Unternehmens bezeichnet werden.

Veränderungstyp II bedeutet eine strategische Reaktion in Erwartung fehlender Entwicklungs- und Wachstumspotentiale in angestammten Geschäftsfeldern bei einem nur marginalen „Leidensdruck" und der sicheren Überzeugung, daß erwartete Veränderungen angemessen gehandhabt werden können. Hier geht es also um die Sicherung der Überlebensfähigkeit des Unternehmens.

Veränderungstyp III stellt eine strategische Reaktion auf latente Krisen dar, die einen grundlegenden Erneuerungsprozeß notwendig machen, wobei ein hoher „Leidensdruck" vorliegt. Es wird klar, daß ohne deutliche Veränderungen die Überlebensfähigkeit des Unternehmens stark gefährdet ist.

Veränderungstyp IV ist eine Reaktion auf akute, existenzbedrohende Krisen des Unternehmens bei einem ausgeprägt hohen „Leidensdruck", der verdeutlicht, daß das Unternehmen ohne schnelle und zentrale Veränderungen nicht mehr überlebensfähig ist.

Abb. 4: Typisierung von Veränderungsprozessen in Abhängigkeit des Leidensdrucks von Unternehmen (aus *Reinhardt*, 1993)

typen III und IV anzutreffen, die erst krisengeleitet Veränderungsbedarf konstatieren.

Die Unternehmensberatung *Booz-Allen & Hamilton* (1990) führte eine Befragung bei 177 Topmanagern von „Fortune 500"-Unternehmen über Probleme in der Strategieumsetzung durch. Als Ursachen von Diskrepanzen zwischen Strategieentwicklung und -umsetzung wurden am häufigsten genannt:

• unzureichende Fähigkeiten und Fertigkeiten des Managements,
• unklares Rollenverständnis,
• zu geringe Koordination zwischen einzelnen Unternehmenseinheiten,
• ungeklärte Zuständigkeiten und
• geringes Commitment (Verpflichtung) zur Strategieumsetzung.

Erhebliche Defizite in der Strategiebestimmung und -umsetzung stellen auch *Hamel & Prahalad* (1989) fest (vgl. Infobox 2).

Infobox 1: Mangelnde Antizipation von Veränderungen (aus *Hamel/Prahalad*, 1989, S. 91)

„Wenige westliche Unternehmen fallen dadurch auf, daß sie die Schritte ihrer neuen globalen Konkurrenten antizipiert haben. Warum? Eine erste Erklärung liefert die Art und Weise, wie die meisten von ihnen in ihren Wettbewerbsanalysen vorgehen: Sie konzentrieren sich auf die Mittel, über die ihre aktuellen Konkurrenten gegenwärtig verfügen. (...) Als Gefahr erkannt werden damit nur jene Gegenspieler, die genügend Mittel besitzen, um den eigenen Gewinnmargen und Marktanteilen in der folgenden Planungsperiode zuzusetzen. Unternehmerischer Einfallsreichtum, oder das Tempo, mit dem sich andere neue Vorteile aufbauen, fließen selten in die Analyse ein. Damit gleicht die traditionelle Wettbewerbsanalyse eher der Momentaufnahme von einem Auto in voller Fahrt. Das Foto selbst enthält wenig an Informationen über Geschwindigkeit, Fahrtrichtung und etwa darüber, ob der Chauffeur nur eine Vergnügungstour macht oder sich auf den Grand Prix vorbereitet."

Infobox 2: Defizite in der Strategieumsetzung (aus *Hamel/Prahalad*, 1989, S.102)

„Wo Strategiebestimmung zum elitären Akt wird, ist es auch schwierig, wirklich kreative Strategien hervorzubringen. Zum einen gibt es in den Planungsabteilungen auf Bereichs- oder Konzernebene zu wenig fähige Köpfe und zu wenig Meinungen, um die überkommenen Weisheiten anzuzweifeln. Zum anderen gehen kreative Strategien selten aus dem jährlichen Planungsritual hervor, zumal die Strategie des kommenden Jahres fast immer auf der Strategie des laufenden Jahres basiert. Verbesserungen erfolgen nur in kleinen Schritten, man bleibt den bekannten Segmenten und Territorien treu, obwohl die wahren Chancen anderswo liegen mögen."

Diese Belege mögen genügen, um darzustellen, daß eine wirksame Einflußnahme auf Veränderungen bzw. die Initiierung von Veränderungen nur durch **frühzeitiges** Erkennen, Bewerten, Gestalten und Umsetzen von Strategien möglich ist. Grundvoraussetzung solcher Entwicklungs- und Veränderungsprozesse ist Lernen: Lernen auf individueller, gruppenbezogener und organisationaler Ebene. Zweifach bestimmt ist Lernen zum einen die Antwort auf Veränderungen und zum anderen der Promotor von Veränderungen. Auf dieser

Grundlage lassen sich Veränderungsprozesse erfolgreich gestalten. Nachfolgende Beispiele zeigen solche auf Lernen konzipierte Veränderungen in strategischer und systemischer Perspektive.

Beispiele entwicklungsförderlicher Veränderungskonzepte

Beer/Eisenstat/Spector (1991) entwickelten einen interessanten Ansatz, der erfolgreiche Veränderungsprozesse bewirken soll. Ihrem „task alignment"-Konzept liegen Regeln zugrunde, die sich mit den Rollen, Verantwortlichkeiten und Beziehungen der Mitarbeiter im Veränderungsprozeß auseinandersetzen, um spezifische Probleme zu lösen (task alignment). Ausgehend von kleinen Organisationseinheiten (Werk, Abteilung, Geschäftseinheit) werden Schritte formuliert, deren Gesamtheit (critical parts) den Charakter einer sich selbstverstärkenden Spirale aus den Elementen **Engagement, Koordination** und **Kompetenz** besitzen. Die Regeln und deren Reihenfolge gibt Abb. 5 wieder.

Regeln des „task alignment"-Konzepts
(1) Engagement für den Wandel durch gemeinsame Diagnose betrieblicher Probleme mobilisieren
(2) Eine gemeinsame Vision davon entwickeln, wie sich Wettbewerbsfähigkeit organisieren und managen läßt
(3) Einmütige Zustimmung für die neue Vision anstreben sowie Fähigkeiten, sie umzusetzen und kohärent weiterzuentwickeln
(4) Die Revitalisierung auf alle Abteilungen ausdehnen, ohne dazu von oben Druck auszuüben
(5) Die Erneuerung durch formale Regeln, Systeme und Strukturen institutionalisieren
(6) Strategien in Abhängigkeit auftretender Schwierigkeiten im Erneuerungsprozeß überwachen und anpassen

Abb. 5: Regelwerk zur erfolgreichen Bewältigung von Änderungsprozessen

Bemerkenswert an diesem Ansatz ist die **hierarchieübergreifende** Nutzung von Humanressourcen, die Schaffung von Lernpotentialen und die Initiierung vielfältiger Lernprozesse. Der Veränderungsprozeß wird nicht von einer kleinen Elite getragen, vielmehr werden im Sinne eines „sharing mental models" eine **gemeinsame** Erfahrungs- und Wissensbasis bei der Problemdiagnose genutzt und unter Einbezug der Mitarbeiter Lösungen entwickelt und umgesetzt. Dieser bereichsübergreifende Veränderungsprozeß erfolgt auf kooperativer Basis. Selbstorganisationsprozesse können sich entwickeln; so werden in einzelnen Subsystemen Freiräume geschaffen, selbst Vorschläge für die Unterstützung des Veränderungsprozesses zu entwickeln und umzusetzen. Formale Strukturen werden erst relativ spät geschaffen. Die durch die Initiierung der Veränderungsprozesse entstehenden Flexibilitätspotentiale werden somit nicht zu früh reduziert, sondern für unterschiedliche Optionen offengehalten.

Diesem Ansatz liegt bereits eine **systemische** Sichtweise zugrunde, wie sie von *Klimecki/Probst/Eberl* (1991) für ein „entwicklungsorientiertes Management" ausformuliert wurde. Es geht dabei um die zentrale Frage, mit welchem Managementverständnis und welchen Konzepten an Veränderungsprobleme heranzugehen ist, wenn man soziale Systeme problemlösungsfähig halten und den darin agierenden Menschen die Möglichkeit zur persönlichen Entwicklung einräumen will. Die Autoren entwickelten hierzu folgendes Modell (vgl. Abb. 6).

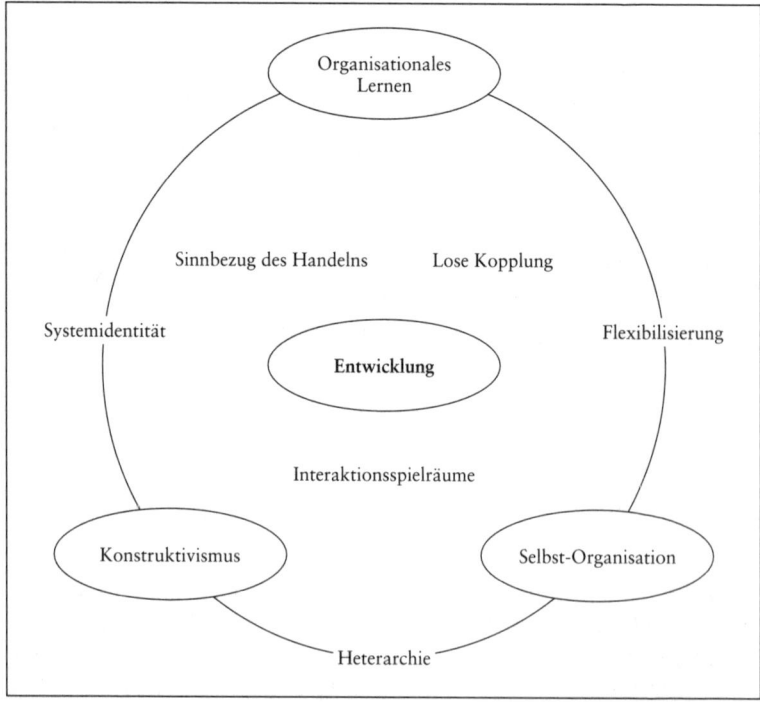

Abb. 6: Basiselemente eines entwicklungsorientierten Managements
(aus *Klimecki/Probst/Eberl*, 1991, S. 107)

Basiselemente eines „entwicklungsorientierten Managements" sind demnach:

- **Konstruieren von Wirklichkeiten**, wobei die individuellen Deutungsspielräume und die Einschätzung eigener Handlungsmöglichkeiten und -chancen der am Entwicklungsprozeß beteiligten Individuen und Gruppen entscheidend ist;
- **Selbstorganisation**, wobei nicht ein reaktiver, anpassender Prozeß, sondern ein innovativer, kreativer und aktiver Vorgang gemeint ist. In diesem Sinne bedeutet Selbstorganisation die Fähigkeit, die eigenen Zwecke, Ziele, Werte und Verhaltensnormen zu thematisieren;
- **Lernen** als Voraussetzung, daß Entwicklung in selbstorganisierten Systemen überhaupt stattfinden kann. Dies ist dann der Fall, wenn es gelingt, individuelle Lernpotentiale und -erfolge in institutionelles Lernen umzusetzen. Hierfür müssen Kontexte bzw. Lernumgebungen geschaffen werden, die Lernhindernisse abbauen und eine konstruktive und reflexive Auseinandersetzung zwischen allen Gruppen und Mitgliedern eines sozialen Systems ermöglichen.

Aus diesen Basiselementen leiten *Klimecki/Probst/Eberl* (1991) Gestaltungsperspektiven ab, die von einem entwicklungsbezogenen Management zu verfolgen sind. Im einzelnen sind das:

- **Systemidentität** durch gemeinsam akzeptierten Sinnbezug des Handelns. Wesentliche Managementaufgabe ist hier, einen sensiblen, behutsamen und reflektierten Umgang mit „gelebter" Kultur zu entwickeln.
- **Heterarchisch gestaltete Systeme**, die Entwicklungspotentiale und Interaktionsspielräume freisetzen. Managementleistungen sind weder an einem bestimmten Ort im System lokalisiert, noch auf eine bestimmte Person oder Gruppe reduziert, sondern auf das gesamte System verteilt. Dieses Managementverständnis geht einher mit einem Handlungsprozeß, der **proaktiv, prosozial** und **partizipativ** dimensioniert ist.
Proaktives Handeln fordert vernetztes Denken und macht ein hohes Problemlösungspotential notwendig, um auch bei unvorhergesehenen Veränderungen handlungsfähig zu sein. **Prosoziale Interaktionen** sind von gegenseitiger fachlicher und personaler Akzeptanz, von Vertrauen und dem Willen zur Zusammenarbeit geprägt und erfordern offene Kommunikationswege und Sozialkompetenz der Systemmitglieder. **Partizipation** meint, die von einer Entscheidung Betroffenen zu echten Beteiligten am Entscheidungsprozeß zu machen.
- **Flexibilisierung** von **Denkmustern** und **Arbeitsstrukturen**, um verschiedene Realisierungsstrategien erkennen und nutzen zu können:

Die hierfür nötigen entwicklungsorientierten Interventionen und einzusetzenden Managementinstrumente der Personal- und Organisationsentwicklung gehen von einer interaktiven Ausgestaltung in Zusammenarbeit mit den Betroffenen und integrierten, problemspezifischen Instrumenten (bspw. Instrumente zur Bewertung des Förderpotentials, vgl. Kap. 4 Abschnitt 2.2.1) aus.

Die aufgeführten Beispiele zeigen, daß Entwicklungsprozesse im Veränderungsmanagement als **Lernprozesse** begriffen werden müssen. Das Einleiten solcher Lernprozesse in einer für die Mitarbeiter erlebbaren Unternehmenskultur stellt eine der wichtigsten Führungsfunktionen überhaupt dar. Bevor wir uns einer solchen Lernkultur nähern, in der ein geistiges Klima für offenes kontinuierliches und hierarchieübergreifendes Lernen gefördert wird, soll im folgenden aufgezeigt werden, was denn Gegenstand eines solchen Lernens sein soll bzw. sein muß.

Kapitel 2
Das Problem: Kompetent handelnde Mitarbeiter in komplexen Umwelten und neuen Organisationsstrukturen

1 Komplexität und Informationsvielfalt

Wissensexplosion, Informationsvielfalt, Komplexität sind Begrifflichkeiten, die zur Begründung neuer Personal- und Organisationsentwicklungskonzepte in der einschlägigen Literatur fast immer vorzufinden sind. Die Vermehrung und Verteilung von Wissen und Informationen, bedingt durch die zunehmende Vernetzung elektronischer Medien und die Dynamik der Veränderung, zwingen Manager und Mitarbeiter, mit Komplexität bzw. komplexen Problemsituationen umzugehen. Anstelle analytischen, linearen Denkens, das eindeutig und determiniert ist, wird vernetztes Denken in komplexen Systemen gefordert, also eine „ganzheitliche" Betrachtungsweise des Systemzusammenhangs Unternehmen-Mensch-Umwelt (vgl. Infobox 3) nahegelegt.

Infobox 3: Ganzheitliches Denken als neues Paradigma

„Fluktuationen, Evolutionen, Veränderungen: Das sind auch die Kennzeichen der dynamischen Umwelt, in der für die Unternehmungen und ihre Menschen ein ganzheitliches Denken und Handeln, ein neues Lernen, zur unumgänglichen Notwendigkeit wird, um in den komplexen Vernetzungen nicht die Orientierung zu verlieren" (*Meyer-Dohm*, 1991, S. 197).

Nun wird mit Sicherheit ein Facharbeiter die Orientierung verlieren, wenn er das Problem, beispielsweise eine Störung zu diagnostizieren und zu beseitigen, im ganzheitlichen Sinne angeht. Ebenso wird ein Manager hoffnungslos überfordert sein, wenn er versucht, durch einen ganzheitlichen Ansatz die Anlagenverfügbarkeit eines neu installierten Fertigungssystems zu optimieren. Von Bedeutung ist also, in welcher Domäne vernetztes Denken bei der Bewältigung komplexer Aufgaben und Problemstellungen erforderlich ist. Eine Aufteilung in die Komplexitätsbewältigung auf Managementebene und

Facharbeiter-/Sachbearbeiterebene scheint daher angebracht, um die Lernerfordernisse besser zu verdeutlichen. **Beide,** Führungskräfte wie Mitarbeiter, sind Experten in ihrem Tätigkeitsbereich, sind Leistungsträger im Unternehmen.

1.1 Komplexitätsbewältigung im Managementbereich

Der adäquate Umgang des Managements mit komplexen Problemsituationen setzt voraus, daß Unternehmen als zweckgerichtete dynamische, vernetzte Systeme akzeptiert und verstanden werden. Die in einem Unternehmen für die Realisierung zentraler Gestaltungs-, Lenkungs- und Entwicklungsaufgaben zu berücksichtigenden Variablen sind in einem hohen Maße miteinander verbunden und beeinflussen sich mehr oder weniger stark untereinander. Ein Teil des Wirkungsgefüges bzw. der Variablen ist intransparent und entzieht sich somit teils oder ganz einer zumindest angemessenen Beobachtung. In das Kalkül einzubeziehen sind auch potentiell auftretende Neben-, Fern- oder Langzeitwirkungen von Maßnahmen und Entscheidungen.

Nach **systemischer Denkweise** erfolgen nur zu einem geringen Teil steuernde Eingriffe von außen, vielmehr wird eine Tendenz zur Selbstregulierung und -organisation vorausgesetzt. Solche Entwicklungsprozesse, die dann entstehen, stellen nichts anderes als Lernen dar, das in hohem Maße von günstigen Kontextbedingungen abhängig ist, wozu insbesondere eine offene und kontinuierliche Kommunikation, Experimentierfreude, Wahlmöglichkeiten, Reflexion und offener Umgang mit Konflikten zählt. Genau diese Fähigkeiten einer erfolgreichen Problembewältigung in komplexen Situationen finden sich allenfalls partiell in Unternehmen.

Wohl eher sind **Denkfehler** im Management beim Umgang mit komplexen Problemsituationen zu konstatieren, die eine **neue Art von Problemlösen** erforderlich machen. Allerdings können diesen Gegenpositionen wiederum **Vorbehalte** entgegengestellt werden, die in traditionell ausgerichteten bzw. nicht systemischen Wirtschaftsorganisationen vorzufinden sind. Solche Denkfehler, entsprechende systemische Gegenpositionen und die Vorbehalte wurden von den St. Gallener Unternehmensforschern *Gomez* und *Probst* (1987) formuliert. Abb. 7 gibt die Gegenüberstellung dieser drei Managementpositionen im Umgang mit komplexen Problemen wieder.

Anhand der exemplarischen Beschreibungen läßt sich gut nachvollziehen, daß wohl eher Denkfehler und – durch Alltagserfahrung vielfach bestätigt – Vorbehalte die Managementwirklichkeit bei der Komplexitätsbewältigung repräsentieren, als die Gegenpositionen eines ganzheitlichen Problemlösens. *Ulrich/Probst* (1990) schlagen

Denkfehler	Gegenpositionen	Vorbehalte
1. Probleme sind objektiv gegeben und müssen nur noch klar formuliert werden.	Probleme sind perspektivenabhängig und interpretationsgebunden.	Dies ausdrücklich zu thematisieren, führt zu **Konflikten.**
2. Jedes Problem ist die direkte Konsequenz einer Ursache.	Die Problemfaktoren sind in Wechselbeziehungen und Schleifen miteinander vernetzt.	Dies bis in letzte Feinheiten zu berücksichtigen, kompliziert die Entscheidung und führt zur **Verzettelung.**
3. Um eine Situation zu verstehen, genügt eine „Photographie" des Ist-Zustandes.	Eine Situation kann man nur verstehen, wenn man ihre Dynamik, das heißt das Verhalten der Problemfaktoren in der Zeit, untersucht.	Dies eingehend zu durchdenken, verzögert die Entscheidung und führt zu einem **zu hohen Zeitbedarf.**
4. Verhalten ist prognostizierbar, notwendig ist nur eine ausreichende Informationsbasis.	Verhalten ist nicht ausreichend prognostizierbar, sondern prinzipiell ungewiß.	Davon auszugehen, führt bei allem Entscheiden zu **Verunsicherung.** Man muß zusehen, daß man die unterstellten Verhaltensweisen auch realisiert.
5. Problemsituationen lassen sich „beherrschen", es ist lediglich eine Frage des Aufwandes.	Es gibt Grenzen der Beherrschbarkeit, die man herausfinden und an denen man sich orientieren muß.	So zu denken, veranlaßt zur Vertagung von Entscheidungen und zur **Untätigkeit.**
6. Ein „Macher" kann jede Problemlösung in der Praxis durchsetzen.	Die zu verändernden Verhältnisse zeigen Eigenaktivität und widersetzen sich der Steuerung.	Dies in den Vordergrund zu stellen, führt zu Zaghaftigkeit und **Halbherzigkeit.**
7. Mit der Einführung einer Lösung kann das Problem endgültig ad acta gelegt werden.	Probleme bestehen auch nach ihrer Lösung fort und werden durch ihre „Lösung" oft nur verschoben.	Diese Auffassung verkennt die Notwendigkeit, sich immer neuen Problemen stellen zu müssen, und führt zur **Fixierung** auf bestimmte Probleme.

Abb. 7: Denkfehler, Gegenpositionen und Vorbehalte des Managements im Umgang mit komplexen Problemen (vgl. *Gomez/Probst,* 1987)

deshalb eine Methodik vor, mit deren Hilfe die Frage „Wie gelernt werden kann, mit komplexen Problemen besser umzugehen?" beantwortet werden soll. Die Autoren unterscheiden zwischen sechs Phasen, deren Abhandlung zwar in linearer Weise erfolgt, aber in einem iterativen Prozeß, der sich mehrfach wiederholt und in sich selbst vernetzt ist:

(1) Bestimmen der Ziele, Abgrenzung und Modellierung der Problemsituation,
(2) Ermittlung der Vernetzung und Analyse der Wirkungszusammenhänge,
(3) Erfassen der Dynamik und Interpretation der Veränderungsmöglichkeiten,
(4) Abklären der Lenkungsmöglichkeiten einer Situation,
(5) Planung von Strategien und Maßnahmen sowie
(6) Verwirklichung und Weiterentwicklung der Problemlösung.

Ein großer Anteil des Problemlöseprozesses besteht in einer umfangreichen Diagnose (Schritte 1–4), an die sich die Entscheidung (Schritt 5) sowie deren Realisierung anschließt. Das bedeutet auch, daß diese Methode einen Abschied vom Kontrolldenken im Management mit sich bringen muß. Es wird nicht auf das System eingewirkt, sondern mit dem System gearbeitet: Systemisches Denken muß entwickelt, gefördert werden. Zunächst sollte man allerdings der „Entmythologisierung" des Begriffs, wie sie von Dörner betrieben wird, Folge leisten (Infobox 4).

Infobox 4: Was ist systemisches Denken?

„Systemisches Denken ist ein Bündel von Fähigkeiten, und im wesentlichen ist es die Fähigkeit, sein ganz normales Denken, seinen „gesunden Menschenverstand" auf die Umstände der jeweiligen Situation einzustellen. Die Umstände sind immer verschieden! Mal ist dieses wichtig, mal jenes. Es kommt darauf an! Den Umgang mit verschiedenen Situationen, die verschiedene Anforderungen an uns stellen, kann man lernen" (*Dörner*, 1989, S. 309).

Fassen wir also zusammen: Die Förderung des Umgangs mit Komplexität im Management setzt

– das Wissen und die Vermeidung von o.g. Denkfehlern,
– die Entwicklung der Fähigkeit zur kritischen Selbstreflexion und
– die Anwendung kognitiver bzw. metakognitiver Strategien

voraus.

Diese Fähigkeiten dürfen sich nicht nur auf Individuen, sondern müssen sich auch auf Gruppen beziehen, da komplexe Entscheidungsprobleme in der Praxis im allgemeinen nicht individuell gelöst werden. Das bedeutet, daß eine solche Methode den einzelnen Teilnehmern die Möglichkeit geben muß, die relevanten Vorannahmen und Kriterien der anderen Teilnehmer angemessen verstehen zu können, d.h. deren Bedeutung für die eigene Problemdefinition erfassen zu können, um dann sinnvolle gemeinsame Entscheidungen treffen zu können.

Des weiteren – quasi flankierend – muß ein hohes Maß an Identifikations- bzw. Partizipationsmöglichkeiten gegeben sein, da sonst das „Commitment", also die Verpflichtung der Beteiligten bei der Umsetzung der Lösungsvorschläge, nicht gewährleistet ist.

1.2 Komplexitätsbewältigung auf Facharbeiterebene

Die Entwicklung in der Mikroelektronik hat zu neuen Informations- und Kommunikationstechniken in Produktion, Verwaltung und Dienstleistung geführt, deren Einsatz und Bewältigung durch zunehmende Komplexität gekennzeichnet ist. Waren beispielsweise die Tätigkeiten eines Instandhalters an konventionellen Fertigungsmaschinen und -anlagen noch überschaubar und anhand des vorhandenen Erfahrungswissens bewältigbar, so gilt dies nur in einem sehr eingeschränkten Maße für die heutigen flexibel automatisierten Produktionsanlagen. Tätigkeiten wie beispielsweise die der Störungsdiagnose an solchen Anlagen lassen sich durch eine Reihe **komplexitätssteigernder** Merkmale charakterisieren (vgl. Infobox 5, oder *Sonntag/Schaper*, 1993 und Kap. 4 Abschnitt 2.1.4).

Da fast nur noch vermittelte Informationen über den Fertigungs- und Anlagenzustand in Form von Anzeigen und Signalen zur Verfügung stehen, ist es für den Facharbeiter wesentlich schwieriger geworden, sich ein Abbild von den funktionalen Abläufen des Prozesses zu machen. Es sind Interpretationsleistungen auf abstrakteren Ebenen erforderlich, und es werden höhere Anforderungen an die wissensgesteuerte Informationsverarbeitung gestellt als in konventionellen Fertigungsstrukturen.

Die vielfältige, anspruchsvolle Anforderungscharakteristik diagnostischer Tätigkeiten, wie sie in der computer-integrierten Fertigung (CIM, CAD-CAM) entsteht, setzt sich aus verschiedenen **Wissenskomponenten** zusammen. Es handelt sich insbesondere um

(1) technisch-technologisches Wissen über Aufbau und Funktionsweise von Anlagenkomponenten, Bauteilen und deren Zusam-

---

Infobox 5: Komplexitätssteigernde Merkmale bei diagnostischen Tätigkeiten in der Fertigung:

– Vernetztheit der Anlagenelemente und -funktionen, steuerungstechnischer Bauteile usw.;
– Wechselwirkungen zwischen Anlagenkomponenten, Eingriffshandlungen und technisch-organisatorischem Gesamtsystem;
– Intransparenz ablaufender technischer Prozesse;
– Entscheidungen auf der Basis multipler Folgenkalküle, Risikoeinschätzungen und zeitdynamischer Bedingungen.

Erschwerende Rahmenbedingungen treten zusätzlich in der Art auf, daß

– das diagnostische Handeln meist unter Zeitdruck steht;
– fehlerhaftes diagnostisches Handeln mit weitreichenden, oft irreversiblen Folgen behaftet ist;
– durch die komplexen Wechselwirkungen unvorhersehbare Störereignisse und Notfallsituationen entstehen können, für die ein sicheres und flexibles Bewältigungshandeln nur selten zur Verfügung steht.

---

menwirken, über Eigenschaften von Störungsmerkmalen (bspw. Wahrnehmbarkeit, Vernetzung);

(2) das Wissen über konkrete Vorgehensweisen, über den Nutzen unterschiedlicher Informationsquellen, über den Einsatz von Hilfsmitteln sowie über konkurrierende Bedingungen und Nebenwirkungen bei der Störungseingrenzung und Ursachenbeseitigung (Hypothesengenerierung);

(3) das Wissen über das Organisieren und Planen hypothesengeleiteten Eingriffshandelns (Strategien).

Wie umfangreich eine solche Informations- und Wissensbasis ist, verdeutlicht nachfolgende Abbildung am Beispiel eines Elektroinstandhalters:

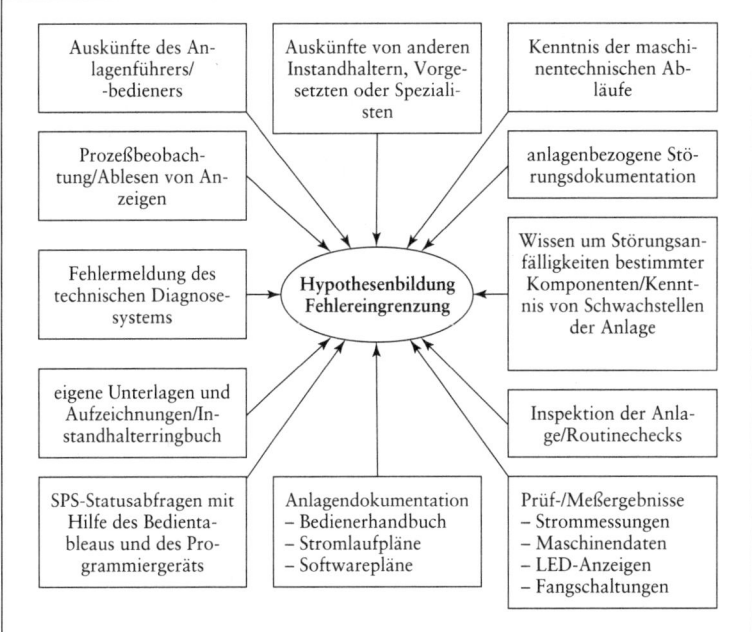

Abb. 8: Informationsbasis zur Hypothesenbildung und Ursacheneingrenzung beim Störungsmanagement am Beispiel des Elektroinstandhalters

Die Abbildung zeigt, daß neben den informatorischen Handlungen des Beobachtens, Ablesens, Prüfens und Messens auch die Auswertung schriftlicher Unterlagen in Form verschiedener Anlagendokumentationen und die Nutzung mündlicher Informationen leistungskritisch beim Störungsmanagement sind.

Damit der Instandhalter Abfolge und Wechsel der einzelnen Schritte effizient vollzieht, muß er über **Strategien** verfügen, die ihn zu einem strukturierten Vorgehen bei den komplexen Handlungsanforderungen befähigen.

Aber nicht nur die zunehmende Komplexität und deren Auswirkungen auf die Informationsverarbeitung von Experten erfordern kompetente Mitarbeiter, auch neue Arbeitsstrukturen und Organisationsmodelle setzen qualifizierte Arbeit voraus.

2 Neue Fabrikstrukturen und qualifizierte Arbeit

Die Vision der menschenleeren Fabrik mit maximalem Automatisierungsstandard ist (fürs erste) an der betrieblichen Realität gescheitert, nicht durch die bessere Einsicht allzu technikgläubiger Ingenieure und Inhaber produktionstechnischer Lehrstühle, als vielmehr durch die Technik selbst. Zu komplex werden die hochgradig vernetzten Systeme auf der Ebene der Fertigungsautomation, zu hoch die Störanfälligkeit, zu gering die Anlagenverfügbarkeit, zu wenig intelligent die Systeme (vgl. Infobox 6).

Infobox 6: Renaissance menschlicher Intelligenz in der computergestützten Fertigung

„Wenn wir die Zukunft in intelligenten Produktionssystemen sehen, so stellt sich die Frage, wo diese Intelligenz angesiedelt ist. Die Antwort kann nur lauten: im Mitarbeiter, denn der Mensch ist ungeschlagen in seiner Leistungsfähigkeit bei der Verknüpfung von Informationsverarbeitung und zweckmäßiger Reaktion" (*Warnecke*, 1993, S. 58).

Fazit: Ohne den qualifizierten menschlichen Leistungsbeitrag ist die Verfügbarkeit hochautomatisierter, kapitalintensiver Anlagen nicht zu gewährleisten. Erst durch qualifizierte Mitarbeiter entfalten neue Technologien voll ihre Wirkung. Gemeint sind insbesondere die Mitarbeiter vor Ort beim Umgang mit den neuen Anlagen, Systemen oder Maschinen, bei deren Einrichtung, Inbetriebnahme, Überwachung, Wartung und Instandhaltung. Für sie gilt es, die erforderlichen Qualifikationen durch entsprechende Fördermaßnahmen **frühzeitig** – bereits im Vorlauf zur technischen Planung – zu vermitteln.

Neben geplanter Intervention durch Qualifizierung ist aber auch – und das ist zumindest ebenso wichtig – eine lernförderliche Gestaltung der Arbeitsstruktur zu leisten. Bei der Planung und Auslegung neuer Informations- und Kommunikationstechniken bzw. technischer Systeme im Produktions- aber auch Verwaltungsbereich ergeben sich erhebliche strukturelle Gestaltungsspielräume, die es ermöglichen, ganzheitliche Arbeitsabläufe einzurichten und dequalifizierende Resttätigkeiten zu vermeiden. Am Beispiel der Einführung Flexibler Fertigungssysteme (FFS) und von „Lean Production" soll dies verdeutlicht werden.

2.1 Beispiel: Flexible Fertigungssysteme (Klein- u. Mittelserie)

Für Flexible Fertigungssysteme (FFS) liegen grundsätzlich drei Organisationstypen vor:

Infobox 7: Organisationstypen flexibler Fertigungssysteme (nach *d'Iribarne/Lutz*, 1984)

Typ 1: Die Funktionsfähigkeit des FFS soll von den Fertigkeiten der Arbeitnehmer so unabhängig wie möglich sein: Die Maschinenbedienung ist vereinfacht, alle komplexen Operationen werden extern ausgeführt. Programmiertätigkeiten etwa erfolgen durch Spezialisten der Arbeitsvorbereitung. Für die Beschäftigten im System kommt es zu einer Dequalifizierung.

Typ 2: Qualifizierte Arbeitnehmer führen Programmiertätigkeiten, Überwachungsaufgaben, Werkzeugwechsel usw. durch. Unqualifizierte Beschäftigte bestücken, übernehmen Aufgaben der einfachen Qualitätskontrolle. Es kommt zu einer Polarisierung im Qualifikationsbereich.

Typ 3: Alle Aufgaben sind der Gruppe übertragen, deren Mitglieder gleich hoch qualifiziert sind und die vollständigen Aufgabenwechsel durchführen. Qualifikationen bleiben erhalten oder können im Vergleich zur Arbeit mit computergesteuerten Maschinen sogar zunehmen. Die Programmiertätigkeit erfolgt als „Werkstattprogrammierung" durch die Gruppenmitglieder. Die gesamte Organisationsform kann in Anlehnung an das Konzept der „teilautonomen Arbeitsgruppe" als „Teilautonomes Flexibles Fertigungssystem" bezeichnet werden.

Wie mehrere industriesoziologische, ingenieurwissenschaftliche und einige arbeitspsychologische Studien belegen (vgl. zusammenfassend *Sonntag*, 1989), läßt sich eine hohe Gesamtverfügbarkeit des Systems offenbar nur durch Typ 3, bei dem eine einheitlich hochqualifizierte Bedienungsmannschaft vorausgesetzt wird, erreichen. Die wesentliche Veränderung gegenüber der traditionellen Arbeitsstruktur besteht dabei in der Reduzierung von Arbeitsteilung in dreifacher Hinsicht:

– die Auflösung der **hierarchischen** Arbeitsteilung innerhalb eines Fertigungsprozesses (d.h. die Arbeitsteilung zwischen Werkhelfer, Maschinenbediener, Springer, Einsteller und eventuell Vorarbeiter/Anlagenführer) wird als sinnvoll angesehen;

– die **fachliche** Arbeitsteilung zwischen verschiedenen Fertigungsver-
fahren (insbesondere zwischen Drehen und Fräsen) wird reduziert
oder entfällt, und
– die **funktionale** Arbeitsteilung zwischen der Fertigung und den vor-
und nachgelagerten Bereichen (wie Arbeitsvorbereitung, Werk-
zeugvoreinstellung, Qualitätssicherung) wird verringert.

Diese Änderung traditioneller Arbeitsteilung, bei der alle im System
anfallenden Aufgaben nicht von vornherein den einzelnen Arbeits-
kräften fest zugewiesen sind, sondern die Aufgaben als Ganzes von
der Gruppe übernommen und dann, je nach aktueller Arbeitssituation, aufgeteilt, also selbstorganisiert werden, verdeutlicht nachfolgende Abbildung.

Qualifikations-niveau	Traditionelle Struktur Tätigkeiten		Alternative Struktur Tätigkeiten	
	intern (an der Anlage)	extern (vor-/nachgelagerte Bereiche)	intern (an der Anlage)	extern (vor-/nachgelagerte Bereiche)
Techniker	Steuerung			
Facharbeiter		Programmieren, Werkzeuge vorein- stellen, Instand- halten, Qualität sichern	Alle Tätigkeiten im Wechsel innerhalb der **Arbeitsgruppe**, Selbstorganisation bei Aufgaben-	Programmieren von Urprogrammen, Instandhaltung bei komplexen Störungen
Angelernte	Rüsten und Überwachen (feste Einteilung)		verteilung, Ablauf- planung, Pausen- regelung usw.	
Ungelernte	Be- und Entladen			

Abb. 9: Traditionelle und alternative Arbeitsstrukturen im Fertigungsbereich
(Beispiel flexibel automatisierte Fertigung)

Die Realisierung solcher Gestaltungspotentiale bedingt eine ver-
mehrte Förderung und Nutzung von Qualifikationen, die der Zu-
nahme planender und dispositiver sowie kommunikativer und kooperativer Anforderungsteile gerecht werden. Zu bedenken ist hier,
daß bereits im Unternehmen vorhandene Mitarbeiter, die in den
meisten Fällen der Un- und Angelerntengruppe zuzurechnen sind,
für solche qualifizierten Tätigkeiten erst geschult werden müssen.

2.2 Beispiel: „Lean Production"/Großserie

Auch in den Führungsetagen deutscher Unternehmen scheint sich inzwischen die Einsicht durchzusetzen, daß tayloristische, hoch-
arbeitsteilige Strukturen nicht nur produktivitätshemmend sind,
sondern in entscheidendem Maße auch Mitarbeiterpotentiale brach

liegen lassen und demotivierend wirken. Letztendlich ausschlagge-bend dafür mag die inzwischen weithin bekannte Studie des Massa-chussetts Institute of Technology (MIT) über die Produktivität in der Automobilindustrie gewesen sein. Fünf Jahre lang untersuchten 54 Experten in 15 Ländern insgesamt 90 Fabriken und Hunderte von Zulieferbetrieben in der Automobilindustrie. *Womack/Jones/Roos* (1992) konnten in ihrem Effizienzvergleich zwischen japanischer, nordamerikanischer und europäischer Autoindustrie nachweisen (und damit sämtliche Befürchtungen deutscher Automobilhersteller bestätigen), daß die Japaner ihre Autos in der Hälfte der Zeit, mit reduziertem, aber qualifiziertem und in Teams arbeitendem Personal bei verkleinerter Werkfläche, aber mit höherer Qualität fertigen (97 Montagefehler auf 100 Autos in Europa, 82 in den Staaten und 60 in Japan).

Die Umsetzung der aus dieser Studie abgeleiteten Empfehlungen in die Organisationsstruktur wurde und wird vehement von den Vor-ständen betrieben und gleicht sich zumindest innerhalb der deut-schen Automobilunternehmen. Abb. 10 gibt die Führungsstruktur ‚lean'gestalteter Großserienfertigung wieder.

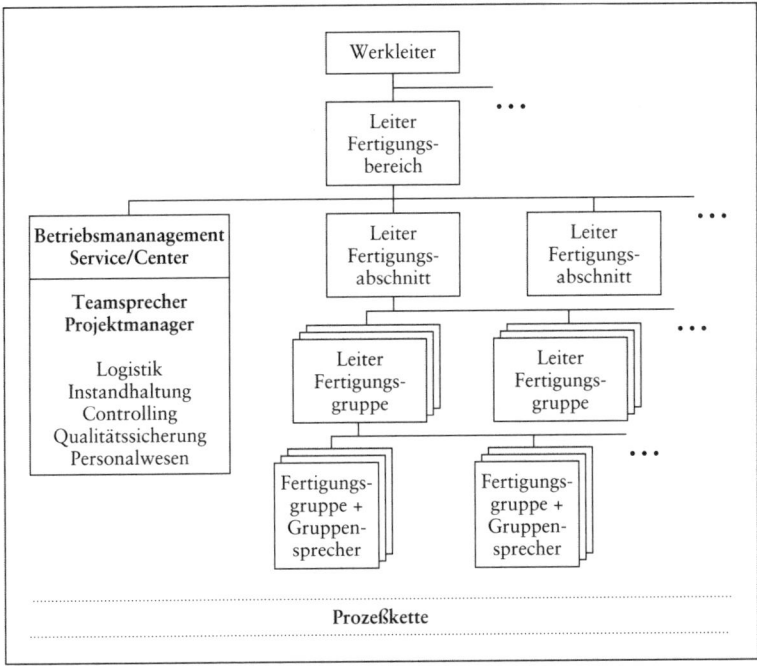

Abb. 10: Organisationsstruktur bei neuen ‚lean'gestalteten Fertigungskonzepten

Die neuen **Organisations- und Führungsstrukturen** im Fertigungsbereich spiegeln Gestaltungsprinzipien wider, wie

- größtmögliche Kompetenz- und Verantwortungsverlagerung an den Fertigungsprozeß bzw. an die Wertschöpfungskette („direkte operative Wertschöpfung");
- Abbau von Hierarchiestufen (beispielsweise von 5 auf 3 oder 2) und Reduzierung der Berichtsebenen (optimierte Leitungsspannen);
- Integration indirekter, fertigungsnaher Funktionen, wie Instandhaltung, Logistik, Personal im Dienstleistungscenter und Betriebsmanagement (Steuerungs- und Stützungsfunktion für die operative Fertigungsstruktur);
- Gruppenarbeit in weitgehender Eigenverantwortlichkeit der Mitglieder und ihres Sprechers.

Der Erfolg dieses mit „Lean Production" umschriebenen und von Toyota entwickelten Konzepts begründet sich nicht etwa in einer überlegenen Technik, sondern einer Organisationsform, deren zentrales Element auf der Ebene der Fabrikorganisation die **Gruppenarbeit** darstellt.

Nun sind gruppenbezogene Arbeitsformen nichts Neues und werden in den unterschiedlichsten Varianten und Konzepten in den Unternehmen praktiziert oder in der Literatur – zumindest seit 1922 beispielsweise in den Arbeiten von *Lang/Hellpach* (1922) (als Gruppenfabrikation und Verrichtungszentralisierung) ausführlich thematisiert.

Nicht alle Arbeit in Gruppen ist jedoch Gruppenarbeit und es ist erforderlich, Merkmale zu definieren, die die verschiedenen gruppenbezogenen Arbeitsformen beschreiben. Einen solchen Klassifikationsversuch gibt Abbildung 11 wieder.

Wie die Abbildung veranschaulicht, hat die „Arbeit in Gruppen", wie sie beispielsweise in Kolonnen im Baugewerbe vorzufinden und funktions- und kompetenzbezogen streng hierarchisiert ist, mit Team- oder Gruppenarbeit wenig gemeinsam. Wesentliches Unterscheidungsmerkmal zwischen Teamarbeit etwa in Form von temporären Problemlösungsgruppen und „echter" Gruppenarbeit ist das zeitlich langfristig angelegte Lösen gemeinsamer Aufgaben am Arbeitsplatz bzw. innerhalb eines Arbeitsprozesses. Konzepte der Gruppenarbeit wie das der teilautonomen Gruppenarbeit vereinigen, meist als Ergebnis eines langen Aushandlungsprozesses zwischen Geschäftsführung und Betriebsrat, betriebliche Zielsetzungen und Ziele einer qualifizierten, persönlichkeitsförderlichen Arbeit, wie

Arbeits- formen Merkmale	Arbeit in Gruppen	Teamarbeit	Gruppenarbeit
Anwendungs- felder	Abteilungen Kolonnen	– Projektgruppen – Vorschlags- gruppen – Qualitätszirkel/ Lernstatt	– Teilautonome Arbeitsgruppen – Fertigungs- gruppen
Führungsstil – autoritär – kooperativ	X	X	X
Einbezug der Mitglieder bei Entscheidungen		X	X
Gruppen- gespräche zur Problemlösung		X	X
Gemeinsame Aufgabe		X	X
Gemeinsamer Arbeitsplatz im Arbeitsprozeß	X		X
Selbstorgani- sation/Selbst- steuerung (Gruppen- autonomie)		X	X
Zeitbezug – temporär – langfristig	X X	X	X
Gruppenvorteil möglich		X	X

Abb. 11: Merkmale zur Einteilung gruppenbezogener Arbeitsformen
(in Anlehnung an *Stürzl*, 1993, S. 61)

– Erweiterung und Bereicherung des Arbeitsinhalts,
– Erweiterung von Handlungs- und Gestaltungsspielräumen,
– Qualifikationsförderung,
– Einstellungs- und Verhaltensmodifikationen (Verantwortungsbe-
wußtsein),
– Verbesserung der Produktivität.

Teilautonome Arbeitsgruppen wurden bereits in den 70er Jahren bei
VW-Salzgitter im Rahmen des bundesdeutschen HdA-Programmes
(Humanisierung der Arbeit) im Sog der positiven skandinavischen

Erfahrungen erprobt (Volvo-Modell). Die vom Züricher Arbeitspsychologen *Eberhard Ulich* und seinen Mitarbeitern damals vorgelegten empirischen Befunde belegen deutlich einen Abbau einseitiger Belastungen, Verbesserung der Arbeitszufriedenheit, höhere Arbeitsmotivation und einen Abbau von Streß durch gegenseitige Unterstützung (vgl. zusammenfassend *Ulich/Conrad-Betschart/Baitsch*, 1989).

Man kann dem damaligen Top-Management der Automobilindustrie den Vorwurf nicht ersparen, daß es trotz belegbarer positiver Auswirkungen nicht weitere Pilotprojekte zur Einführung teilautonomer Arbeitsgruppen durchgeführt hat. Entscheidende Wettbewerbsvorteile, die z. Zt. in solchen arbeitsorganisatorischen und qualifikatorischen Lösungen gesehen und den japanischen Unternehmen zugesprochen werden, wären in diesen Ausmaßen wahrscheinlich nicht „verspielt" worden.

Mangelnde strategische Fähigkeit des Managements, zukünftige Entwicklungen zu antizipieren (s. Veränderungstyp I, Abb. 4), rigide Verhaltensmuster und ideologisch begründete Entscheidungen trotz objektiver Datenlage über günstige Auswirkungen sind hier wohl anzuführen.

Bei aller „Gruppenarbeitseuphorie" sind aber auch kritische Reflexionen angebracht. Zum einen stellt Gruppenarbeit nur **eine** Maßnahme in einem Bündel strategischer Optionen der Lean-Konzeption dar. Just-in-time Produktion und Montagesteuerungen nach dem Kanban-Prinzip, Total-Quality-Management mit Kaizen (kontinuierliche Verbesserungsaktivitäten), Simultaneous-Engineering und Abflachung der Aufbauorganisation sind Faktoren, deren kombinierter Einsatz persönlichkeits- und lernförderliche Effekte der Gruppenarbeit wieder neutralisieren bzw. konterkarieren kann. Nicht wenige Arbeitswissenschaftler befürchten eine „high-speed"-Produktion mit permanenter Leistungsintensivierung, „Pseudo"-Gruppenarbeit und somit einen Neotaylorismus bei der konsequenten Realisierung aller Leanprinzipien. Empirische Untersuchungen hierzu stehen allerdings noch aus.

Aus qualifikatorischer Sicht sind weitere Probleme zu nennen, die mit der Einführung von Gruppenarbeit verbunden sein können:

– eine potentielle Überforderung der Gruppenmitglieder durch Aufgabenanreicherung und -vielfalt;
– hoher Qualifizierungsaufwand und im betrieblichen Kontext bisher kaum erprobte Interventionen bei solchen personellen Fördermaßnahmen, die nicht nur die fachliche Seite abdecken, sondern in entscheidendem Maße auch Sozialkompetenz entwickeln;

– Probleme der Selbstorganisation und Integration innerhalb der Gruppe.

Ein breites Spektrum von PE- und OE-Maßnahmen für unterschiedliche Zielgruppen (Meister, Gruppensprecher, Gruppenmitglieder) muß daher die Einführung von Gruppenarbeit begleiten bzw. vorbereiten.

Kritisch zu reflektieren ist in diesem Zusammenhang die Flut von Anglizismen bei neuen Führungs- und Fertigungskonzeptionen in den Unternehmen. Man kann dem Bereichsleiter „Kommunikation" der Bertelsmann Stiftung nur zustimmen (vgl. Infobox 8). Davon betroffen ist allerdings nicht nur die Betriebswirtschaftslehre.

Infobox 8: Anglizismen in der Betriebswirtschaft

„Bei Anglizismen hat sich inzwischen die Betriebswirtschaftslehre als besonders produktiv erwiesen. Deren Neuschöpfungen sind in hoher Umschlagsgeschwindigkeit und ausgestattet mit der Magie der Effizienz zu Zauberwörtern des Zeitgeistes geworden. Sie verdanken ihre Suggestivkraft vor allem der Tatsache, daß sie gar nicht erst eingedeutscht werden; *Lean Management, Total Quality Management, Simultaneous Engineering, Business Transformation.* Fachlich und sprachlich stünde einer Übersetzung dieser Begriffe nichts im Wege. Aber es geht eben gar nicht um Verständlichkeit, sondern um Exklusivität, um die Aura der internationalen Geschäftswelt. Gespräche unter Betriebswirtschaftlern erinnern denn auch immer mehr an Pidgin- oder Kreolsprachen" (*Kaehlbrandt*, 1995, S. 179).

---

3 Veränderte Anforderungen an die Mitarbeiterqualifikationen

3.1 Anforderungen an das Management

„Neues Denken", „neues Handeln" wird von Managern gefordert, wenn es gilt die Zukunft zu bewältigen und das Überleben eines Unternehmens zu sichern – einerseits. Andererseits wird pointiert berichtet über „Nieten in Nadelstreifen" [so der reißerische Titel eines Buches von *Ogger* (1992) über Inkompetenzen und charakterliche Unzulänglichkeiten von Managern] oder über deutsche Manager als „Schönwetterkapitäne", die in Krisensituationen versagen (*Malik*, 1992; Infobox 9).

Infobox 9: Deutsche Manager sind keine Krisenexperten

„Die Manager sind nicht in der Lage, den Ablauf einer ernst zu nehmenden Wirtschaftskrise logisch zu überdenken. (...) Sie denken nur in Optimismus. Jede Art von Nachdenken, kritischem Hinterfragen und Warnungen wird von ihnen gleich als Pessimismus, als Miesmachen abgetan (...). Die Herren Vorstände nehmen sich nicht einmal die Zeit, wenigstens im Sinne eines Szenarios darüber nachzudenken, ob es nicht auch ganz anders kommen könnte" (*Malik*, 1992, S. 72).

Womit verbringen sie dann ihre Zeit? Die Antwort muß höchst unterschiedlich ausfallen, zu verschieden sind die konzeptionellen und methodischen Herangehensweisen zur Beschreibung aktivitätsbezogener Managementprozesse. Zwar liegt eine Vielzahl von empirischen Studien vor, die aber zu einem vertieften Verständnis über das Arbeitsverhalten von Managern vergleichsweise wenig beitragen. So liegt beispielsweise der durchschnittliche prozentuale Anteil verbaler Kommunikation an der Arbeitszeit, also die Aufnahme und Weitergabe von Informationen bei 15 in einem Zeitraum von 1951 bis 1988 durchgeführten Studien zwischen 50% und 80%, je nach Organisationsstruktur, Führungsebene oder sonstigen Kontextfaktoren. Als weitere Manageraktivitäten werden deutlich nachrangig Schreibtischarbeiten und Reiseaktivitäten genannt.

Warum aber Manager so häufig verbal kommunizieren, ob überhaupt und, wenn ja, in welchem Ausmaß das ein notwendiger Bestandteil der Tätigkeiten von Managern ist (bzw. sein muß) und welche Wirkungen dadurch erzielt werden, darüber lassen uns die meisten Untersuchungen der traditionellen work activity-Forschung von Managern im unklaren (vgl. zur Kritik *Schirmer*, 1991).

Eine Ausnahme macht hier die Untersuchung von *Kotter* (1982), die im Gegensatz zur statisch-funktionalen Analyse des Arbeitsverhaltens von Managern einen prozeßorientierten Erklärungsansatz zugrunde legt. Untersucht wurden die Tätigkeiten von 15 Generalmanagern der ersten Führungsebene. Das Arbeitsverhalten der Manager wird von sechs **Basisherausforderungen** beeinflußt:

– Vorgabe von Zielen, Politiken und Strategien unter Bedingungen großer Unsicherheit;
– Allokation (Zuordnung) knapper Ressourcen;
– Überblick bewahren und frühzeitig Probleme erkennen;
– Gewinnung von Informationen, Kooperation und Unterstützung;

– Gewinnung von Mitarbeitern und von wichtigen internen und externen Gruppen (z.B. Mitglieder von Stabsabteilungen, Gewerkschaften oder Kunden);
– Motivation, Kontakte, Konfliktlösung.

Nach *Kotter* (1982) leitet sich daraus ein dreiphasiger Prozeß ab, bestehend aus „**agenda setting**", „**network building**" und „**execution: getting networks to implement agendas**", der das Arbeitsverhalten des Managers konstituiert. Eine „agenda", verstanden als handlungsleitendes und Orientierung stiftendes kognitives Schema eines Managers, beinhaltet teilweise sehr unspezifische, aber auch sehr spezifische Pläne und Handlungsziele, abgeleitet aus impliziten/expliziten Geschäftsstrategien und persönlichen Präferenzen. Eine „agenda" entwickelt sich durch eine aktive, fortdauernde und intensive Informationssammlung, die sich nicht auf formalen Informationsaustausch (z.B. in Sitzungen) und vorhandenes Wissen beschränkt. Voraussetzung für den Erwerb und die Realisierung einer „agenda" ist das „network building", der Aufbau und die Pflege von Kontakten. Mikropolitische Verhaltensweisen fördern den Aufbau von Netzwerken, wie beispielsweise

– andere Organisationsmitglieder in Abhängigkeitspositionen bringen;
– gegenseitige Verpflichtungsstrukturen aufbauen;
– das Ausmaß der wahrgenommenen Reputation erhöhen;
– Verhaltensbeeinflussung der Kommunikationspartner durch gezielte Kontrolle des Umfeldes (z.B. Ressourcen, Werte, Normen).

Diese subtilen Verhaltensmuster von Managern finden ihre Realisierung in der „execution", also beispielsweise in der Identifikation handlungsunterstützender Personen und den Einsatz geeigneter Instrumentarien zur Beeinflussung dieses Personenkreises, wobei möglichst wenig vorhandene Kontakte zerstört werden sollen.

Aufgrund seiner intensiven Fallstudien kommt *Kotter* (1982) zu dem Schluß, daß effektive Manager (gemessen am Umsatz und der Einschätzung von Kollegen und Mitarbeitern) häufiger aggressiveres Informations- und Kontaktverhalten zeigen, eine differenzierte und strategisch ausgerichtete „Agenda" besitzen und die Methoden der „execution" vielfältiger und individueller betreiben als weniger effektive Manager. Somit haben Prozesse des Erwerbs, Gebrauchs und der Entwicklung einer handlungsleitenden Wissensbasis der Manager einen elementaren Stellenwert, dies wiederum setzt eine verstärkte Wahrnehmungs-, Reflexions- und Lernfähigkeit von Managern voraus.

Lernfähigkeit wird auch als eine der zentralen Zukunftsanforderungen an das Management-Lernen angesehen. Zur Einschätzung künftiger Anforderungen an das Management („Führung 2000") wurden Expertenbefragungen in Form einer Delphi-Studie durchgeführt (vgl. *Bronner,* 1994). Teilnehmer waren 15 Personalvorstände, 20 Personalberater und 18 Hochschullehrer der Fachrichtung Personal und Führung. Die Auswertung der Variable „Führungsperson", die durch spezifische Führungseigenschaften, Fähigkeiten und Anforderungen charakterisiert und hinsichtlich gegenwartsbezogener Relevanzurteile und zukunftsbezogener Einschätzungen auf Ratingskalen operationalisiert ist, gibt Abb. 12 wieder.

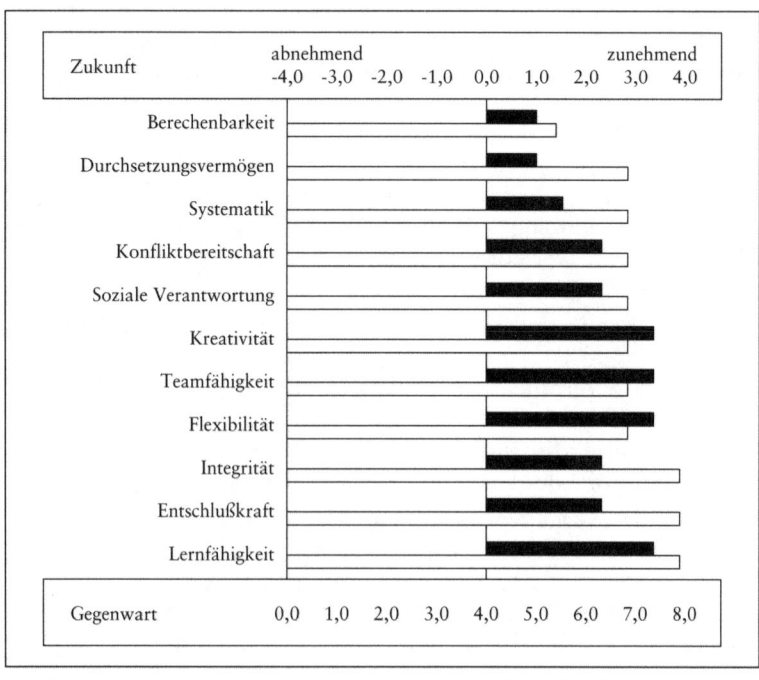

Abb. 12: Bedeutung und Entwicklung von Anforderungsmerkmalen an die Führungsperson (*Bronner*, 1994, S. 105)

Als wichtige und künftig zunehmende Anforderungen an Führungskräfte treten neben der bereits erwähnten Lernfähigkeit noch Qualifikationen wie Flexibilität, Kreativität, Teamfähigkeit, Konfliktbereitschaft sowie moralische Kategorien wie Integrität und soziale Verantwortung hervor.

Anforderungen an das interkulturelle Management

Bei zunehmender Globalisierung des Wettbewerbs kann es nicht ausbleiben, daß das Handeln international erfolgreich agierender Führungskräfte zusätzliche Qualifikationen voraussetzt. Mobilitätsbereitschaft und Sprachkenntnisse alleine reichen hierfür nicht mehr aus, sie sind unabdingbar. *Tijmstra/Casler* (1994) zitieren Untersuchungen, wonach z.b. „Euro-Manager" über fünf zentrale Eigenschaften verfügen sollen, die sich aus der Arbeit im internationalen Umfeld ableiten lassen (vgl. auch *v. Dijek*, 1990):

– die Fähigkeit, das europäische Unternehmensumfeld zu verstehen, speziell dessen kulturelle, soziale, politische und ökonomische Komplexität;
– die Fähigkeit, sich in neue Formen der Unternehmensführung hineinzudenken, sie aufzubauen und sie zu praktizieren (beispielsweise in Netzwerken, Spezialgremien, Koordinationseinheiten) und dabei Grenzen zu sprengen und Brücken zwischen den Kulturen zu bauen;
– die Fähigkeit, eine Bindung an Unternehmenskultur und Ziele bei allen Mitgliedern der Organisation, gleich welche ursprünglichen kulturellen Werte ihnen eigen sind, herzustellen;
– die Fähigkeit, die Unterstützung „nationaler" Hoffnungsträger in den verschiedenen Ländern, in denen sich die Unternehmung betätigt, zu gewinnen;
– die Fähigkeit, transnationale Mobilität als Voraussetzung für eine europäische Karriere zu akzeptieren und sie sich zu eigen zu machen.

Danach sind Führungskräfte mit ethnozentrischer Mentalität sicherlich nicht geeignet. Vielmehr werden geistige Flexibilität, Offenheit, Toleranz und Sensibilität für fremde Kulturen, Verhaltens-, Denk- und Arbeitsweisen vorausgesetzt. Aufgrund der teilweise großen kulturellen Unterschiede, allein im relativ kleinen Europa, zeigt sich aber auch die Schwierigkeit, diese Qualifikationen bei international ambitionierten Führungskräften zu entwickeln. *Uwe Jönck*, Vorstandsmitglied der ESSO AG, Hamburg, verdeutlicht plakativ, was erfolgreiche multinationale Unternehmen ausmacht (vgl. Infobox 10).

Infobox 10: Multinationale Funktionsträger im Traumhaus Europa *(Jönck*, 1994, S. 21)

„Es gibt eine scherzhafte Gegenüberstellung des Traumhauses Europa und seines Gegenteils. Im Traumhaus ist ein Franzose der Koch, ein Deutscher der Buchhalter, ein Italiener der Liebhaber, ein Engländer der Polizist usw. Auf der Kehrseite ist u.a. der Koch ein Engländer, der Buchhalter ein Italiener, der Liebhaber ein Deutscher. Wer immer diesen plakativen Vergleich erfunden hat, der hat übersehen, daß auch Engländer und Italiener gute Köche sind – sie kochen nur anders."

So ist nach seiner Ansicht im Laufe der Jahre beim Multi ESSO eine gelebte Unternehmenskultur entstanden, die nationale Unterschiede akzeptiert, sie aber gleichzeitig unter einem Dach gemeinsamer Ziele und Wertvorstellungen zusammenfaßt. In einer solchen Organisation sei es eben möglich, so *Jönck,* daß auch Italiener gute Buchhalter und Engländer gute Köche sind. Konkret bedeutet das, um international erfolgreich zusammenarbeiten zu können, eine Kultur zu etablieren, die gegenseitige Lernprozesse fördert und ein Netzwerk persönlicher Kontakte aufbaut.

3.2 Managementqualifikationen im Veränderungsprozeß von Lean-Konzeptionen

Im Kontext der Realisierung von Lean-Konzepten liegen, da empirische Studien bislang noch ausstehen, vorwiegend Aussagen von Personalvorständen und Personalleitern zu Managementqualifikationen vor, die ähnlichen Inhalts sind wie die in Infobox 11 wiedergegebene Meinung des Vorstandsmitgliedes der RWE AG, Essen, *Ulrich Büdenbender.*

Infobox 11: Führungsstil und Kompetenzen bei der Realisierung neuer Organisationsstrukturen

„Die Realisierung flacher hierarchischer Strukturen erfordert zugleich eine konsequente Hinwendung zum kooperativen Führungsstil. Nur in einer vertrauensvollen und konstruktiven Arbeitsatmosphäre, die durch eine offene wie vorurteilsfreie Kommunikation charakterisiert ist, lassen sich die erwünschten positiven Effekte der erhöhten Eigenverantwortung des Mitarbeiters erschließen. Fachkompetenz als Führungsinstrument tritt dabei in den Hintergrund, während Sozial-, Methoden- und Problemlösekompetenz an Bedeutung gewinnen. Zielvereinbarungen stehen als Element der Mitarbeiterführung im Mittelpunkt. Führung muß zielorientiert und partizipativ und nicht formal-hierarchisch erfolgen" (*Büdenbender,* 1994, S. 10).

Aufschlußreich ist die differenzierte Beschreibung von zehn Kernqualifikationen der Führungskräfte im Lean Management, wie sie von *Deppe/Peters* (1994), Personalverantwortliche bei VAW Aluminium AG, Bonn, formuliert wurden (vgl. ebda. S. 69 ff.). Sie stellen zumindest einen Versuch dar, die hinreichend bekannten Anforderungen und Schlagworte näher zu beschreiben.

Die Führungskraft der Zukunft

– denkt vernetzt und ganzheitlich:
Sie erkennt Ihre bereichsübergreifende Verantwortung, entscheidet Einzelprobleme im Gesamtkontext des Unternehmens und versteckt sich nicht hinter Abteilungsgrenzen. Sie weiß um die Relevanz der Querschnittsfunktionen im Unternehmen, betont die Funktionsintegration und wehrt sich gegen übertriebene Ressort- und Bereichsegoismen.

– entwickelt Visionen und formuliert Ziele zweifelsfrei:
Sie spürt Trends und Entwicklungen für die Unternehmensziele, hat Perspektiven, denkt nicht nur von „gestern bis heute". Sie kann Wunschvorstellungen der unternehmerischen Zukunft nicht nur entwerfen, sondern diese Visionen auch glaubhaft und überzeugungsstark an die Mitarbeiter vermitteln, für diese Visionen Begeisterung wecken und schrittweise in diese Richtung führen. Dazu bedarf es der Klarheit der Zielvorgabe in inhaltlicher, zeitlicher und quantitativer Hinsicht.

– ist kommunikationsstark:
Sie geht auf andere zu, vermittelt die eigene Meinung überzeugend, hört zu und informiert. Gerade aktives Zuhören darf dabei kein Fremdwort sein. Die Konsensbildung, das Finden eines Ausgleichs in der Gruppe oder Abteilung ist eines der Ziele der Kommunikation. Konstruktive Kritik ist willkommen auf der Suche nach einer gemeinsamen besseren Lösung.

– hat Mut zu Entscheidungen, ist risiko- und konfliktbereit:
Sie artikuliert die eigene Meinung auch gegen Gruppenkonformität oder andere Ansichten „von oben". Ihr ist bewußt: Um Chancen wahrzunehmen, sind Risiken einzugehen.

– entscheidet kooperativ und integrierend:
Sie verfügt über ein hohes Einfühlungsvermögen gegenüber den Mitarbeitern (aber auch den eigenen Vorgesetzten und Kollegen), delegiert Verantwortung und läßt Mitarbeiter eigene Initiativen entwickeln. Sie führt Gruppen zusammen, ohne zu dominieren, und bringt diese auf den Weg, ein Team zu werden.

– handelt eigeninitiativ und motiviert sich selbst:
Sie stößt Projekte aus eigenem Antrieb an, agiert statt zu reagieren und handelt statt zu verwalten. Sie gestaltet damit Entwicklungen, schlägt neue Wege ein und postuliert strategische Meilensteine. Eigene Erfolge sind dabei positive Wegmarken, Mißerfolge kein Weltuntergang.

– verfügt über hohe Einsatzbereitschaft und ein effizientes Selbstmanagement:
Sie setzt sich hohe, aber erreichbare Leistungsziele. Die eigene Arbeit wird dabei zielorientiert und zeitökonomisch organisiert (Arbeitstechniken, Zeitmanagement).

– arbeitet qualitätsbewußt:
Sie fördert Verbesserungsvorschläge der Mitarbeiter, indem ein kontinuierlicher Verbesserungsprozeß in Gang gesetzt und am Leben erhalten wird. Sie sucht selbst permanent nach Verbesserungen und übt dadurch eine Vorbildfunktion aus. Qualität sieht sie nicht verkürzt als Produktqualität, sondern sie erkennt die Prozeß- und die soziale Qualität genauso an.

– ist lernfähig und lernwillig:
Sie erkennt, daß ein Unternehmen nur dann überlebensfähig ist, wenn die Lernrate des Unternehmens größer ist als die Veränderungsrate der Umwelt. Lernen im Unternehmen setzt die Bereitschaft des einzelnen, einen permanenten Lernprozeß mitzumachen, voraus. Lernen wird nicht als Pflicht, sondern als Chance begriffen. Die Führungskraft ist hierbei Vorbild.

– entscheidet und handelt verantwortungsbewußt:
Sie verfolgt stringent die Ziele des Unternehmens. Dabei erkennt und beachtet sie die Bedürfnisse der Mitarbeiter und orientiert sich konsequent an den Kundenbedürfnissen. Sie sieht den gesellschaftlichen Kontext und die gesellschaftliche Verantwortung des Unternehmens und stellt sich auch dieser Herausforderung. Sie bezieht die ökologische Dimension in Denken und Handeln mit ein.

Praxisaussagen wie die obigen zeigen deutlich, daß Unternehmen hohe Ansprüche an ihre Führungskräfte stellen. Man darf gespannt sein, ob Qualifikationsbündelungen in Zukunft bereitstehen, um diesen Anforderungen gerecht zu werden. Ohne eine vorhandene **und** praktizierte Lernkultur wird dies allerdings nicht leistbar sein. Selbstgesetzte und -formulierte Ziele erfolgreichen und zukunftsorientierten Managements verkommen dann, wie so oft, zu leeren Worthülsen.

3.3 Facharbeiterqualifikationen bei neuen Fertigungskonzeptionen

Bei entsprechendem Einsatz und qualifikationsförderlicher Gestaltung der Technik und gruppenorientierten Fertigungskonzeptionen lassen sich bei vorsichtiger Interpretation aufgrund unterschiedlicher Forschungsansätze und Untersuchungsmethoden sowie theoretischer und methodischer Probleme folgende Tendenzen bei Facharbeiterqualifikationen formulieren:

1. Die **manuellen Eingriffe** in den Bearbeitungsprozeß werden insgesamt geringer. Psychomotorische Leistungen beschränken sich im wesentlichen auf Aufspanntätigkeiten oder die Eingabe von Steuerbefehlen an den Tastaturen des Displays sowie Austausch und Montage von Komponenten bei der Störungsbewältigung.

2. Die **dispositiven, planerischen** und **programmgestaltenden** Vorbereitungen des Arbeitsprozesses gewinnen an Bedeutung. Dies trifft z.b. auf gruppenorientierte Fertigungsstrukturen zu, die durch eine Reduzierung bzw. Aufhebung der vertikalen Arbeitsteilung gekennzeichnet sind.

3. Anforderungen, die **Denkleistungen**, beispielsweise bei der Informationsaufnahme und -verarbeitung und gedanklich analysierende oder synthetisierende Vorgänge beinhalten, werden wichtiger, ebenso bereichsspezifische Wissensanforderungen. Insbesondere bei Störsituationen an komplexen Produktionssystemen sind diese kognitiven Anforderungen von Bedeutung (vgl. Abschnitt 1.2).

4. Erhöhte Anforderungen an die **Kooperations-** und **Kommunikationsbereitschaft** der Mitarbeiter untereinander und zu vor- und nachgelagerten Bereichen ergeben sich aufgrund der Größe und Komplexität der Anlage, verschiedener und räumlich getrennter Aggregate und Bediengeräte sowie bei der Fehlerdiagnose und -beseitigung.

Diese Aussagen haben ihre empirische Evidenz in einer Reihe von Einzelfallstudien, wo bei entsprechender Auslegung und organisatorischer Gestaltung der neu eingeführten Technik eine solche Qualifikationsentwicklung zu verzeichnen war. Es handelt sich um aktuelle ingenieur- und arbeitswissenschaftliche, arbeitspsychologische und industriesoziologische Untersuchungen aus Großbritannien, der Bundesrepublik Deutschland und den USA über Anforderungsverlagerungen bei Bedienertätigkeiten an Leitständen, Tätigkeiten des Systempersonals in Flexiblen Fertigungssystemen bei gruppenorientierter Fertigungsstruktur, Bedienertätigkeiten in Produktionssystemen mit Industrierobotereinsatz und Instandsetzungstätigkeiten in der flexibel automatisierten Fertigung (vgl. zusammenfassend *Sonntag*, 1990).

Wie die Darstellung ausgewählter Qualifikationsanforderungen verdeutlicht, ist eine stärkere intellektuelle Durchdringung des Arbeitsprozesses beim Umgang mit automatisierten Betriebsmitteln und deren Verknüpfung zu flexiblen Fertigungseinheiten unabdingbar. In besonderem Maße betroffen sind davon leistungsbestimmende Teiltätigkeiten, die die Eingrenzung, Diagnose und Beseitigung von

Störungen und Fehlern zum Gegenstand haben. Dabei ist sowohl der Einzelne und **sein** Wissen gefragt als auch ein offener Austausch von Informationen, der gemeinsames Problemlösen fördert.

Die **vielfältige tätigkeitsbezogene Zusammenarbeit** der Systemmitarbeiter untereinander und zu vor- und nachgelagerten Bereichen mag die Untersuchung in einem Flexiblen Fertigungssystem eines mittelständischen Maschinenbauunternehmers mit Einzel- und Kleinserienfertigung verdeutlichen (vgl. *Sonntag/Hamp/Rebstock*, 1985). Nachfolgende Abbildung zeigt die tätigkeitsbezogenen Kooperations- und Kommunikationserfordernisse.

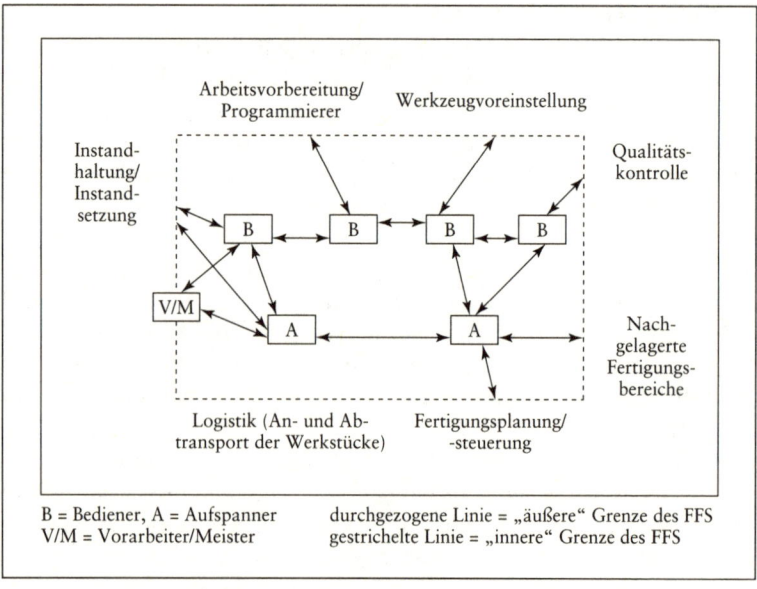

B = Bediener, A = Aufspanner   durchgezogene Linie = „äußere" Grenze des FFS
V/M = Vorarbeiter/Meister   gestrichelte Linie = „innere" Grenze des FFS

Abb. 13: Kooperations- und Kommunikationserfordernisse der Mitarbeiter in einem Flexiblen Fertigungssystem mit vier Bearbeitungszentren

Wie das Beispiel nahelegt, wirkt der Facharbeiter nicht mehr als gelegentlich von seinem Meister gelobter oder gerügter Einzelkämpfer an **seiner** Maschine, sondern muß **im Team** Produktionsabläufe optimieren, Qualität sichern, Wartungs- und Instandhaltungsaufgaben durchführen oder Störungen diagnostizieren und zum Teil beseitigen. Dieses Aufgabenmuster gewinnt bei Lean-Konzeptionen eine zentrale Bedeutung und setzt auf eine berufliche Handlungskompetenz, deren Fach-, Methoden-, Sozial- und Personalkompetenz gleichgewichtig und umfassend zu fördern sind.

3.4 Meister- und Technikerqualifikationen

Die in Abb. 14 aufgeführten Entwicklungen von Fach- und Führungsaufgaben basieren auf einer Meisterstudie (vgl. *Antoni*, 1994) und einer Technikerstudie (vgl. *Sonntag/Schaper/Benz*, 1995). Um hinsichtlich der in der Praxis vorfindbaren Aufgabenmuster vergleichbare Aussagen zwischen Techniker und Meister treffen zu können, wurden die Daten aus beiden Studien auf einem hohen Niveau aggregiert; aufgrund der kleinen Stichproben sind Generalisierungen nicht angebracht, es handelt sich vielmehr um relativ grobe Tendenzaussagen zu quantitativen und qualitativen Veränderungen von Technikern und Meistern in zukünftigen Führungspositionen.

Im einzelnen zeigt der Vergleich:

– der zeitliche Umfang der Fachaufgaben nimmt ab (Meister) bzw. bleibt gleich oder erhöht sich leicht (Techniker);

– Techniker sind in neustrukturierten Fertigungskonzeptionen verstärkt mit Aufgaben des Projektmanagements betraut, der Auftragsabwicklung und der Mitarbeit in Problemlösegruppen zur Optimierung von Arbeitsabläufen;

– Meister delegieren Fachaufgaben an die Arbeitsgruppe wie z.b. Qualitätssicherung, Materialdisposition, Fertigungssteuerung. Bedeutsam ist zukünftig das Initiieren von Verbesserungsprozessen (KVP) und deren Einhaltung;

– Führungsaufgaben nehmen sowohl bei Technikern als auch bei Meistern zu. Ein Ausnahme bildet die Personaleinsatzplanung, sie wird an die Gruppe delegiert bzw. koordiniert;

– Personalentwicklung und -betreuung der Mitarbeiter stellen einen wesentlichen Schwerpunkt innerhalb der Führungsaufgaben dar. Nicht das An- und Einweisen der Mitarbeiter – dies ist Aufgabe der Arbeitsgruppe –, sondern den Entwicklungsbedarf feststellen, das Coachen, Beraten und Beurteilen im Sinne von Fördern der Mitarbeiter sind zukünftig von Bedeutung.

Zusammenfassend kann festgestellt werden, daß der Fach- und Führungsnachwuchs

• auf der **Facharbeiterebene** sich verstärkt eine berufliche Handlungskompetenz aneignen muß, die insbesondere den gestiegenen intellektuellen und sozialkommunikativen Anforderungen genügt, wobei die Selbständigkeit bei der Bewältigung komplexer Aufgaben im Vordergrund steht;

• auf der **Meister- und Technikerebene** über solche Qualifikationen verfügen muß, die verstärkt zur Betreuung der Arbeitsgruppen, der Umsetzung der Unternehmensphilosophie, des Führens durch

Position / Fach-/Führungs-/Verwaltungsaufgaben	Techniker in bisherigen Arbeitsstrukturen (Sonntag/Schaper/Benz, 1995)		Techniker in zukünftigen		Meister in bisherigen Arbeitsstrukturen (Antoni, 1994)		Meister in zukünftigen	
Fertigungsplanung/-vorbereitung	Arbeitsvorbereitung	**	Projektmanagement	**	–	–	Know how einbringen	*
Fertigungssteuerung	–	–	Auftragsabwicklung	*	Feinsteuerung	**	delegieren	*
Qualitätssicherung und -management	durchführen	*	delegieren	*	durchführen	**	delegieren, sicherstellen	*
Materialdispositionen/Logistik	planen, entscheiden, anfordern	*	delegieren	*	planen, entscheiden anfordern	**	delegieren	*
Weiterentwicklung/Optimierung von Arbeitsabläufen	–	–	Mitarbeit in Problemlösegruppen	*	Abstellen von Mißständen	*	KVP initiieren/unterstützen	**
Verwaltungsaufgaben	Krankenstand, Zeitkonten	*	Budgetverwaltung	*	Krankenstand, Zeitkonten	*	Budgetverwaltung	*
Personalauswahl	–	–	mitentscheiden	*	–	–	auswählen, vorschlagen, beraten	*
Personaleinsatz/-planung	entscheiden, zuweisen	**	koordinieren	*	durchführen, entscheiden, zuweisen	**	delegieren, koordinieren	*
Personalentwicklung	Einweisung, fachliche Schulung	*	Coaching, Moderations-/Präsentationstraining	**	Einweisung, fachliche Schulung	*	Bedarf ermitteln, Qualifizierung on the job	**
Personalbetreuung	beurteilen, disziplinieren	*	beraten, fördern, motivieren	**	beurteilen, disziplinieren	**	fördern, beraten	**
Funktionen in/für Arbeitsgruppen/Projektteams	–	–	Ziele vereinbaren, moderieren, weitergeben	**	–	–	Ziele vereinbaren, Konflikte lösen, sichern	**

Legende: Zeitlicher Umfang der Aufgaben (geschätzt): - nicht gegeben; * gering; ** bedeutsam

Abb. 14: Fach- und Führungsaufgaben bei Meister- und Technikertätigkeiten in gegenwärtigen und zukünftigen Arbeitssystemen

Zielvereinbarung und der Budgetplanung und -überwachung befähigen.

Damit ergibt sich ein nicht unerhebliches qualifikatorisches Problem im unteren und mittleren technischen Management:

– Auf der einen Seite sind kompetent handelnde Mitarbeiter in innovativen Fertigungstrukturen gefordert,

– zum anderen liegen Erfahrungen aus Lernarrangements, die die Fähigkeiten der Selbstorganisation des Problemlösens, des Reflektierens, des kollektiven Handelns in Arbeitsgruppen fördern könnten, kaum vor.

Dies verwundert nicht, viel zu lange vertraute das Bildungsmanagement auf tradierte Trainingsmuster und -verfahren, die die Veränderungen im kognitiven und im Verhaltensbereich kaum berücksichtigten: Fertigkeitsdrill war angesagt, wenn es beispielsweise darum ging, auf internationalen Berufswettkämpfen als Facharbeiter ein Werkstück „olympiareif" zu bearbeiten.

Insofern muß gerade beim unteren und mittleren technischen Management (Facharbeiter-/Technikerebene) der **Gestaltungsschwerpunkt** in qualifikations- und persönlichkeitsförderlichen Lernprozessen liegen, sollen die anspruchsvollen neuen Fertigungskonzepte und Organisationsmodelle auch wirklich umgesetzt und Entwicklungsprogramme für die betreffenden Mitarbeiter angeboten werden.

Kapitel 3
Die Lösung: Lernkultur im Unternehmen

1 Konstituierende Merkmale einer Lernkultur im Unternehmen

Die vorangegangenen Ausführungen machten deutlich, was den kompetent handelnden Mitarbeiter in neuen Organisationsstrukturen ausmacht, welchen veränderten Anforderungen an Denk-, Entscheidungs- und Dispositionsleistungen, Kooperation und Kommunikation die Mitarbeiter auf allen Hierarchieebenen genügen müssen. Diese veränderten Rahmenbedingungen (technischer, organisatorischer, personaler und wettbewerbsbedingter Art) werden dann zum existentiellen Problem einer Organisation, wenn keine systematische, potentialorientierte Förderung der Mitarbeiter betrieben wird, die strategisch ausgerichtet ist: wertvolle Humanressourcen werden vergeudet, suboptimale Produktivität erreicht und entscheidende Wettbewerbsvorteile verspielt. Es ist daher erforderlich, eine neue Qualität von Personal**entwicklung** bzw. -förderung zu erreichen. Voraussetzung hierfür ist das Vorhandensein einer Lernkultur. Welche Merkmale und Bedingungen eine solche **Lernkultur** im Unternehmen konstituieren, ist Gegenstand dieses Kapitels, ebenso wie die Darstellung neuerer Ansätze und Lernformen, die die Interventionsebene der Lernkultur repräsentieren. Ein Rahmenmodell, das Maßnahmen und Strategien der Personal- und Organisationsentwicklung gleichbedeutend mit einbezieht, schließt das Kapitel ab.

Mit Normen, Wertvorstellungen, Denkhaltungen und Handlungsmustern, die in ihrer Gesamtheit ein Unternehmen prägen und repräsentieren, wird im allgemeinen Unternehmenskultur umschrieben, die in einem langjährigen und vielschichtigen Lernprozeß entstanden ist (vgl. Infobox 12).

Lernen stellt somit eine wesentliche Instanz zur Festschreibung und Weiterentwicklung der Unternehmenskultur dar. Der Stellenwert des Lernens im allgemeinen und der betrieblichen Bildungsarbeit im besonderen spiegelt sich wider im Niveau der gelebten (Unternehmens-)Kultur. Anders formuliert: Unternehmen besitzen eine **Lern**kultur. Lernen in seiner entwicklungsförderlichen Qualität impliziert eine Änderung/Veränderung von Normen, Werten und Wissensbeständen, die für alle Organisationsmitglieder wiederum sinnvolle

Infobox 12: Definition von Unternehmenskultur (*Holleis*, 1987, S. 11)

„Unternehmenskultur (Organisationskultur) im engeren Sinne ist die Gesamtheit der im Unternehmen (in einer Organisation) – bewußt oder unbewußt – symbolisch oder sprachlich tradierten Wissensvorräte und Hintergrundüberzeugungen, Denkmuster und Weltinterpretationen, Wertvorstellungen und Verhaltensnormen, wie sie im Denken, Sprechen und Handeln der Unternehmensangehörigen (Organisationsangehörigen) regelmäßig zum Ausdruck kommen."

Rahmenbedingungen für Kommunikation und Handlungen darstellen. **Lernkultur** bedeutet nichts anderes als die Pflege („cultura") des Lernens im Unternehmen. Dabei ist eine Reihe von Aspekten zu berücksichtigen, deren Zusammenwirken Abb. 15 verdeutlicht.

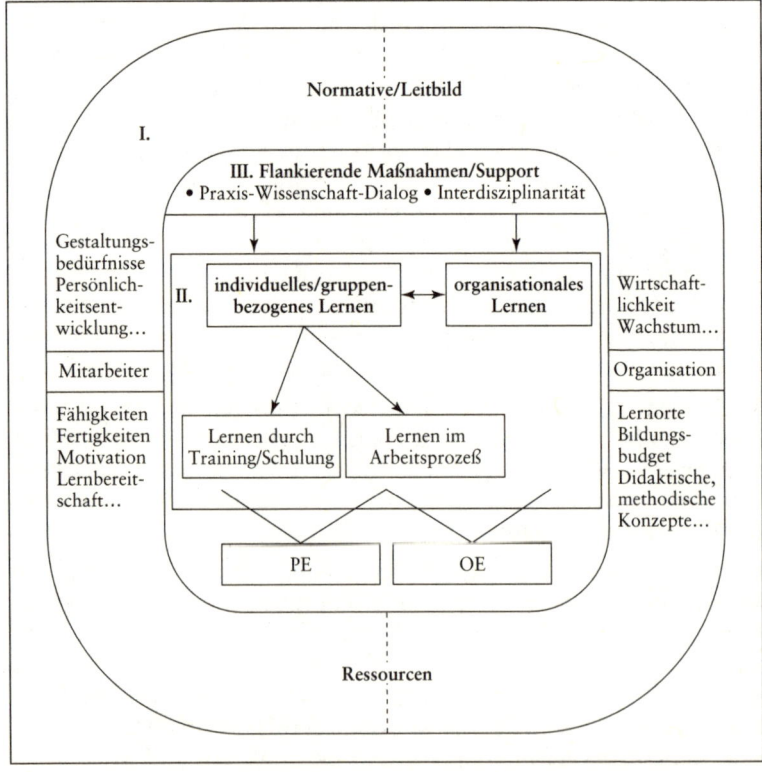

Abb. 15: Merkmale und Bedingungen der Lernkultur

Ob und in welchem Ausmaß eine solche Pflege des Lernens bzw. der Lernkultur im Unternehmen vorliegt, ist also abhängig

1. vom Stellenwert, den das Lernen im jeweiligen Unternehmen genießt. Hierfür geben beispielsweise die normativen Setzungen der Unternehmenspolitik oder die **Leitbilder** Auskunft. Ebenso wie die **Ressourcen**, organisationaler (wie Lernorte, Ausstattung) und personaler Art (wie Fähigkeiten, Lernbereitschaft der Mitarbeiter und Führungskräfte), die dem Bildungsmanagement zur Verfügung stehen bzw. zur Verfügung gestellt werden;

2. von der Art und Weise, **wie** die Mitarbeiter selbst und das Unternehmen als Gesamtes lernen. Angesprochen ist einerseits das individuelle und gruppenbezogene Lernen, durch geplante Trainings- bzw. Schulungsmaßnahmen, und/oder durch den Arbeitsprozeß selbst und andererseits das organisationale Lernen, durch Reflexion und Anpassung an Umfeldveränderungen. Interventionen erfolgen durch Maßnahmen der Personal- und Organisationsentwicklung (PE/OE);

3. vom Ausmaß des Supports, damit Kulturgestaltung i.S. einer lernfähigen Kultur überhaupt betrieben werden kann. Zu nennen wären hier ein offener Praxis-Wissenschaft-Dialog und interdisziplinäre Herangehensweise bei der Erprobung neuer didaktischer Konzepte und Lernformen. In den folgenden Abschnitten werden die genannten Merkmale und Bedingungen einer Lernkultur ausführlich auf den drei Ebenen

   – Normative/Leitbilder,
   – Umsetzung/Gestaltung und
   – flankierende Maßnahmen
   diskutiert.

1.1 Entwicklungs- und lernorientierte Leitbilder

Das Leitbild eines Unternehmens sagt etwas aus über dessen Selbstverständnis, also wie sich ein Unternehmen nach innen und außen verstehen möchte. Es beschreibt die Werte und Grundhaltungen, die ein Unternehmen leben will und das gewollte Denken und Handeln der Mitarbeiter. Soll Lernen einen zentralen Stellenwert in der Unternehmensphilosophie einnehmen, und als systemkonstituierendes Merkmal sinn- und identitätsstiftend wirken, dann sind lern- und entwicklungsbezogene Aspekte auch als verbindliche Leitziele explizit zu formulieren und somit Rahmen- und Prozeßbedingungen für die Wahrnehmung und Interpretation von Lernkultur bereitzustellen.

Einmal als Leitziel formuliert, gilt es permanent und selbstkritisch zu reflektieren, inwieweit diese normativen Orientierungsmuster einer gewollten Lernkultur im Unternehmen auch umgesetzt und in entsprechende Handlungsweisen münden, also **gelebt** werden. Diese selbstkritische Reflexion der Wirklichkeitsinterpretation von Leitzielen kann wiederum als Lern- und Entwicklungsprozeß der Mitarbeiter und des Managements aufgefaßt werden.

Betrachten wir die in Infobox 13 formulierten mitarbeiterbezogenen Leitziele zweier Großkonzerne, so läßt dies den Schluß zu, daß zumindest die mitarbeiterbezogenen Leitziele des zweiten Unternehmens einen substantiellen, konkreten und verbindlichen Beitrag zu einer Lernkultur liefern.

Infobox 13: Mitarbeiterbezogene Auszüge aus Leitbildern

„Wir wollen schneller und besser lernen als andere. Dafür brauchen wir vor allem unternehmerisch denkende Mitarbeiterinnen und Mitarbeiter." (Auszug aus dem Leitbild der Daimler Benz, AG)

„Wir fördern die berufliche und persönliche Erfahrung unserer Mitarbeiter/innen unabhängig von Geschlecht, Hautfarbe, Nationalität oder Religion. Wir zollen den Mitarbeiter/innen Anerkennung für ihre Leistung; wir fördern ihren Einbezug in das Geschehen und befähigen sie an Entscheidungsprozessen teilzunehmen, so daß sie Sinn und Zweck ihrer Tätigkeit erkennen und bereit sind, ihr Bestes zu geben" (Auszug aus dem Leitbild der CIBA-GEIGY AG).

Persönlichkeitsentwicklung, Partizipation und Sinnfindung, wie sie im zweiten Leitbild formuliert sind, berühren nicht nur Grundelemente des von *Peters/Waterman* (1982) auf der Suche nach Spitzenleistung entwickelten Menschenbildes, wie Sinnbedürftigkeit, Bedürfnis nach Einfluß, Bedürfnis nach positiver Verstärkung, sondern auch zentrale arbeitspsychologische Positionen der Sinnrationalität von Arbeit, und des zu selbstbestimmten und selbstverantwortlichen Handelns fähigen Menschen. Angestrebt ist eine Zielkongruenz zwischen ökonomischen und mitarbeiterbezogenen Interessen, wie die anspruchsvolle Formulierung dieses Leitbildes es wiedergibt.

Formulierungen in Leitbildern müssen sich an ihrem Wahrheitsgehalt messen lassen. Entwicklungs- und lernorientierte Leitbilder dürfen in diesem Sinne nicht zu einem Tummelplatz normativer, unverbindlicher und folgenloser Setzungen werden.

Allzu oft verkommen die in Literatur und Hochglanzbroschüren vorfindbaren Desiderate zu pädagogischen Leerformeln, wird mit

der Magie des Wortes gezaubert, werden wohlanmutende Begrifflichkeiten von Praxis- und Wissenschaftsautoren kreiert. Vergessen
wird das Machbare, und die methodisch-inhaltliche Lücke zwischen
Wunschvorstellungen und Umsetzung im Rahmen seriöser **Personal-
entwicklungsarbeit** wird immer größer. Selbst- und Fremdtäuschung
in diesem besonders prädestinierten Bereich kann nur durch eine
überlegte, reflektierte Wiedergabe des Wortes (Kultivierung des
schriftlichen Ausdrucks) und seines verpflichtenden Charakters in
Leitbildern vermieden werden.

1.2 Lernoberfläche des Unternehmens

Eine Lernkultur kann nur aus internen und externen Interaktionsbeziehungen als Folge eines reflexiven Entwicklungsprozesses entstehen. Unternehmen unterhalten mit ihrer Umwelt eine Vielzahl
von Kontakten, beispielsweise zu Kunden, Lieferanten, Konkurrenten usw., die eine wichtige Lernquelle darstellen. Über diese sog.
„Lernoberflächen" des Unternehmens *(Simon*, 1995, S. 150) fließen
vielfältige Informationen und Erfahrungsaustausche von außen nach
innen und umgekehrt. Je nach Umfang der Kontaktoberfläche (Minimierung oder Maximierung der Außenkontakte) unterscheidet Simon Unternehmen mit „Wagenburg-" oder „Amöben"mentalität.
Derartige charakteristische Verhaltensweisen von Unternehmen, die
sich widerspiegeln in Führungsstilen, Unternehmenskultur oder organisatorischen Maßnahmen, gibt Infobox 14 wieder.

Infobox 14: Verhaltensaspekte von Wagenburg- und Amöben-
unternehmen (aus *Simon*, 1995, S. 151)

Wagenburg-Unternehmen	*Amöbenunternehmen*
Kultur der Abgeschlossenheit	Kultur der Offenheit
Mißtrauen gegenüber Außenstehenden	Willkommen gegenüber Außenstehenden
Zugangskontrollen	Freier Zugang zu Informationen
Publikationen, Vorträge von Mitarbeitern unerwünscht/verboten	Publikationen, Vorträge von Mitarbeitern erlaubt/erwünscht
eher firmeninterne Seminare (man bleibt unter sich)	eher offene Seminare (man zieht aktiv Außenstehende hinzu)
Zurückhaltung bezüglich Kooperation	offen für, interessiert an Kooperationen

Es ist leicht nachzuvollziehen, daß bei Minimierung der Oberfläche, also geringen bzw. einseitigen Interaktionen, wichtige Außenentwicklungen verpaßt werden, andererseits bei Maximierung eine zu große Offenheit sich wettbewerbsnachteilig auswirken kann. Eine grundsätzliche Über- oder Unterlegenheit einer der beiden Verhaltensweisen ist zumindest empirisch noch nicht nachgewiesen. Bedeutsam ist es allerdings, die Vielfalt der Facetten einer Lernoberfläche zu nutzen. Im Einzelnen werden hier genannt:

– **Netzwerke:** bestehend aus verschiedenen Partnern, die im Regelfall voneinander lernen;
– **Publikationen:** Nutzung veröffentlichten Wissens in den einzelnen Fachgebieten;
– **Strategische Allianzen und Kooperationen:** Aneignung komplexen Wissens und intensiver Informationsaustausch durch tägliche Praxis mit Partnern;
– **Kommunikation mit speziellen Zielgruppen:** Informationsaustausch und Diskurs mit gesellschaftlichen Gruppierungen.

Abb. 16 gibt die Lernoberfläche und ihre Werkzeuge eines nach der Amöbenmetapher ausgerichteten Unternehmens wieder.

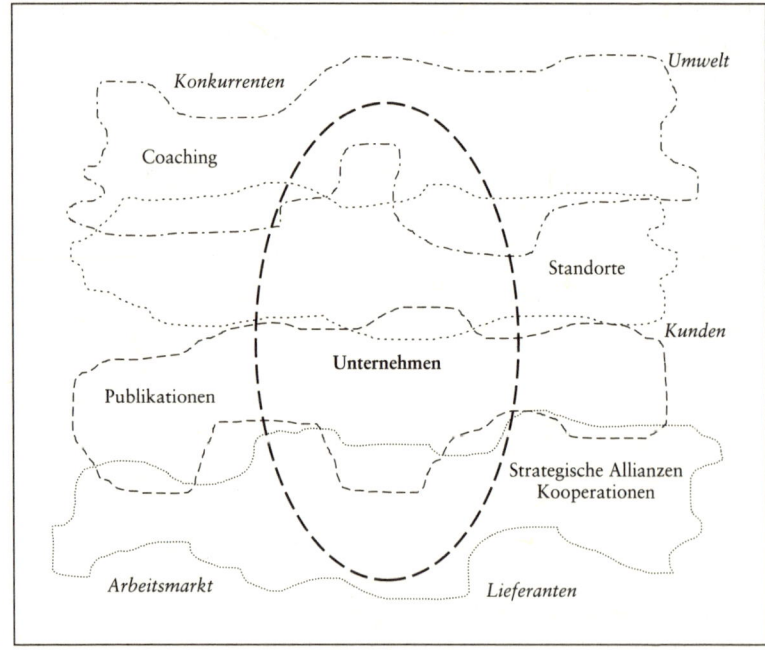

Abb. 16: Lernoberflächen von Unternehmen (Amöbenmetapher)

Lernoberfläche und die Nutzung ihrer Werkzeuge sollte nicht auf das Managementlernen beschränkt sein, wie dies etwa von *Simon* (1995) gefordert wird, sondern hierarchieunabhängig dort, wo Lernen i.S. eines Erfolgsaustausches erforderlich und nützlich ist.

1.3 Lernen als integraler Bestandteil der Unternehmensplanung

Die Glaubhaftigkeit unternehmerischer Bemühungen, Lernen im Betrieb umzusetzen, ist daran zu messen, inwieweit **qualitativer** Personalplanung und Personalentwicklung als den dafür zuständigen Bereichen eine Schlüsselrolle zukommt. Nicht die „exakte" Festlegung und Prognostizierbarkeit von „man-power" ist für die Produktivität des Unternehmens von Bedeutung, sondern die Leistungsvoraussetzungen, das Erfahrungswissen und die Entwicklungspotentiale der Mitarbeiter bei der Bewältigung aktueller und zukünftiger Aufgaben. Dies zu erfassen und zu beschreiben, ist Aufgabe der qualitativen Personalplanung. Neue Lehr-/Lernkonzeptionen zu erproben, um erforderliche Potentiale rechtzeitig verfügbar zu machen, ist Gegenstand der Personalentwicklungsplanung.

Dazu müssen bereits bei der Entwicklung, Auslegung und betrieblichen Planung neue Informations- und Kommunikationstechniken oder Fertigungstechniken neben technischen und ökonomischen Aspekten ebenso qualifikatorische und arbeitsorganisatorische Berücksichtigung finden, also **personalorientierte** Gestaltungsziele formuliert werden (vgl. Infobox 15).

Infobox 15: Rechtzeitigkeit der Bildungsplanung (*Meyer-Dohm*, 1991, S. 26)

„Daß Bildungsplanung notwendig ist, wird von niemandem angezweifelt. Das Problem besteht in der Rechtzeitigkeit, denn damit wird ein besonderer Anspruch erhoben: Rechtzeitigkeit der Bildungsplanung, um die Bildungsarbeit zu dem Zeitpunkt abschließen zu können, an dem neue Qualifikationen zur Verfügung stehen müssen; Rechtzeitigkeit aber auch, um die Qualität der Bildungsmaßnahmen zu sichern."

Der in diesem Zusammenhang immer wieder erhobene Anspruch, Personalplanung zum integralen Bestandteil unternehmerischer Gesamtplanung zu machen, muß endlich flächendeckend eingelöst werden. *Korn/Ferry* (1990) leiten aus ihrer Studie drei zentrale unternehmenspolitische Empfehlungen zur Personalplanung ab:

1. Erkennen Sie, daß Personalplanung und -förderung ein wesentlicher Bestandteil der Unternehmensplanung sein muß.
2. Nehmen Sie den für Nachwuchsförderung verantwortlichen Personalchef in die Unternehmensleitung auf.
3. Betrauen Sie die Personalleitung über ihre Routinetätigkeit hinaus mit einer Schlüsselrolle für die Ermittlung und Ausbildung von zukünftigen Führungskräften.

Um den tradierten und in wohl den meisten Fällen verfügbaren Status der Personalplanung als **abhängige** Folgeplanung aufzuheben, ist somit die organisatorische Einbindung der Entscheidungsinstanzen im Humanressourcen-Bereich in die strategische Gesamtplanung unabdingbar. Sonst stellt Personalentwicklung eine Schwachstelle im betrieblichen Innovationsprozeß dar und degradiert zum Erfüllungsgehilfen von Produkt- und Verfahrensinnovation. Eine solche Feuerwehrfunktion personaler Förderung wird in Infobox 16 beschrieben.

Infobox 16: Normalfall einer innovationsorientierten Personalentwicklung

Durch marktliche Gegebenheiten bedingt, werden technische Innovationen im Produktionsbereich eingeführt und das organisatorische Umfeld diesen Neuerungen angepaßt. Die nun beginnende Einführungsphase, die bis zum Normallauf etwa eines flexiblen Fertigungssystems immerhin bis zu 6 Jahre dauern kann, ist dann gekennzeichnet durch erhöhte Stillstandszeiten und erhebliche Produktionsausfälle. Erst dadurch wird man sich allmählich der Erkenntnis bewußt, daß Maschinen, Anlagen oder Systeme von Menschen aufgestellt, eingerichtet, bedient und gewartet werden müssen. Dies betrifft im übrigen auch die sog. mannarme Fertigung.

Erst zu diesem Zeitpunkt, wenn also kostenintensivere Anlagen aufgestellt sind und das erforderliche Bedienwissen nicht vorhanden ist, wird die Personalentwicklung eingeschaltet, die nun in übergroßer Eile Weiter- bzw. Fortbildungsprogramme anbieten soll, die oftmals aufgrund des knappen zeitlichen Rahmens weder systematisch noch adressatengerecht entwickelt werden konnten.

Wem nützen neu installierte hochproduktive, flexibel automatisierte Anlagen, wenn die Mitarbeiterqualifikationen nicht rechtzeitig vorliegen, wie soll Gruppenarbeit eingeführt werden und funktionieren, wenn kommunikative und kooperative Verhaltensweisen der Mitarbeiter nicht vorher adäquat gefördert wurden?

Eine neue Qualität personaler Förderung ist somit angezeigt, um aktiv und gestaltend auf den Veränderungsprozeß einzuwirken. Dies erfordert neue Organisationsmodelle für Planungs-, Informations- und Beteiligungsformen der entsprechenden Bereiche und ihrer Mitarbeiter. Mit bloßen Kaschierungen der Organisationsstruktur ist es nicht getan. Die rasche Umbenennung eines „betrieblichen Bildungswesens" in eine Organisationseinheit „Personalentwicklung" unmittelbar dem Personalvorstand zugeordnet, mag zwar Reputation und Selbstbewußtsein dieser Abteilung und ihrer Mitglieder fördern – dies ist ein durchaus erfreulicher Nebeneffekt, betrachtet man die Dominanz kaufmännischer und technischer Bereiche –, läßt aber offen, inwieweit eine zukunftsorientierte Potentialentwicklung der Organisationsmitglieder systematisch und effizient betrieben wird. Angefangen von einer aussagekräftigen Erfassung und Beschreibung des Lernbedarfs der Organisationsmitglieder zur Ableitung entwicklungsförderlicher Gestaltungsempfehlungen und deren Umsetzung, bis hin zur Überprüfung solcher Maßnahmen.

Nur so wird es möglich sein, **frühzeitig** arbeits-, technikgestaltende und lernförderliche Konzeptionen und Maßnahmen zu entwickeln und zu realisieren. Die Erprobung neuer Lehr-/Lernkonzepte und die Gestaltung entwicklungsförderlicher Umgebungen nehmen einen erheblichen zeitlichen Vorlauf und Planungsbedarf in Anspruch.

1.4 Partizipation aller Organisationsmitglieder am Lernprozeß

Lernkultur ermöglicht, den Sinn des Handelns für den einzelnen im betrieblichen Alltag transparent und erfahrbar zu machen. Von Mitarbeitern geteilte Wahrnehmungen und ausgeführte Handlungsweisen werden interaktiv ausgetauscht, hinterfragt und weiterentwickelt. In solche Entwicklungsprozesse sind **alle Beteiligten** einer Organisation miteinzubeziehen, sie können nur partizipativ erfolgen. Lernen ist nicht das Privileg einer bestimmten Hierarchieebene, sondern über das gesamte Unternehmen verteilt, hierarchie- und lerngruppenübergreifend. Noch 1986 zeigten Förder- und Personalentwicklungsmaßnahmen ein eindeutiges Ungleichgewicht zugunsten einer auf die Führungsebene ausgerichteten Förderarbeit („management development"). Nach Mitarbeitergruppen differenziert, ergab sich nach einer Untersuchung des Bundesinstitutes für Berufsbildung über die Strukturen betrieblicher Weiterbildung folgendes Bild (vgl. *v. Bardeleben/Böll/Kühn*, 1986):

Strukturmerkmale/ Mitarbeitergruppen	Anteil an der Beschäftigten-zahl	Anteil an den Weiterbildungs-teilnehmern	Weiterbildungs-kosten je Be-schäftigten (DM)
Führungskräfte	4 %	15 %	1334,00
kaufmännische Angestellte	15 %	30 %	705,00
technische Angestellte	18 %	38 %	803,00
Facharbeiter	32 %	13 %	104,00
An- und Ungelernte	31 %	4 %	26,00

Abb. 17: Strukturen betrieblicher Weiterbildung (N=119 Betriebe)

Diese Zahlen verdeutlichen eindrucksvoll bei Berücksichtigung des Beschäftigtenanteils und der Höhe der Weiterbildungskosten die Vernachlässigung von Qualifizierungsmaßnahmen für die untere technisch-operative Ebene. Gerade Mitarbeiter dieser Ebene sollen aber gruppenorientiert tätig sein, teilweise Störungen diagnostizieren und beheben, Qualitätsmanagement betreiben, Führungsfunktionen übernehmen, Verantwortungs- und Entscheidungskompetenz besitzen. Wie soll das gelingen, wenn die Mitarbeiter nicht mit entsprechenden materiellen und zeitlichen Ressourcen in personale Fördermaßnahmen einbezogen werden? Ganz abgesehen davon, daß die Effektivität mancher Führungskräftetrainings mehr als fraglich und deren Kosten-Nutzen-Relation disproportional ist.

Partizipation meint neben dem Einbezug in betriebliche Fördermaßnahmen aber auch die Teilnahme an Entscheidungsprozessen bei der Formulierung des Lernbedarfs, der Auswahl und Entwicklung didaktisch-methodischer Konzeptionen und der Überprüfung der durchgeführten Maßnahmen. Das Ausmaß der Partizipation sollte allerdings die vorhandenen Qualifikationen der Mitarbeiter berücksichtigen. Es steht wohl außer Frage, daß eine Partizipationsorientierung, die die persönliche Förderung und Weiterentwicklung des Mitarbeiters in seinem Aufgaben- und Tätigkeitsfeld betrifft, ein höheres Commitment bei der Umsetzung von Veränderungsprozessen bewirkt. Darüber hinaus wird indirekt die Identifikation mit dem Unternehmen und seinen Zielen begünstigt.

1.5 Lern- und Entwicklungspotentiale in der Arbeit

Arbeitstätigkeiten spiegeln wider, inwieweit der Stellenwert des Lernens im Unternehmen ausgeprägt ist. Sie sind in diesem Sinne als

Lern- oder Verlernfeld zu begreifen. Betrachtet man vorliegende empirische Studien über den Zusammenhang von Dimensionen der Arbeitstätigkeit und Merkmalen der Persönlichkeit (vgl. zusammenfassend *Ulich/Baitsch*, 1987), so zeigt sich trotz aller theoretischen und methodischen Probleme, trotz unterschiedlicher Herkunft und schwieriger Vergleichbarkeit, daß die Ergebnisse praktisch ausnahmslos eine ähnliche Tendenz aufweisen: Geringe Restriktivität in arbeitsplatz- und berufsbezogenen Dimensionen (also beispielsweise Tätigkeitsspielraum, Problemhaltigkeit, Entscheidungs- und Kontrollspielraum, Interaktionsspielraum) korreliert positiv mit als vorteilhaft bewerteten Ausprägungen psychologischer Dimensionen (hauptsächlich sind hier zu nennen intellektuelle Leistungen, soziale Kompetenz, Selbstkonzept und Leistungsmotivation).

Beispielhaft erwähnt sei in diesem Zusammenhang die aufwendige Längsschnittstudie von *Kohn/Schooler* (1978), die zeigt, daß die substantielle Komplexität der Arbeit, der Grad, zu dem sie intellektuelle Leistungen und selbständige Urteile erfordert, die intellektuelle Flexibilität von Personen positiv beeinflußt.

Empirisch abgesichert sind ebenfalls die positiven Auswirkungen lernförderlicher Aufgabenstellungen auf die Handlungsweise und Arbeitszufriedenheit bzw. -motivation von Auszubildenden (vgl. die Untersuchungen von *Franke/Kleinschmitt,* 1987), sowie auf das Selbstbild und Selbstwertgefühl von Auszubildenden (vgl. *Häfeli/ Kraft/Schallberger*, 1988).

Arbeitstätigkeit wird so zur Lerntätigkeit, Arbeitsaufgaben werden zu Lernaufgaben. **Aufgaben,** die Lernpotentiale beinhalten, motivations- und persönlichkeitsförderlich sind, lassen sich nach folgenden Merkmalen charakterisieren:

– Sie ermöglichen die vielfältige Ausnutzung der vorhandenen Fähigkeiten und deren Weiterentwicklung.
– Sie enthalten Freiheitsgrade für eigenes Entscheiden und kreative Ausführungen.
– Sie ermöglichen Verantwortungsübernahme und selbständige Handlungsweisen.
– Sie bewirken bei Gelingen ein Erfolgserleben.
– Sie machen einen gesellschaftlichen Nutzen erkennbar.

Der Aufgabengestaltung nach den genannten Merkmalen kommt zentrale Bedeutung bei der Schaffung von Lern- und Entwicklungspotentialen in der Arbeit zu. Neben geplanten Trainings-, Schulungs- und Qualifizierungsmaßnahmen findet Lernen im Unternehmen auch in der Arbeitstätigkeit und deren Gestaltung statt.

1.6 Lernen im Unternehmen als Forschungsgegenstand und interdisziplinärer Dialog

Die Realisierung und Umsetzung von Lernkultur im Unternehmen erfordert professionelles Handeln. Das bedeutet zuallererst ein wesentlich stärkeres Engagement in der Forschung und der entsprechenden Bereitstellung finanzieller und personeller Ressourcen. Der seriöse Einsatz erprobter Instrumente oder Techniken zur Analyse und Gestaltung betrieblicher Lernprozesse, setzt nun einmal die Reflexion theoretischer Grundlagen, die kontrollierte Überprüfung der eingeleiteten Maßnahmen und deren praxisgerechte Aufbereitung voraus. Solche Prozesse, sollen sie erfolgreich sein, sind zeitaufwendig und personalintensiv. Es verwundert, wie wenig im Gegensatz zu anderen Unternehmensbereichen in der Personalentwicklung geprüft und „Qualität gesichert" wird.

Die Analyse und Gestaltung betrieblicher Lernprozesse stellt einen komplexen Gegenstandsbereich dar, der durch die traditionell damit betraute Betriebswirtschaftslehre und Organisationsforschung sowie Berufs- und Wirtschaftspädagogik nicht angemessen bearbeitet werden kann. Benötigt werden auch und vor allem Erkenntnisse aus psychologischen Grundlagen- und Anwendungsfächern, die für Fragestellungen der personalen Förderung unmittelbar Relevanz besitzen. Themen aus diesen Disziplinen verdeutlicht ohne Anspruch auf Vollständigkeit Abbildung 18 (vgl. ausführlich *Sonntag*, 1992).

Zur erfolgreichen Bearbeitung solcher Fragestellungen ist eine interdisziplinäre Zusammenarbeit unabdingbar. Wissenschaftler, die sich mit betrieblichem Lernen auseinandersetzen, müssen „das Korsett ihrer disziplinären Identität sprengen" (*DFG*, 1990, S. 93) und ihr Expertenwissen problembezogen integrieren.

Umsetzbare, praktikable Konzepte und Maßnahmen sind nur möglich, wenn Erkenntnisse im Praxisfeld gewonnen werden, wenn „vor Ort" – in den Betrieben, in der Produktion, am Arbeitsplatz – geforscht wird. Das wiederum setzt einen offenen, effizienten und vorurteilslosen Dialog zwischen Unternehmen und Wissenschaft voraus. Beidseitig noch immer vorhandene Ressentiments gilt es daher rasch abzubauen.

Die Durchführung von OE- und PE-Maßnahmen durch universitäre Projektgruppen oder Institute kann zielgruppenspezifisch und flexibel geleistet werden mit hoher Fachkompetenz durch aktuelle state-of-the-art-Analysen und Informationsaustausch in dem jeweiligen Fachgebiet. Sie hat gegenüber Unternehmensberatungen schließlich einen weiteren unbestreitbaren Vorteil, nämlich den der Kosteneinsparung.

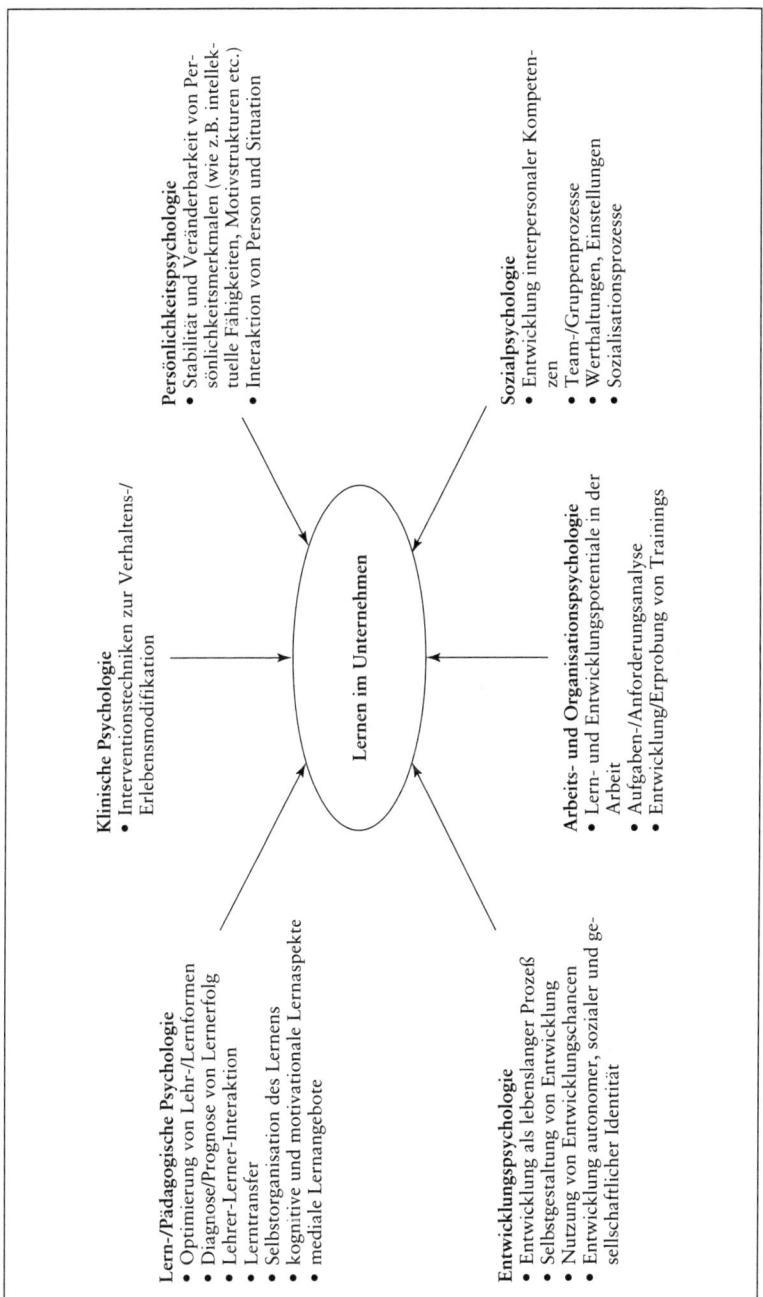

Abb. 18: Psychologische Disziplinen und mögliche Themen zum Lernen
in Organisationen

1.7 Checkliste zur Lernkultur

Nachfolgende, aus den bisherigen Ausführungen abgeleiteten Fragen zur Lernkultur, geben einen ersten Hinweis, inwieweit eine Lernkultur im Unternehmen vorhanden bzw. ausgeprägt ist. Die Beantwortung setzt eine selbstkritische und ernsthafte Urteilsbildung der Verantwortlichen voraus und kann helfen, Defizite betrieblichen Lernens zu identifizieren und eine optimale Lernkultur zu gestalten. Je mehr Nein-Antworten, um so dringender und größer ist der Gestaltungsbedarf, wenn Lernen wirklich einen zentralen Stellenwert im Unternehmen einnehmen soll.

	JA	NEIN
1. Entwicklungs- und lernorientierte Leitbilder		
• Werden **konkrete** Zukunftsbilder (Visionen) über Ziele und Wege des Lernens im Betrieb entwickelt?	❏	❏
• Nimmt Lernen einen **zentralen** Stellenwert in der Unternehmensphilosophie ein?	❏	❏
• Wird die Bedeutung und Kultivierung des Lernens in der Unternehmensphilosophie **explizit** formuliert (festgeschrieben)?	❏	❏
• Sind die Formulierungen **verbindlich** und **wahrhaft**?	❏	❏
• Sind **Ressourcen, Konzepte, Instrumente** vorhanden, die lernorientierte Leitbilder umzusetzen?	❏	❏
• Werden die formulierten Leitziele kritisch reflektiert?	❏	❏
2. Lernoberfläche des Unternehmens		
• Werden die lernförderlichen Kontakte des Unternehmens zur Außenwelt **maximiert**?	❏	❏
• Bestehen Netzwerke zum Zwecke des Lernens und Informationsaustausches mit anderen Unternehmen, Universitäten, Beratungsinstituten usw.?	❏	❏
• Sind Fachpublikationen als Lernquellen zugänglich?	❏	❏
• Sind Publikationen und Vorträge von Mitarbeitern erwünscht?	❏	❏
• Ist eine **aktive** Teilnahme an Kongressen erwünscht?	❏	❏

	JA	NEIN
• Wird eine Kommunikationskultur mit externen Zielgruppen gepflegt?	❏	❏
• Bestehen strategische Allianzen und Kooperationen zur Wissensoptimierung und zum Informationsaustausch?	❏	❏

3. Lernen als integraler Bestandteil der Unternehmensplanung

• Ist die Personalplanung in die unternehmensspezifische Gesamtplanung integriert?	❏	❏
• Werden neben ökonomischen und technischen Aspekten **gleichberechtigt** personalorientierte und arbeitsorganisatorische Gestaltungsziele in der Unternehmensplanung berücksichtigt?	❏	❏
• Wird eine **qualitative** Personalplanung betrieben?	❏	❏
• Werden Leistungsvoraussetzungen, Erfahrungswissen und Entwicklungspotentiale der Mitarbeiter für aktuelle **und** zukünftige Aufgaben erfaßt?	❏	❏

4. Partizipation aller Organisationsmitglieder am Lernprozeß

• Werden Seminare zur Persönlichkeitsentwicklung und Verhaltensmodifikation für Mitarbeiter der **operativen** Ebene angeboten?	❏	❏
• Werden die Mitarbeiter bei der Feststellung des Lernbedarfs mit einbezogen?	❏	❏
• Sind die Angebote personaler Fördermaßnahmen allen Organisationsmitgliedern zugänglich?	❏	❏

5. Lern- und Entwicklungspotentiale in der Arbeit

• Sind lern- und persönlichkeitsförderliche Arbeitsinhalte auf **allen** Hierarchieebenen gegeben?	❏	❏
• Können die vorhandenen Fähigkeiten der Mitarbeiter bei der täglichen Aufgabenbewältigung genutzt und weiterentwickelt werden?	❏	❏
• Ermöglichen die Aufgaben Verantwortungsübernahme und selbständige Handlungsweisen?	❏	❏
• Enthalten die Aufgaben Freiheitsgrade für eigene Entscheidungen?	❏	❏

	JA	NEIN

6. Lernen im Unternehmen als Forschungsgegenstand und interdisziplinärer Dialog

- Werden der Personalentwicklung angemessene ❏ ❏ personelle und finanzielle Ressourcen zur Verfügung gestellt?
- Wird externes Know-how und wissen- ❏ ❏ schaftliche Beratung in Anspruch genommen?
- Werden für Forschungsarbeiten zur Erprobung ❏ ❏ neuer betrieblicher Lernkonzepte Untersuchungs- felder bereitgestellt?
- Wird psychologische Kompetenz zur Ent- ❏ ❏ wicklung, Durchführung und Überprüfung personaler Fördermaßnahmen eingesetzt?
- Werden ‚Qualitätssicherung‘ und Controlling ❏ ❏ realisierter PE-Maßnahmen durchgeführt?
- Wird ein offener und vorurteilsloser Dialog ❏ ❏ zwischen Unternehmen und Wissenschaft über Möglichkeiten und neue Wege des Lernens im Unternehmen geführt?

2 Konzepte des Lernens im Unternehmen

2.1 Zur Performanz lernender Unternehmen

Die Leistungsfähigkeit von Unternehmen im allgemeinen, lernender Unternehmen im besonderen, ist abhängig von den Kompetenzen seiner Mitglieder (= berufliche Handlungskompetenz) und der orga- nisationalen Wissensbasis und Handlungsweise (= organisationale Handlungskompetenz) (vgl. Abb. 19).

Berufliche Handlungskompetenz

Reflektiert man neuere Konzepte der Personalentwicklung und o.g. Ausführungen zu den veränderten Umfeldbedingungen (vgl. Kapitel 2), dann sollte der zukünftige Mitarbeiter über eine umfassende Handlungskompetenz verfügen, die ihn befähigt, die zunehmende Komplexität seiner beruflichen Umwelt zu begreifen und durch ziel- und selbstbewußtes, reflektiertes und verantwortliches Handeln zu gestalten. Berufliche Handlungskompetenz in diesem Sinne geht von einer ganzheitlichen Sichtweise menschlicher Tätigkeit aus. Solche Arbeits- und Lerntätigkeiten finden dabei in einem sozialen, inter- aktiven Kontext (also in Organisationen) statt. Vor allem vier Kom-

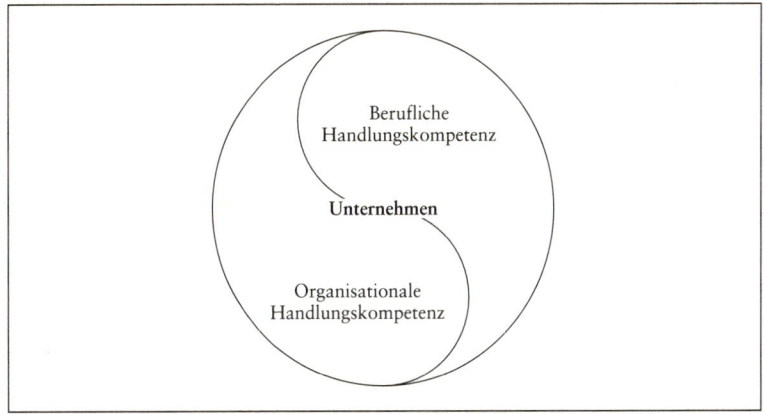

Abb. 19: Performanz von Unternehmen

petenzbereiche werden in der Praxis und in der Qualifikationsforschung mehr oder minder pragmatisch strukturiert und diskutiert:

- **Fachkompetenz**: hierunter werden berufsspezifische Fertigkeiten und Fachkenntnisse subsumiert (wie z.b. Kenntnisse über die Funktionsweise speicherprogrammierbarer Steuerungen, Kenntnisse über arbeitsrechtliche Konsequenzen bei außerordentlicher Kündigung usw.);

- **Methodenkompetenz** meint situations- und fachübergreifende, flexibel einsetzbare kognitive Fähigkeiten (wie z.b. Fähigkeiten, Probleme zu strukturieren und einer Lösung zuzuführen; Strategien zu entwickeln; Planen vor der Durchführung usw.);

- **Sozialkompetenz** umfaßt Fähigkeiten, in Teams unterschiedlicher sozialer Struktur (hinsichtlich Alter, Herkunft, Qualifikation) gruppenorientiertes, unterstützendes Verhalten zu zeigen (z.b. leistungsschwächere „Kollegen" im Fertigungsteam unterstützen; andere Meinungen von Mitgliedern in einem Projektteam akzeptieren);

- **Personalkompetenz** beinhaltet die persönlichkeitsbezogenen Dispositionen eines Menschen, die sich in Einstellungen, Werthaltungen, Bedürfnissen und Motiven äußern (z.b. die Einstellung männlicher Konkurrenten gegenüber Frauen in Führungspositionen; die Vorbildfunktion betrieblicher Experten Jungfacharbeitern gegenüber).

Natürlich ist diese Aufteilung insofern künstlich, als bei der jeweils konkreten Aufgabenbewältigung durch die Mitarbeiter die einzelnen Kompetenzbereiche wechselseitig und in unterschiedlicher In-

tensität beansprucht werden und miteinander verflochten sind.
Gleichwohl dient sie als Klassifikationshilfe für die Zuordnung von
aktuell geforderten Schlüsselqualifikationen. Die Vermittlung und
Aneignung dieser übergreifenden Qualifikationen ist Gegenstand
und Ziel individuellen und gruppenbezogenen Lernens.

Organisationale Handlungskompetenz

Auch Organisationen, insbesondere wenn sie erfolgreich sind, verfügen über kompetentes Handeln (vgl. z.B. Kapitel 1, Abschnitt 2).
Abstrahiert vom Individuum versteht sich organisationale Handlungskompetenz als die Fähigkeit einer Organisation, Synergieeffek-
te zu nutzen, gemeinsames Wissen und Reflexionspotentiale zu
schaffen und Prozesse der intraorganisationalen Koordination bzw.
Kommunikation einzuleiten. In solchen „Kernkompetenzen" liegen
nach *Hamel/Prahalad* (1991) strategische Wettbewerbsvorteile. Die
Förderung dieser Kompetenzen beginnt beim Topmanagement,
wenn es darum geht, weitreichende organisatorische Änderungen
einzuleiten, effiziente Muster interner Abstimmung und gemeinsames Lernen zu implementieren und die Erfahrungen mit neugestal-
teten, komplexen bereichsübergreifenden Informationssystemen und
Kommunikationsabläufen zu sammeln und zu verwerten. Erst dann
sind grundlegende Voraussetzungen geschaffen, eine gemeinsame,
transparente Wissensbasis zu nutzen, zu pflegen und auszubauen.
Kompetent handelnde Organisationen realisieren sich in diesem Sinne durch organisationales Lernen; tradiertes Führungsverständnis,
unflexible dogmatische Managementpraxis steht dem entgegen.

Wie wird Handlungskompetenz erreicht? Welche theoretischen,
konzeptionellen und gestalterischen Möglichkeiten bieten sich an,
um auf individueller, gruppenbezogener oder organisationaler Ebene Lernprozesse einzuleiten? Sie zu optimieren, ist Kennzeichen eines leistungsfähigen Unternehmens. Abbildung 20 versucht diesen
Zusammenhang herzustellen.

Auf der **konzeptuellen Ebene** sind lerntheoretische Ansätze zu diskutieren, die handlungsorientiertes und problembezogenes aktives Lernen der Mitarbeiter durch Training und Schulung oder am Arbeitsplatz fördern. Zur Verbesserung der organisationalen Lernfähigkeit
sind theoretische Konzepte zu präferieren, die den kollektiven Wissensbestand und die Problemlösefähigkeit der Organisationen durch
reflexive Prozesse fördern. Die **Gestaltungsebene** umfaßt Ansätze zur
Entwicklung von Lernumgebungen, die im besonderen Maße den
Aufforderungscharakter (Valenz) von Lernen hervorheben und
Lernaktivitäten begünstigen, beispielsweise durch computergestützte Medien oder ganzheitliche didaktische Konzeptionen. Auf organisationaler Ebene gilt es, eingefahrene Routinen, die Lernen blok-

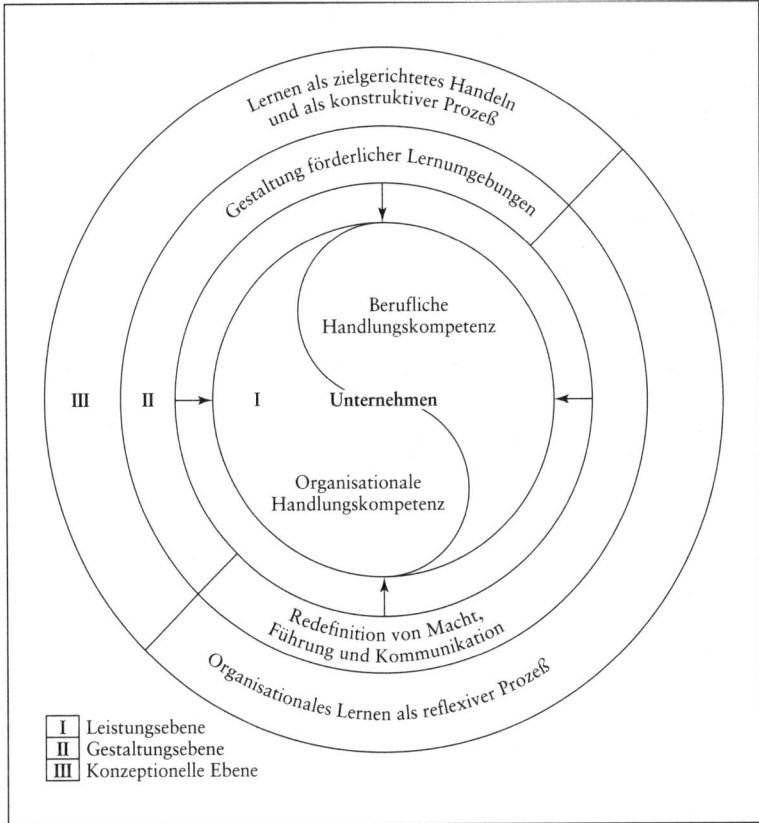

Abb. 20: Zusammenhang zwischen Konzepten individuellen und organisationalen Lernens, förderlicher Lernumgebungen und Performanz von Unternehmen

kieren, zu verhindern. Macht, Führung und Kommunikation sind in diesem Sinne zu redefinieren. Erst durch die Umsetzung der genannten lern- und organisationstheoretischen Konzepte und eine optimierte Gestaltung der Lernaufgaben und -umgebungen lassen sich auf der Leistungsebene berufliche und organisationale Handlungskompetenz als erfolgskritische Größen der Performanz von Unternehmen herausbilden.

2.2 Individuelles/gruppenbezogenes Lernen

Lernen geschieht – allgemein gesprochen – in der Auseinandersetzung des Menschen mit der ihn umgebenden Umwelt. Dies kann mehr außengesteuert, im Sinne einer Anpassung an die Umwelt, oder mehr innen gesteuert, im Sinne einer Gestaltung der Umwelt geschehen. In beiden Fällen kommt es zur Bildung von Erfahrung und Verhaltensänderung. Es handelt sich dabei um Lernprozesse, die nicht durch Vererbung oder Reifung bedingt sind.

Als Disziplin, die sich seit jeher mit Erkenntnissen zum Lernen systematisch befaßt, wurden in der Psychologie verschiedene Lerntheorien entwickelt. Historisch gesehen sind zunächst die verhaltenstheoretischen (behavioristischen) Lerntheorien zu nennen, die ausschließlich die äußeren Bedingungen des Lernens thematisierten. So wurde beispielsweise Lernen, als das auf einen Reiz gezeigte Verhalten oder als Belohnung und Bestrafung eines gezeigten Verhaltens erklärt. Diese verhaltenstheoretischen Lerntheorien, denen ein mechanistisches und deterministisches Menschenbild zugrunde liegt, dominierten die berufliche Qualifizierung in den Betrieben und der akademischen Lernforschung bis in die 70er Jahre. Auch in aktuellen Veröffentlichungen wird beispielsweise für das Training von Flugkapitänen noch immer auf sog. behavioristische Ansätze zurückgegriffen (vgl. *Steininger/Fichtbauer/Goeters,* 1995). Behavioristische Auffassungen werden aber den Anforderungen komplexer Umwelten und persönlichkeitsförderlicher Vorstellungen eines aktiven selbstverantwortlichen und gestaltenden Mitarbeiters nicht mehr gerecht. Hierfür bieten sich sog. kognitive Ansätze, die *handlungsorientiertes Lernen* in den Vordergrund stellen, also innen gesteuert sind, und *konstruktivistische Lerntheorien,* die das fall- und problembezogene Lernen in realen Situationen zum Gegenstand haben, an. Im folgenden werden beide Lerntheorien näher erläutert.

2.2.1 Lernen als zielgerichtetes Handeln

Wie der Mensch sich denkend und planend mit seiner Umwelt auseinandersetzt, zielgerichtet und aktiv handelnd Umgebungsbedingungen gestaltet und somit seine Persönlichkeit weiterentwickelt, sind zentrale Positionen der Handlungsregulationstheorie, einer Theorie, die von ihrem Anspruch her versucht, die Trennung zwischen Denken und Handeln zu überwinden und in der Arbeits- und Organisationspsychologie zur Zeit sehr verbreitet ist (vgl. *Hacker,* 1986; *Volpert,* 1987).

Die theoretischen Überlegungen gehen von der Annahme aus, daß das Individuum die angestrebten Ergebnisse seines Handelns vorwegnimmt (antizipiert), um auf der Grundlage dieser Zielvorstellungen die Handlungsausführung zu steuern und zu kontrollieren. Solche **zielgerichteten** Handlungen lassen sich wie folgt charakterisieren:

– konkrete Vorstellungen über die künftigen Realitäten liegen vor;
– Orientierungs- und interne Probephasen sind der Realisierung vorgeschaltet;

– die Zielannäherung bzw. -erreichung erfolgt durch eine hierar-
chisch-sequentielle Abfolge von Einzelschritten;
– es gilt Nebenbedingungen zu beachten und zielirrelevante Einflüsse zurückzudrängen;
– das Resultat ist mit dem angestrebten Ziel zu vergleichen, zu bewerten und ggf. zu korrigieren.

Handlungsorientiertes Lernen in diesem Sinne läuft phasenweise ab.
Erst wenn alle Phasen (1–5) berücksichtigt sind, kann von einer vollständigen Handlung gesprochen werden. Die einzelnen Phasen lassen
sich wie folgt beschreiben:

(1) Zielbildung/Orientierung:
  Bildung von Handlungsabsichten, Motiven
(2) Handlungsplanung:
  Entwicklung von Handlungsalternativen, Hypothesengenerierung und -überprüfung
(3) Handlungsvollzug:
  Durchführung/Realisierung der Handlung
(4) Handlungskontrolle:
  Bewertung des Handlungsergebnisses
(5) Reflexion:
  begleitende Reflexion in den Handlungsphasen oder ab-
  schließende Reflexion der Handlungsergebnisse.

Werden diese Merkmale und Phasen zielgerichteten Handelns nicht
oder unvollständig eingehalten (partialisierte Handlungen), ergeben
sich Fehlverhaltensweisen. Solche Fehler konnten in mehreren computergestützten Simulationen komplexer Handlungssituationen
(vgl. *Dörner et al.*, 1989; *Schaub*, 1993), aber auch bei realen betrieblichen Aufgabenstellungen, z. B. beim Aufbau komplexer Schaltungen durch Industriemechaniker, belegt werden (vgl.
Sonntag/Schaper, 1988). So wurden in der Planungsphase das Entwerfen von Schaltplänen vernachlässigt, wichtige Nebenbedingungen beim Schaltungsaufbau nicht berücksichtigt, in der Kontroll-
phase „planlos herumprobiert" und eine systematisch hypothesenbildende Fehlersuche nicht betrieben.

Plan und Regulationsebenen

Das Verständnis von menschlichen Aktivitäten als zielgerichtete
Handlung wird durch das Konzept des „Plans" möglich. Ein Plan
als das Handeln bestimmende Größe besteht aus dem Wissen, das
der Organismus über sich selbst und seine Umwelt im Zeitablauf gesammelt hat (die Umwelt ist mental repräsentiert). Durch Rückkop-
pelungsmechanismen, in denen die jeweilige Zielerreichung überprüft wird, werden die Vorgänge während der Handlungsvorberei-

tung, -durchführung und -kontrolle reguliert. Damit können Handlungen in der richtigen Reihenfolge ausgeführt werden.
Handlungen werden entsprechend der Theorie auf verschiedenen hierarchischen Ebenen reguliert, die sich wie folgt charakterisieren lassen (vgl. Abb. 21):

Regulationsebenen	Sensumotorische Regulationsebene	Perzeptiv-begriffliche Regulationsebene	Intellektuelle Regulationsebene
typische Handlungsformen	Stereotype Handlungssequenzen (monotone, immer wiederkehrende)	einfache Handlungen in wechselnden Situationen	komplexe Handlungen
Lerngegenstand/ Lernelemente	Fertigkeiten (Bewegungsentwürfe)	Können (Handlungsschemata)	Fähigkeiten (Verallgemeinerte Verfahren)

Abb. 21: Regulationsebenen von Handlungen

Der Aufbau von Handlungskompetenzen, als zentrale pädagogische Zielsetzung, geschieht durch die Ausdifferenzierung dieser Regulationsebenen. Nach einem allgemeinen Modell des „Handeln-Lernens" bilden sich nach *Volpert et al.* (1983) auf den niedrigeren Handlungsebenen vielseitig kombinierbare und einsetzbare Teilhandlungen aus, die auf der höheren (intellektuellen) Ebene durch verallgemeinerte Verfahren, Entscheidungsregeln und Strategien koordiniert werden. Lernen vollzieht sich somit als Entfaltung und Komplexerwerden ganzheitlicher Zusammenhänge. Im zeitlichen Verlauf bewirkt dies ein persönliches Handeln, das über eine zunehmende Eigenständigkeit (Selbstregulation) bis hin zur „Meisterschaft" (Expertise) zu charakterisieren ist.
Für die Förderung beruflicher Handlungskompetenz durch adäquate Lernmethoden bedeutet dies, die Lernenden in die Lage zu versetzen, komplexe Arbeitstätigkeiten, die eine intellektuelle Durchdringung des Arbeitsprozesses erfordern, also Denk-, Planungs- und Entscheidungsleistungen miteinbeziehen, zu bewältigen. Erforderlich sind hierfür entsprechend gestaltete Lernmethoden und -bedingungen, die eine aktive und selbständige Auseinandersetzung mit den Aufgaben sowie das Erkennen und Verarbeiten/Nutzen vorhandener Handlungsspielräume ermöglichen.

2.2.2 Lernen als konstruktiver Prozeß

In neueren Veröffentlichungen der Instruktionspsychologie und Unterrichtsforschung werden verstärkt konstruktivistische Ansätze des Lernens diskutiert (vgl. bspw. *Gerstenmaier/Mandl*, 1994; *Law*, 1995).

Während der oben beschriebene handlungsorientierte Ansatz Aufbau, Struktur, Mechanismen und Ausbildung zielgerichteter Handlungen zu erklären versucht, befassen sich die konstruktivistischen Ansätze mit den Prozessen des Lernens, des Wissenserwerbs und der Optimierung förderlicher Lernbedingungen und -umgebungen.

Ausgangspunkt der Überlegungen war – und hier wird die Relevanz zu betrieblichem Lernen besonders bedeutsam –, daß bei traditioneller Unterrichtsgestaltung und Wissensvermittlung vor allem passiv-rezeptives (also nur aufnehmendes) Lernen gefördert wird mit den negativen Folgen, daß

– „träges Wissen" beim Lernenden produziert und
– mangelnder Transfer des Gelernten auf die Anwendungssituation erreicht wird.

„Träges Wissen" beschreibt das Phänomen, daß (scheinbar) vorhandenes Wissen in Anwendungssituationen nicht eingesetzt wird. Erklärt werden kann dies zum einen mit defizitären übergeordneten Prozessen, die über dem anzuwendenden Wissen ablaufen und dessen Abruf steuern (metakognitive Steuerungsprozesse). Beeinflußt werden solche Prozesse auch durch motivationale (Interesse) und emotionale (Angst, Selbstbewußtsein, Selbstsicherheit) Aspekte. Des weiteren werden Defizite in der Umsetzung von Fakten in Handlungswissen (sog. *compiling*) angeführt. Ursächlich wird dies mit dem Fehlen eines konkreten Handlungsbezuges erklärt. Tatsächlich wird abstraktes Wissen vermittelt, das unverbunden und unzusammenhängend repräsentiert und aus dem natürlichen authentischen Kontext herausgehoben ist. **Mangelhafter Transfer** des Gelernten bedeutet, daß das Wissen nur in der spezifischen Lernsituation, nicht aber auf problemrelevante neue Situationen übertragen werden kann.

Vor diesem Hintergrund ineffektiven Lernens werden für konstruktivistische Lernprozesse als zentrale Annahmen formuliert:

• Wissen wird von der lernenden Person „selbst konstruiert", d.h., in Abhängigkeit von der bisherigen persönlichen Erfahrung, dem Vorwissen und von vorhandenen Einstellungen werden Informationen aus der Umwelt vom Lernenden aktiv aufgenommen und so neue Wissensstrukturen angeeignet (generiert). In einem solchen Prozeß werden Lernende befähigt, ihre Wissenserwerbsprozesse selbst zu erfahren und vielfältige Perspektiven anzuerkennen und zu nutzen. Dieser dynamische und multidimensionale Prozeß stellt gleichzeitig auch einen Prozeß der Sinngebung für den einzelnen dar.

• Lernen findet am effektivsten in authentischen und interaktionalen Lernsituationen statt. Wie Wissen erworben wird, ist in hohem Maße abhängig vom konkreten Bedeutungs- und Überzeugungskontext, in dem das Lerngeschehen stattfindet (situiert ist), ebenso von sozialen und kollaborativen Lernstrukturen zwischen Lerner und Lehrer und Lernenden untereinander.

• Metakognitive Fähigkeiten sind wesentlich, um sich das Verständnis eines Wissensgebietes zu erarbeiten und eigenes Lernhandeln zu reflektieren und zu kontrollieren.

Entsprechend diesen Annahmen zum konstruktivistischen Lernen lassen sich nach *Reinmann-Rothmeier/Mandl/Prenzel, 1994, S. 46ff.)* Prinzipien der Authentizität, der Situiertheit, der multiplen Kontexte und Perspektiven und des sozialen Kontextes für die Gestaltung von Lernumgebungen formulieren. Abbildung 22 verdeutlicht diesen Zusammenhang.

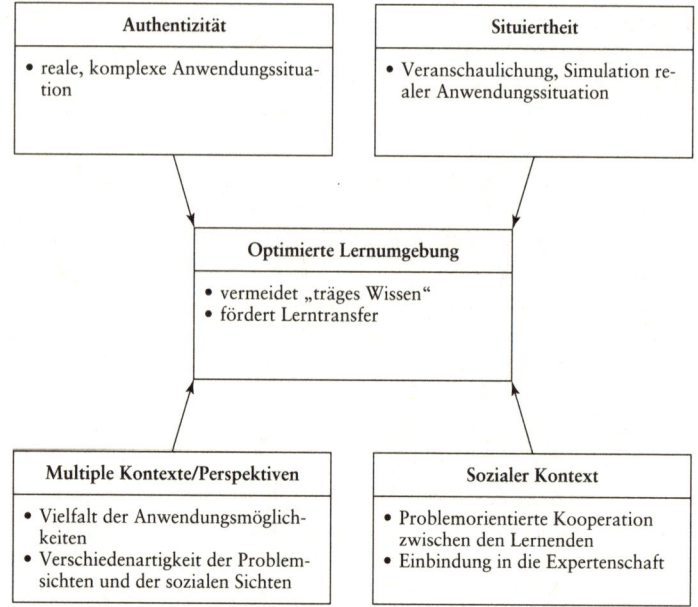

Abb. 22: Prinzipien konstruktivistisch gestalteter Lernumgebungen

Authentizität der Lernumgebung

Damit Lernende vielfältige und realitätsnahe Erfahrungen sammeln können, sind Aufgaben in realen Situationen zu stellen. *Reinmann-Rothmeier/Mandl/Prenzel* (1994) vermuten, daß die Lernenden noch in der Lernsituation in komplexe authentische Anwendungssituationen versetzt werden und auf diese Weise zusammen mit dem Wissen auch die Anwendungsbedingungen dieses Wissens erwerben. Dies wiederum fördert den Transfer des Gelernten auf relevante Praxisprobleme. Die Bewältigung realer Aufgaben und Probleme vermittelt dem Lernenden Spielräume, sich expertenähnlich zu verhalten und entsprechende Denk- und Handlungsmuster zu entwickeln bzw. zu übernehmen; dies natürlich in Abhängigkeit vom individuellen Wissens- und Erfahrungsstand. Die Einrichtung dezentraler Lernorte in der Produktion für die Aus- und Weiterbildung gewerblich-technischer Facharbeiter, wie sie zur Zeit in mehreren Modellversuchen erprobt werden, berücksichtigt beispielsweise diese Prinzipien.

Situierte Anwendungskontexte

Nicht immer lassen sich authentische lernrelevante Situationen gestalten, die die komplexe Realität widerspiegeln. Sog. situierte Lernumgebungen ermöglichen bspw. über medial gestützte und videobasierte Präsentationen von interessanten Geschichten und Episoden die Anbindung des Lernens in einen realen Anwendungskontext mit den dort möglichen Problem- und Fragestellungen. Wie Untersuchungen im Mathematikunterricht belegen, werden mit solchen „Ankern" („anchored instruction", vgl. *Cognition and Technology Group at Vanderbilt*, 1990) komplexe Probleme von Schülern strukturierter und schneller gelöst als von einer Vergleichsgruppe ohne videobasierte Geschichten. Die Lernenden waren interessierter, wurden durch die Szenenentwicklung zum Mitdenken und eigenen Problemlösen angeregt.

Multiple Kontexte und multiple Perspektiven

Neu erworbene Wissensinhalte sollten in unterschiedlichen Situationen und Problemzusammenhängen zur Anwendung kommen, d.h., Wissen muß flexibel anwendbar sein. Nach *Reinmann-Rothmeier/Mandl/Prenzel* (1994) fördern auch multiple Perspektiven verstehendes und selbstgesteuertes Lernen. Durch die Reflexion unterschiedlicher Problemsichten erhalten die Lernenden die Möglichkeit, Stärken und Mängel verschiedener alternativer Sichtweisen zu erkennen, eigenständig zu bewerten und die für sie bedeutsamste auszuwählen. Die Autoren gehen von positiven Auswirkungen auf kooperative Verhaltensweisen aus, da auch gelernt wird, die Perspektiven anderer in die eigenen Überlegungen miteinzubeziehen.

Sozialer Kontext

In der Kooperation zwischen den Lernenden oder den Lernenden und Experten wird Wissen erworben, das vorher gemeinschaftlich erarbeitet wurde. In einem solchermaßen gestalteten, sozialen Kontext werden unter den Beteiligten nicht nur vielfältige Perspektiven ausgetauscht und entwickelt, sondern auch soziale und kommunikative Fertigkeiten gefördert.

Die formulierten Annahmen und Gestaltungsprinzipien legen die Bedeutung des Lernens weniger auf die Instruktion bei der Wissensvermittlung durch den Lernenden – wie etwa bei traditionellen Ansätzen – sondern eher auf konstruktive Prozesse beim Wissenserwerb durch den Lernenden selbst. Die daraus abgeleiteten Konsequenzen für die Gestaltung konstruktivistischer Lernumgebungen sind vielfältiger Natur und angesiedelt zwischen den Extremen „angeleitetes Lernen" und „selbstgesteuertes exploratives Lernen". *Reinmann-Rothmeier/Mandl/Prenzel* (1994) schlagen vor, äußere Anleitung und selbstbestimmtes Lernen zu kombinieren: Lernen kann demnach aktiv, problemorientiert und selbstgesteuert erfolgen und dennoch durch den Lehrenden an geeigneten Stellen durch äußere Steuerung gestützt werden. Wann problemorientierte gegenüber traditionellen Gestaltungsansätzen im betrieblichen Kontext sinnvoll und erfolgreich sind, zeigt nachfolgende Abbildung.

	Konstruktivistische Gestaltung	Traditionelle Gestaltung
Ziel	Umsetzung von Wissen und Fertigkeiten; flexible Anwendung des Gelernten	Erwerb von Überblicks- und Hintergrundwissen; Erweiterung bereits bestehenden Wissens
Inhalt	Handlungswissen bzw. strategisches Wissen; wenig strukturierter Inhalt	Spezifisches Faktenwissen/Hintergrundinformationen; stark systematisierter Inhalt
Ressourcen	Verfügung über ausreichende zeitliche, personelle und technische Ressourcen	Knappe zeitliche und personelle Ressourcen
Lernkultur	Zustimmung und Unterstützung seitens Management und Unternehmensleitung: flexible Schulungskonzepte	Ablehnende Haltung seitens des Managements gegenüber neuen Weiterbildungskonzepten; mangelnde Flexibilität in den Schulungskonzepten

Abb. 23: Gegenüberstellung von Gestaltungsmerkmalen für betriebliche Bildungsmaßnahmen (nach *Reinmann-Rothmeier et al.,* 1994)

Die Abbildung präferiert eindeutig eine konstruktivistische Gestaltung, wenn es darum geht, handlungsrelevantes Wissen und Strategien zu erwerben und flexibel anzuwenden. Sie zeigt aber auch, daß hierfür eine entsprechende Lernkultur und ausreichende zeitliche und personelle Ressourcen zur Verfügung stehen müssen.

2.3 Organisationales Lernen

Individuelle und gruppenbezogene Lernprozesse sind die Voraussetzung für organisationales Lernen. Gleichwohl ist organisationales Lernen mehr als die Summe des Lernens einzelner Organisationsmitglieder. Individuelle Erfahrungen und Gruppenprozesse bilden aber die kleinsten Einheiten, die in ihrer Gesamtheit als gemeinsame Wissens- und Handlungsbasis der Organisation zur Verfügung stehen, ebenso wie bereits vorhandene und tradierte Regelungen und Strukturen sowie Visionen, Philosophien, Ziele und Strategien zur Zielerreichung (vgl. Abb. 24).

Erfolg und Qualität organisationalen Lernens werden bestimmt durch hierarchieübergreifende Kommunikation der Organisationsmitglieder, durch Austausch und Transformation der Wissensbasis und durch Reflexion der Problemlösefähigkeit. Angestrebt ist stets eine Änderung des Systemverhaltens gegenüber der Umwelt. Wie ein solches Veränderungsverhalten erklärt werden kann, belegen folgende drei theoretischen Konzepte organisationalen Lernens.

2.3.1 Organisationales Lernen durch Rückkopplung

Argyris/Schön (1978) postulieren in ihrer grundlegenden Arbeit, daß von organisationalem Lernen nur dann gesprochen werden kann, wenn individuelle Lernprozesse auch Konsequenzen für das Verhalten der Organisation haben. Zwei Zielsetzungen stehen dabei im Vordergrund:

– die Verbesserung interner Anpassungsprozesse innerhalb gegebener und nicht zu verändernder Normen und Standards („single loop learning") und
– die Re-Orientierung bzw. Anpassung an eine sich verändernde externe Umwelt („double loop learning")

Zur Realisierung dieser Ziele ist eine dritte übergeordnete Ebene von grundlegender Bedeutung: Das „deutero learning" als organisationales Lernen höherer Ordnung reflektiert die Lernprozesse auf den beiden unteren Ebenen und verändert sie gegebenenfalls. Abbildung 25 verdeutlicht diesen Zusammenhang.

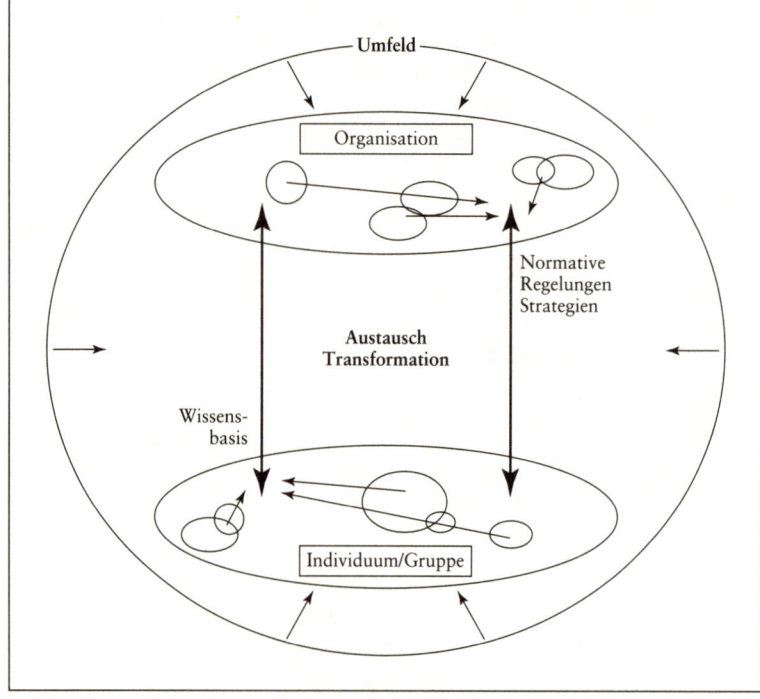

Abb. 24: Merkmale organisationalen Lernens

single loop learning (SLL):

Als einfacher Regelkreis stellt SLL einen Prozeß des Fehlerentdeckens und der -korrektur dar. Mit entsprechend formulierten Effizienzkriterien erfolgt eine kontinuierliche Anpassung an gegebene Normen und Standards. Als Beispiele institutionalisierter SLL-Systeme können Qualitätszirkel angeführt werden, bei denen durch direktes Feedback in der Arbeitsgruppe Produktqualität und Fertigungsprozeß optimiert werden können.

double loop learning (DLL):

Um die Anpassung an die Umwelt aufrechtzuerhalten, muß das Unternehmen in der Lage sein, seine Standards und Normen den Umweltveränderungen anzugleichen. In dem erweiterten Regelkreis des DLL werden bestehende betriebliche Standards und Normen vor dem Hintergrund konkreter Umweltveränderungen kritisch hinterfragt. Gegebenenfalls sind neue Prioritätensetzungen und Gewichtungen vorzunehmen, neue Strategien zu implementieren, um eine günstige Übereinstimmung von System (Organisation) und Umwelt zu erreichen.

deutero learning (DL):

Während interne und externe Anpassungsprozesse durch die vorangehenden Regelkreise eingeleitet werden, ist der Prozeß des SLL und DLL selbst Gegenstand eines übergeordneten organisationalen Lernprozesses. Analysiert und reflektiert werden die bisherigen (fördernden und hindernden) Lernprozesse, Erfolge und Mißerfolge auch in frühen Phasen. Diese bewußte und selbstkritische Auseinandersetzung die auch die Werte, Ziele und Verhaltensnormen betrifft, führt zu einem erhöhten Problemlösepotential der Organisation. Erst durch DLL und DL wird reines Anpassungslernen überwunden und entwicklungsbezogene Gestaltungsperspektiven ermöglicht.

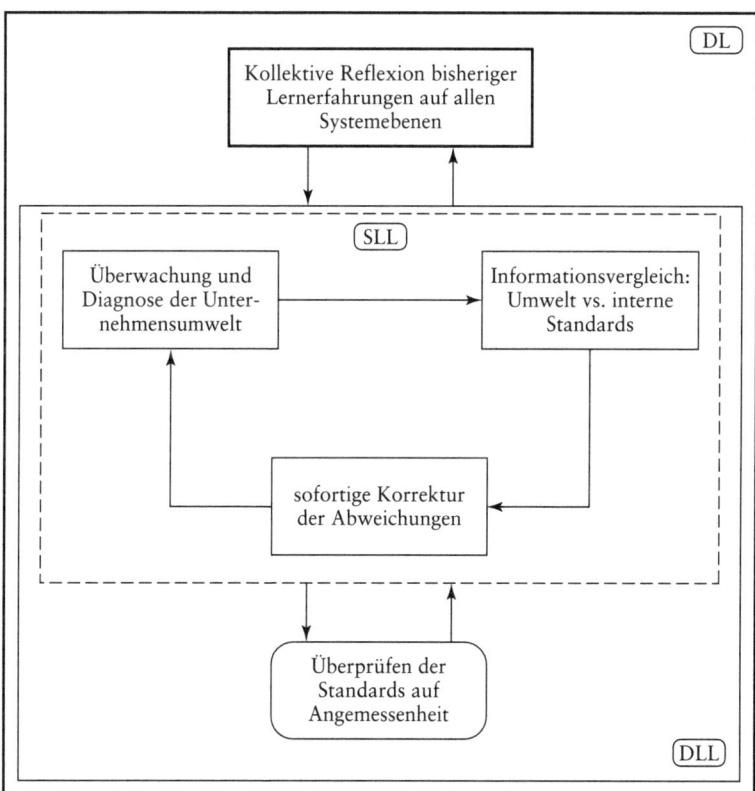

Abb. 25: Organisationales Lernen als ebenenspezifische Rückmeldeschleifen
(nach *Argyris/Schön*, 1978)

2.3.2 Erweiterter Ansatz der organisationalen Lernfähigkeit

In einer neueren Arbeit führt *Reinhardt* (1993) eine weitere Rück-kopplungsschleife ein, die das Flexibilitäts- und Reflexionspotential der Organisation erhöhen soll, wobei die Partizipation der Mitarbeiter eine wesentliche Rolle spielt. Als „triple loop learning" orientiert sich der Prozeß zur Entwicklung und Aufrechterhaltung organisationaler Lernfähigkeit an den systemischen Kriterien der Autonomie und Selbstreferenz. *Reinhardt* (1993) unterscheidet vier Reflexionsebenen organisationaler Lernfähigkeit (vgl. auch *Reinhardt/Sonntag/Schaper*, 1995):

Stufe 1: Die erste Stufe organisationaler Lernfähigkeit wird dadurch definiert, daß die Bedeutung von bisherigen oder neuen Symbolen gemeinsam – durch Vorgesetzte und Mitarbeiter – reflektiert und Verhaltenskonsequenzen daraus abgeleitet werden.

Als Beispiel mag die Verabschiedung einer Strategie durch die Unternehmensführung dienen, deren Konsequenzen für die einzelnen Mitarbeiter gemeinsam mit ihren Vorgesetzten im Sinne eines „Was bedeutet das für uns bzw. für mich?" erarbeitet wurde.

Stufe 2: Die zweite Stufe organisationaler Lernfähigkeit wird dadurch erreicht, daß der Prozeß, der zur Erzeugung von Symbolen führt, nämlich der Führungsprozeß selbst, einer gemeinsamen Reflexion unterzogen wird, d.h., Führungskräfte und Mitarbeiter einigen sich gemeinsam über die Bedeutung von Führung, hinterfragen Führungsverständnis und leiten daraus Konsequenzen ab. Führung ist in diesem Sinne kein einseitiger Prozeß und setzt die gemeinsame Einigung über die Methoden zur Zielerreichung voraus.

In Weiterführung des obigen Beispiels können die von der Unternehmensleitung formulierten Strategien lediglich als Vorschlag aufgefaßt werden, der durch den „Input" der Mitarbeiter modifiziert werden kann und an die Unternehmensleitung, incl. eventueller Ergänzungen/Ablehnungen, zurückgemeldet wird.

Stufe 3: Entsprechend resultiert die dritte Stufe organisationaler Lernfähigkeit aus der gemeinsamen Reflexion von Führung im Sinne der Gestaltung, Lenkung und Entwicklung der Organisation. Wird in der zweiten Stufe noch die Akzeptanz des Organisationszweckes und sich daraus ableitender Ziele vorausgesetzt, so wird hier dieser Zweck zum Gegenstand eines gemeinsamen Reflexionsprozesses. Da sich der Zweck einer Organisation aus den Interessenlagen unterschiedlicher Gruppen ableiten läßt (z.b. Gesellschaft, Aktionäre, Unternehmensleitung, Mitarbeiter, Gewerkschaft usw.), läßt sich ein solcher Einigungsprozeß nicht innerhalb der Organisation führen. Die Realisierung von Stufe 3 ist also an ein lernfähiges, ökonomisches System gebunden. Als aktuelles Beispiel für das Fehlen einer solchen Lernfähigkeit lassen sich die Veränderungen unternehmenspolitischer Zielsetzungen von – ehemaligen – Rüstungsfirmen nennen, die in „Zivilbranchen" überleben müssen. Dieses Beispiel zeigt aber auch, daß solche Re-Definitionen des Unternehmenszwecks durch politischen Druck außerhalb des Unternehmens – und nicht durch Änderungen der Zielsetzung des Systems selbst – zu lösen versucht werden.

Stufe 4: Die vierte und letzte Stufe organisationaler Lernfähigkeit wird dadurch erreicht, daß gemeinsam über die Vorannahmen reflektiert wird, die zur Festlegung des Zweckes und damit der Existenz von Organisationen führen. Das bedeutet, daß letztlich über die Prinzipien reflektiert wird, durch die Organisationen erzeugt werden: Kultur, Gesellschaft und – als „realitätserzeugende" Operation – Sprache. Die Wirkungen von Sprache und Kommunikation (z.b. diskriminierende Sprache und Redewendungen) stellen in diesem Sinne Konsequenzen für gelebte Lernkultur in Organisationen dar.

2.3.3 Organisationales Lernen durch Veränderung der Wissensbasis

In dem Ansatz von *Pautzke* (1989) wird organisationales Lernen als die Nutzung, Veränderung und Fortentwicklung der organisatorischen Wissensbasis definiert. Diese Wissensbasis, die als Wissensbestand den Mitgliedern einer Organisation grundsätzlich zur Verfügung steht, besteht aus fünf Schichten:

• Schicht 1 („von allen geteiltes Wissen"): Dies kann auch als das Wissen der Organisation bezeichnet werden. Es ist nicht bloß in der Persönlichkeit der jeweiligen Mitglieder verkörpert, sondern zeigt sich vielmehr auch in den Regelsystemen, Sinnmodellen und der Organisationskultur.

• Schicht 2 („der Organisation zugängliches Wissen"): Es bezieht sich auf bereichs- und individuumsspezifisches Wissen (lokale Wissensbasen), das der Organisation durch seine Mitglieder prinzipiell zur Verfügung gestellt wird.

• Schicht 3 („der Organisation nicht zugängliches individuelles Wissen"): Bei diesem Wissen handelt es sich nicht unbedingt um für die Organisation irrelevantes Wissen, sondern um Wissen, das der Organisation nicht zur Verfügung gestellt wird, z. B. durch individuelle und organisationelle Barrieren.

- **Schicht 4** („Wissen der Umwelt, über das ein Metawissen in der Organisation vorhanden ist"): umfaßt ein Potential an latentem Wissen, das erst noch durch Vorträge, Bücher oder aber auch Berater erworben werden muß.
- **Schicht 5** („sonstiges kosmisches Wissen"): Dies meint Wissen, das außerhalb der Organisation existiert und nicht oder nur schwer zugänglich ist.

Nach *Pautzke* (1989) finden Lernprozesse dann statt, wenn das Wissen in den einzelnen Schichten transferiert wird und so zum gemeinsamen Wissen der Organisationsmitglieder wird. Er unterscheidet dabei fünf Klassen organisationalen Lernens. Beispielhaft soll das an der Implementierung eines veränderten Führungsstils (i.S. kooperativer Führung) dargestellt werden (vgl. Infobox 17).

Infobox 17: Organisationales Lernen am Beispiel der Einführung einer neuen Führungsphilosophie (*Reinhardt*, 1993, S. 76)

Die Abteilung „Personal- und Organisationsentwicklung" erhält den Auftrag, in Zusammenarbeit mit der Abteilung „Strategische Planung" ein Implementierungskonzept zu entwickeln. Dabei stehen die „human resources"-orientierten Kompetenzen der PE/OE im Vordergrund, die vor allem für die Veränderung der Führungsphilosophie und des dazugehörigen kooperativen Führungsstils von zentraler Bedeutung sind. Vor diesem Hintergrund können aus der Sicht des Gesamtsystems beispielhaft folgende organisationale Lernprozesse unterschieden werden:

- **Organisationales Lernen** (1) – der Transfer des Wissens von Schicht 2 nach Schicht 1 – findet dann statt, wenn Wissen bzw. Kompetenzen der PE/OE hinsichtlich eines kooperativen Führungsstils, der auch in dieser Abteilung gehandhabt wird, sich im Zuge der Strategieimplementierung über das Gesamtsystem ausbreiten kann.

- Von **organisationalem Lernen** (2) – dem Transfer von Schicht 3 zu Schicht 1 – kann dann gesprochen werden, wenn der Vorstand eines Unternehmensbereichs von der Idee kooperativer Führung überzeugt ist, und damit beginnt, entsprechende Maßnahmen in seinem Verantwortungsbereich durchzuführen, nachdem existierende Barrieren – zum Beispiel im Zuge der Strategieumsetzung – beseitigt wurden.

- **Organisationales Lernen** (3) – der Transfer von Schicht 3 nach 2 – findet dann statt, wenn einige Organisationsmitglieder eigenes, bislang „unerwünschtes" Wissen bzw. Kompetenzen in die Arbeit der Abteilung einfließen lassen können, was zum Beispiel durch einen neuen Abteilungsleiter erreicht werden kann.

- **Organisationales Lernen (4)** findet beispielsweise in Form eines Transfer von Schicht 4 zu Schicht 2 statt, wenn die Idee der zukünftigen Bedeutung dieses neuen Führungsstils nicht allein durch die verantwortlichen Abteilungen, sondern durch das Hinzuziehen entsprechender Berater entwickelt wurde.

- Von **organisationalem Lernen (5)** kann schließlich dann gesprochen werden, wenn Kooperation zum Bestandteil des Wertesystems des Unternehmens wird, was mit der Änderung der Tiefenstruktur bzw. Unternehmenskultur einhergeht. Hierfür ist allerdings die Implementierung entsprechender Selbstreflexionsprozesse notwendig, die zum Beispiel über Survey-Feedback-Diagnosen incl. der daran anschließenden Interventionen installiert werden können.

Fassen wir zusammen: Organisationales Lernen entsteht aus der konstruktiven, reflexiven und gemeinsamen Auseinandersetzung der jeweiligen Mitglieder eines sozialen Systems. Damit Lernpotentiale freigesetzt werden und eine beabsichtigte und gewollte Veränderung (Transformation) von kollektiven Handlungsmustern auch stattfinden kann, müssen eingefahrene Routinen, die Lernen verhindern, blockieren oder gar verpönen, abgebaut werden. Solche „defensive routines" (*Argyris/Schön*, 1978) sind manifestiert in Macht-, Führungs- und Kommunikationsstrukturen. Die Kernkompetenz lernfähiger Organisationen liegt in der gemeinsamen Gestaltung der Veränderbarkeit in einem komplexen Umfeld. Dies setzt voraus, daß möglichst alle an der gemeinsamen Vision, den allgemeinen Zielsetzungen, den konkreten Teilzielen und den Strategien zur Zielerreichung beteiligt werden und ihr jeweiliges Wissen, ihre Sichtweise und Erfahrungen sowie ihr Engagement und ihre persönliche Motivation einbringen können: Neue Machtverteilungen müssen miteinander vereinbart und gelernt werden. In diesem Sinne setzt organisationales Lernen zwar Lernen auf der individuellen und gruppenbezogenen Ebene voraus, es umfaßt aber mehr als die bloße Veränderung von Verhaltensweisen einzelner. Organisationale Lernfähigkeit besteht in der bewußten und selbstkritischen Auseinandersetzung mit Lernprozessen innerhalb der Organisation und deren Gestaltung zur Optimierung des Problemlösungspotentials ihrer Mitglieder. Ansätze zur Gestaltung lernförderlicher Umgebungen und Rahmenbedingungen werden im folgenden thematisiert.

2.4 Ansätze zur Gestaltung betrieblicher Lernprozesse

Aus den oben beschriebenen sowie weiteren relevanten, in der Literatur diskutierten theoretischen Prinzipien individuellen und organisationalen Lernens lassen sich zentrale Ansätze und Konzepte für die Gestaltung betrieblicher Lernprozesse ableiten. Die Möglichkeiten zur Optimierung betrieblichen Lernens reichen von der didaktisch-methodischen Ausgestaltung neuer Trainingsansätze über die problemorientierte, situative Vermittlung von Erfahrungswissen und -handeln oder den Einsatz computergestützter Medien und die Gestaltung förderlicher Lernumgebungen bis hin zum Lernen am Arbeitsplatz durch die Gestaltung förderlicher Arbeitsinhalte und -strukturen. Auf organisationaler Ebene bieten sich Ansätze zur Implementierung einer lernfähigen Organisation an. Die in der Übersicht (Abb. 26) dargestellten Gestaltungsansätze, ihre Zielsetzung und Elemente der Gestaltung werden im folgenden beschrieben.

2.4.1 Lernen durch Trainingsgestaltung

Kompetenzorientierte Ansätze

Vielfältig sind die Möglichkeiten durch entsprechend gestaltete Trainings, berufliche Handlungskompetenz der Organisationsmitglieder zu fördern (vgl. *Sonntag,* 1989, 1992; *Friede/Sonntag,* 1993). Gegenstand kompetenzorientierter Ansätze ist die Verbesserung beruflicher Fertigkeiten, die Vermittlung von Wissen und die Förderung situationsübergreifender, flexibel einsetzbarer kognitiver Fähigkeiten (beispielsweise zur selbständigen Problemstrukturierung und -lösung oder Entscheidungsfindung). Sogenannte **kognitive Trainingsverfahren** verfolgen das Ziel, für wechselnde und problemhaltige Arbeitssituationen verfahrens- und ergebnisgünstige Vorgehenslösungen zu finden. Sie beruhen auf der Anwendung und Kombination verschiedener lernpsychologischer Gestaltungsprinzipien wie
– der etappenweisen Ausbildung geistiger Handlungen,
– dem Einsatz von Regeln und Verfahrensvorschriften und
– der Verwendung von Selbstinstruktionstechniken.

Die „**Theorie der etappenweisen Ausbildung geistiger Handlungen**" (*Galperin,* 1967) wird zur Gestaltung verschiedener Phasen und Etappen der Lernhandlung eingesetzt. Insbesondere im Ausführungsteil einer Handlung erfolgt eine etappenweise Verinnerlichung (Interiorisation) der (äußeren) praktischen Handlung über die Sprache. Durch unterschiedliche Formen der Sprechtätigkeit (verallgemeinernde, verkürzende, innere) verlagern sich somit Handlungen

GESTALTUNGSANSÄTZE	INTENTIONEN	ELEMENTE	ÜBERSICHTSARBEITEN
a) für individuelles/gruppenbezogenes Lernen			
– trainingsbezogene Ansätze • kompetenzorientierte (Fach-, Methoden-, Sozialkompetenz)	Förderung von Denk- und Problemlösefähigkeiten; Kommunikations- und Kooperationsfähigkeiten	heuristische Regeln; Selbstreflexionstechniken	*Sonntag* (1989, 1992); *Friede/Sonntag* (1993); *Greif/Kurtz* (1996)
• ganzheitliche	Einbezug motivationaler und emotionaler Lernaspekte; Abbau von Lernbarrieren; Schaffung positiver Lernatmosphäre; Verbesserung der Lernbereitschaft	Lernkonzerte; nonverbale Kommunikation; Lernumgebung	
• verhaltensorientierte	Förderung gruppenorientierten Verhaltens	sachorientierte und beziehungsorientierte Rückmeldung und Reflexion	
– situativ-erfahrungsbezogene Ansätze • cognitive apprenticeship, community of practice	Vermeidung von „trägem Wissen" und mangelndem Transfer; Förderung von strategischem Handlungswissen und Expertise	Modellierung von Expertise, Reflexion	*Reinmann-Rothmeier/Mandl/ Prenzel* (1994)
• coaching	Persönlichkeitsentwicklung, Karriereförderung	Autorität/Vorbild; Beratung	*Böning* (1994); *Hauser* (1993); *Schreyögg* (1996)
– computergestützte, mediale Ansätze	Erhöhung des Aktivierungs- und Motivationspotentials; Förderung explorativen Lernens	Simulation, Planspiele, multimediale Lernumgebungen	*Geilhardt/Mühlbradt* (1995)
– arbeitsstrukturale Ansätze ('arbeitsimmanente Qualifizierung', Lernort Arbeitsplatz)	Schaffung von Lern- und Entwicklungspotentialen in der Arbeit, Förderung von Persönlichkeitsdimensionen (bspw. Selbstwertgefühl, Selbstkonzept)	Handlungsspielraum, Partizipation, Problemhaftigkeit, Qualifikatorischer Nutzen	*Frei/Duell/Baitsch* (1984); *Franke* (1993)
b) für organisationales Lernen			
– Ansätze der organisationalen Lernfähigkeit	Erhöhung des Veränderungs- und Flexibilitätspotentials der Organisation	Autonomie, Selbstreferenz, Partizipation Reflexion, Macht- und Führungsstruktur	*Reinhardt* (1993)

Abb. 26: Ansätze zur Gestaltung betrieblicher Lernprozesse

als geistige Operationen schließlich in das Bewußtsein des Lernenden. Sprache verfügt somit über eine *Kommunikationsfunktion*, als über sie Wissen und Erfahrung vermittelt wird und im Team Probleme artikuliert und gemeinsame Lösungswege gesucht werden. Sie übt desweiteren eine individuelle Regulationsfunktion aus mit Wirkungsmechanismen, wie Selbstanweisung, Behaltenserleichterung, Erhöhung der allgemeinen Aktivität und Ermöglichung von Rückmeldungen.

Heuristische Regeln verstehen sich als denkpsychologische Hilfen bei der Planung, Realisierung und Kontrolle komplexer Arbeitstätigkeiten. Heuristische Regeln oder Verfahrensvorschriften basieren auf der Formulierung und Vermittlung von möglichst knappen, aber eindeutigen Anweisungen, die den Lernenden zu einer präziseren Situationsanalyse, zur Mitgestaltung des Problemraums und zur Reflexion und Bewertung über bereits vollzogene Denkschritte auffordern bzw. anregen sollen (z.b. „Erfasse das Ziel", „Mache dir gedanklich ein Bild von der Steuerung").

Durch die Verwendung von **Selbstinstruktionstechniken** werden Lernende dazu angeleitet, sich selbständig aufgabenrelevante Kenntnisse anzueignen, indem sie beispielsweise ihre eigenen Arbeitsvollzüge protokollieren, bewerten und unter Mithilfe des Experten ggf. korrigieren. Elemente wie Leitfragen und Leitsätze können dabei die Selbstorganisation der Denk- und Lernprozesse unterstützen.

Zur Wissenserweiterung und Strategieentwicklung bietet sich auch eine kombinierte Gestaltung von einzelnen Trainingstechniken an. Es wird davon ausgegangen, daß das Wissen dann in mehrfach kodierter und elaborierter Form im Gedächtnis repräsentiert und Transferprozesse gefördert werden. Hierbei wechseln sich observatives (Beobachtungslernen) mit aktionalem und verbalem (sprachgestütztem) Training ab, wobei Reflexionsphasen zum Überdenken der ausgeführten Handlungsschritte zwischengeschaltet werden (vgl. z.B. *Bergmann/Wiedemann/Zehrt*, 1995).

Zu Entwicklungs- und Erprobungsarbeiten kognitiver Trainingsverfahren liegen mehrere Studien vor, die die Wirksamkeit dieser kompetenzorientierten Ansätze bei komplexen Aufgabenstellungen belegen (vgl. auch 4. Kapitel, Abschnitt 3.1).

Ganzheitlicher Ansatz

Zur Vermeidung einer einseitigen Ausrichtung auf die kognitive Dimension menschlichen Lernens berücksichtigt der ganzheitliche Ansatz auch die **emotionalen** und **motivationalen** Aspekte beruflicher Lernprozesse. Um Lernen zu wollen, muß ein Bedürfnis oder Interesse vorhanden sein. Gefühle (wie Langeweile, Zuversicht, Angst,

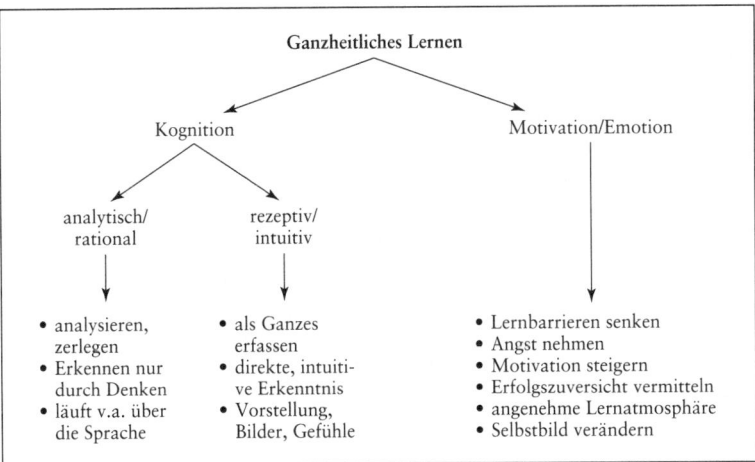

Abb. 27: Aspekte ganzheitlichen Lernens

Freude, Zufriedenheit) begleiten den gesamten Lernprozeß. Abbildung 27 verdeutlicht verschiedene Aspekte ganzheitlichen Lernens. Zur Beschreibung und Erklärung ganzheitlicher Prozesse beim Lernen werden häufig hirnphysiologische und lern- und gedächtnispsychologische Erkenntnisse herangezogen.

Neurophysiologisch lassen sich spezifische Funktionen der beiden Gehirnhälften identifizieren: Während die linke Hemisphäre auf rational-analytische und sprachlich-abstrakte Aufgaben spezialisiert ist, besitzt die rechte Hemisphäre größere Fähigkeiten im intuitiv-emotionalen und künstlerisch-kreativen Bereich. Nach Auffassung verschiedener Autoren bauen konventionelle Lehrpläne an den Schulen und in den Betrieben zu sehr auf eine rationale sprachlich-analytische Vermittlung und Aneignung des Unterrichtsstoffes. Dadurch wird das Lernen mit der linken Hemisphäre einseitig betont. Physiologische Folge dieser „einseitigen" Lernweise ist häufig die verstärkte Ausschüttung von Streßhormonen (Noradrenalin, Adrenalin). Bei vielen Lernern kann das zu angstbedingten Denkblockaden und zur Demotivation führen, wodurch eine optimale Nutzung des Lernpotentials letztendlich verhindert wird.

Ganzheitliches Lernen soll durch die Schaffung einer angenehmen und angstfreien Lernatmosphäre solche potentiellen physiologischen Streßsymptome vermeiden helfen.

Die *lern- und gedächtnispsychologische* Forschung konnte nachweisen, daß sich Lernvorteile bei solchen Informationen ergeben, die multimodal (d.h. über mehrere Sinneskanäle, wie z.b. visuelle, auditive, haptische) aufgenommen werden können. Begründet wird dies damit, daß mehrere unterschiedliche netzwerkartige Assoziationen gebildet werden können, die später ein Aufgreifen aufgrund vielfacher Möglichkeiten des Wiederauffindens erleichtern.

Durch Schaffung eines angenehmen und angstfreien Lernklimas, durch die gleichzeitige Anregung bewußt analytischer Denkprozesse und parabewußt intuitiver Vorgänge versucht die *suggestopädische Lehrmethode*, eine Integration von kognitiven, emotionalen und motivationalen Aspekten des Lernens zu gewährleisten.

Ziele und Prinzipien der Suggestopädie

Zentrales Konstrukt der auf den bulgarischen Therapeuten und Pädagogen *Lozanov* (1984) zurückgehenden suggestopädischen Lehrmethode ist die Suggestion. Im positiven Sinne ist darunter die Beeinflussung des Lernenden durch Elemente nonverbaler Kommunikation und spezifischer Gestaltung der Lernumgebung zu verstehen. Durch den Einsatz von Musik, von Entspannung und Imagination sowie durch Ansprechen mehrerer Wahrnehmungskanäle (visueller, auditiver, kinästhetischer) soll ein ganzheitliches Lernen ermöglicht werden.

Das Ziel des suggestopädischen Lernvorganges ist die Verbesserung der Aufnahmefähigkeit und der Gedächtnisleistung, indem ungenutzte Lernpotentiale aktiviert werden. Erreicht wird dies durch verschiedene Lehr- und Unterrichtsprinzipien, die das Zusammenwirken kognitiver, emotionaler und motivationaler Prozesse fördern (vgl. Infobox 19).

Suggestopädische Lehr-Lernsequenzen

Der Trainer spielt in der Suggestopädie eine wichtige, herausragende Rolle. Er soll durch einen positiven und nicht bedrohlichen Umgangston sowie durch fachliche Kompetenz Vertrauen erzeugen sowie Kooperation und Unterstützung fördern. Um dieses zu erreichen, muß er seine Betonung, seine Körpersprache, seine Gestik und Mimik gezielt einsetzen, wobei auf die Kongruenz der verbalen Äußerungen und des nonverbalen Verhaltens zu achten ist.

In einer betrieblichen Untersuchung konnte nachgewiesen werden, daß Ausbilder, die mit der suggestopädischen Methode ihren Unterricht gestalten, einen Anstieg der Lernleistung und einen Abbau von Lernbarrieren auf Seiten der Lernenden bewirkten (vgl. *Kluge*, 1994; *Kluge/Sonntag*, 1994).

Ein typisches Merkmal der Suggestopädie ist die Darbietung des Lehrstoffes mit musikalischer Begleitung. Die Inhalte werden dem

Infobox 19: Wirkmechanismen der suggestopädischen Lehrmethode (vgl. *Edelmann*, 1988; *Sonntag/Schäfer-Rauser/Nenner*, 1993)

– Abbau von Lernbarrieren durch desuggestive-suggestive Beeinflussung
– Parabewußte Beeinflussung des Lerners durch Elemente der nonverbalen Kommunikation und durch spezifische Gestaltung der Lernumwelt (double plane behavior)
– Schaffung einer von positiven Emotionen geprägten Lernatmosphäre
– Darbietung des Lernstoffes mit Musik als einem ästhetischen Erlebnis (Pseudopassivität)
– Schaffung von Vertrauen in die eigene Leistungsfähigkeit; Herstellung von Erfolgszuversicht (non-direktives Verhalten)
– Ermüdungsfreies Lernen im Zustand körperlicher und geistiger Entspannung
– Ansprechen möglichst vieler Eingangskanäle und Aktivieren beider Gehirnhälften durch einerseits sprachliches kognitiv-analytisches und andererseits bildhaftes, imaginatives, dramaturgisches Lernmaterial
– In zeitlich umfangreichen Übungsphasen soll der Lernstoff nicht nur wiederholt werden, sondern auch eine Transferleistung (Lernübertragung) durch das Herstellen von Anwendungsbezügen stattfinden.

Lernenden in verschiedenen Bewußtheitszuständen präsentiert. Zu unterscheiden sind zwei unterschiedliche Phasen: die „aktive Konzertphase" und die „pseudopassive Konzertphase".

Während der aktiven Konzertphase befindet sich der Lerner in einem aktiven Bewußtseinszustand, der der normalen alltäglichen Konzentration entspricht. Der Lehrer trägt den Stoff, untermalt von einem klassischen Musikstück, vor. Er paßt sich in der Geschwindigkeit dem Rhythmus der Musik an, erzielt aber durch wechselnde Intonation die Aufmerksamkeit des Zuhörers. Während der pseudopassiven Konzertphase befinden sich die Lerner in einem entspannten Zustand mit frei flottierender Aufmerksamkeit. Zu beruhigender Barockmusik oder Synthesizer-Entspannungsmusik trägt der Lehrer den Inhalt in einer ruhigen Intonation vor. Suggestopädischer Unterricht wird in einer bestimmten Lehr-Sequenz durchgeführt, die sich grundsätzlich aus den folgenden Phasen zusammensetzt:

Vorbereitungsphase mit beispielsweise
- Informationen über den Ablauf des Kurses und über die Suggestopädie,
- positiven Suggestionen und
- mentalen und körperlichen Entspannungsübungen.

Kognitive Phase mit
- der inhaltlichen Präsentation und – wenn möglich – Visualisierung des Stoffes.

Rezeptive Phase mit
- den beiden Konzertphasen (zuerst aktives und dann passives Lernkonzert) und
- Entspannungsphasen zwischen beiden Konzertphasen oder während/nach dem passiven Lernkonzert.

Aktivierungs- oder Übungsphase mit
- Aktivierung des passiv Gelernten und
- Ausarbeitung, Anwendung und Einübung des Gelernten in spielerischer und kommunikativer Art.

Praktisch wurde suggestopädisch aufbereiteter Unterricht bisher nahezu ausschließlich im Bereich des Erlernens von Fremdsprachen eingesetzt, mit durchaus unterschiedlichem Erfolg. Als eines der ersten von wenigen Unternehmen überprüfte und adaptierte die Firma Audi AG die im Fremdsprachenunterricht erfolgreich angewandte Methode für die betriebliche Bildungsarbeit (vgl. *Jaehrling*, 1989; *Nenner*, 1990; *Kluge/Sonntag*, 1994).

Verhaltensorientierte Ansätze

Gegenstand der Veränderung bzw. der Modifikation ist bei diesen Ansätzen menschliches Verhalten. Zur Zeit dürften gruppenorientierte Verhaltensweisen (Sozialverhalten) im Zentrum der Interventionswünsche betrieblicher Personalführung stehen: Team- und Kooperationsfähigkeit ist angesagt, nicht zuletzt wegen offensichtlicher Schwächen individualistisch gefärbter Führungsphilosophien, motivationalen Problemen in tayloristisch-entmündigten Produktionsbereichen oder überdimensionierten Hierarchieebenen. Die gewünschten Gruppenarbeitsformen oder Führungsteams setzen aber soziale Fertigkeiten ihrer Mitglieder voraus. Eigentlich müßte der „Mensch als soziales Wesen" per definitionem reichlich über solche Kompetenzen verfügen. Daß dem leider nicht so ist, zeigen uns anschaulich
- die täglichen Frontberichte von den vorhandenen Kriegsschauplätzen;
- Ausländerfeindlichkeit, Fremdenphobie und Verfolgung andersdenkender Mitmenschen;

– die automobilen Privatfehden, die wir so gerne auf Autobahnen und während der täglichen Rush-hour austragen;
– die gewollte Separierung und damit einhergehende Vereinsamung älterer und behinderter Menschen.

Ohne Anstrengung ließen sich weitere Beispiele asozialen und antisozialen menschlichen Verhaltens schichtenübergreifend, intelligenzunabhängig und natürlich im beruflichen Bereich, bei der täglichen Arbeit – auch hier hierarchie- und nationalitätenübergreifend – finden.

Wie kann Sozialverhalten der Mitarbeiter durch Lernprozesse gefördert, also soziale Kompetenz erreicht werden? Der klassische Ansatz hierfür ist das gruppendynamische Training. Darunter lassen sich verschiedene Ansätze der Verhaltensmodifikation kombinieren, die aus unterschiedlichen theoretischen Bereichen wie der sozial-psychologischen Kleingruppenforschung, der humanistischen Psychologie oder der Gruppentherapie stammen und hinsichtlich Trainingsinhalten und -gestaltung, Verhalten des Trainers usw. variieren.

Gemeinsame Charakteristika bestehen vor allem in

– der Konzentration auf eine ungelenkte Gruppeninteraktion,
– der Betonung von Hier- und Jetzt-Aspekten der Situation,
– der Nutzung von Gefühlen zur Analyse der Interaktionsbeziehungen und zur Vermittlung von Lernerfahrungen,
– der Herstellung einer offenen und akzeptierenden Gesprächs- und Lernatmosphäre,
– der Dichte der Rückmeldungen über das eigene Verhalten, zum Aufbau eines günstigen und differenzierten Selbstbildes.

Die dabei entstehenden Lernprozesse basieren auf folgender Annahme: Die intensive Gruppenerfahrung soll den Teilnehmern Aufschlüsse über die Form und die Wirkungen ihres Verhaltens auf andere vermitteln, ihnen Einblick in die inneren Beweggründe des Verhaltens anderer gewähren und ein besseres Verständnis für Gruppenprozesse ermöglichen. Damit sind die Gruppe und ihre Mitglieder zugleich Lernort, Lerngegenstand (sie betrachten ihre eigenen Verhaltensweisen) und Lernmedium (sie lernen an sich). Aufgrund der Dynamik dieser Lernprozesse und ihrer Wirkungsweise auf die vorhandenen Persönlichkeitsdispositionen der Gruppenmitglieder lassen sich Ergebnisse und Effekte gruppendynamischer Verhaltensmodifikationen schwer prognostizieren. Die Wirksamkeit von Verhaltenstraining ist daher umstritten (vgl. Infobox 20).

Die Krise besteht nach *Jährling*, Leiter der Managementplanung und -entwicklung bei der Volkswagen AG, darin, „daß die Führungskultur, die Unternehmenskultur sich trotz jahrelang durchgeführter

Infobox 20: Verhaltenstrainings in der Krise (*Jaehrling*, 1995, S.3)

„Obwohl die Unzahl der selbsternannten Verhaltensexperten mit unverminderter Geschwindigkeit ansteigt und sie sich mit messianischem Selbstbewußtsein schon als Anfänger oft nur gegen Stargagen zur Preisgabe ihres wunderwirkenden, kreativen und natürlich einmaligen Wissens bewegen lassen, wissen die tatsächlichen Experten auf dem Gebiet des *Verhaltenstrainings* längst, daß es *(wieder einmal) in der Krise steckt.* Es ist nicht die erste Krise seit in den sechziger Jahren aus den inhaltlich und zielgruppenbezogen noch schmalen Flüssen vor allem der Verkäuferschulung und sozialer Therapieformen – dem amerikanischen Vorbild folgend – der breite, hauptsächlich durch das Managementtraining und seine Anforderungen angeregte, Strom des heutigen *Verhaltenstrainings* geworden ist. So wie heute auch, waren all die vorhergegangenen Krisen zu einem guten Teil *verursacht durch Zweifel* an der *Glaubwürdigkeit*, dem Sinn und Zweck, dem Nutzen von Verhaltenstrainings."

Verhaltenstrainings zu wenig ändert" (1995, S. 4). Die Kritik bezieht sich vorwiegend auf solche **gruppendynamischen Ansätze**, die meist losgelöst von der konkreten inhaltlichen Thematik, einen Transfer in den Arbeitsalltag nicht leisten. Treten dabei Verhaltensänderungen auf, beziehen sie sich eher auf private als berufliche Bereiche. Als erfolgversprechender werden Varianten wie **Teamentwicklung** gesehen, wenn natürliche organisatorische Einheiten, wie Abteilungen, Arbeits- oder Projektgruppen(-management) gebildet und diese aktiv in die Lösung von Sach- und Kommunikationsproblemen eingebunden werden. *Comelli* (1993) dokumentiert ausführlich Ablauf, Voraussetzungen und Instrumente von erfolgreichen Teamentwicklungstrainings (vgl. auch 4. Kapitel, Abschnitt 3.2.1). Für eine „reflexive Teamentwicklung" plädiert *Heintel* (1995), wonach sich Gruppen als Elemente der sie umgebenden Organisationen entwickeln. Dies setzt zweierlei voraus: Zum einen die Selbstreflexion der Gruppe (es sind ausreichend Zeiten für Reflexion, Nachdenken und Feedback-Schleifen vorzusehen), zum anderen Umgebungsreflexion (als ständige Reflexion des Verhältnisses von Gruppe und der sie umgebenden Organisation). Reflexionsprozesse sollen dabei auf drei Ebenen stattfinden, der sach- und zielorientierten, der emotionalen/beziehungsorientierten sowie der strukturellen hierarchischen. Erst durch die Bildung dieses Reflexionspotentials bilden sich „aufgeklärte" Gruppen (*Heintel*, 1995, S. 201), die genau über ihre Grenzen Bescheid wissen und imstande sind, sich ablaufende Prozesse bewußt zu machen, ihre Wirkungen zu kennen und sie gemeinsam zu steuern. Diese „Metaebene" der Analyse und Reflexion sollte nicht nur für ad hoc eingerichtete Teams während der Interventionsmaßnahme Gültigkeit haben, sondern auch danach im alltäglichen Arbeitshandeln: „Gestattet man es sich, aus dem ‚Strudel' alltäglicher Geschäftigkeit auf diese Weise von Zeit zu Zeit ‚auszusteigen', kann man es gar nicht vermeiden zu lernen" (*Heintel*, 1995, S. 202/203). Dem kann man nur zustimmen, manch gravierendes Fehlverhalten ließe sich dadurch vermeiden.

2.4.2 Situativ-erfahrungsbezogene Ansätze

Gemeinsames Merkmal dieser Gestaltungsansätze ist erfahrungsgeleitetes Lernen, das im realen Anwendungskontext stattfindet. Experten (z.B. Meister, Vorgesetzte, interne/externe Berater) kommt dabei eine herausragende Rolle zu. Lerngegenstand ist Erfahrungswissen, das weitergegeben oder Verhalten, das rückgemeldet und modifiziert werden soll.

„Cognitive apprenticeship"- und „community of practice"-Ansätze

Beabsichtigt ist, mit diesen konstruktivistisch ausgerichteten Ansätzen Lernumgebungen so zu gestalten, daß sie ein möglichst eigenaktives, selbstgesteuertes Lernen bewirken, das motiviert und die Verhaltensprozesse unterstützt. Lernen ist dabei immer auf konkrete Anwendungen des Wissens bezogen. Gestaltungsprinzipien von Lernumwelten, wie Authentizität, Situiertheit, multiple Kontexte und Perspektiven sowie sozialer Kontext (vgl. Abb. 22) werden im „cognitive apprenticeship"-Ansatz oder „community of practice"-Ansatz realisiert (vgl. *Collins/Brown/Newmann*, 1989; *Brown/Collins/Duguid*, 1989).

Diese an der traditionellen Handwerkslehre orientierten instruktionspsychologischen Ansätze versuchen, anwendungsbezogene Vermittlungsprozesse in einer Experten-/Novizengemeinschaft während sinnvoller und zweckgebundener Arbeit nutzbar zu machen. Nicht manuelle Fertigkeiten sind Gegenstand der Vermittlung, sondern strategisches Wissen, das Experten ermöglicht, Faktenwissen, inhaltliche Zusammenhänge und Prozeduren bei der Bewältigung von Aufgaben oder Problemen anzuwenden. Durch das Lernen in authentischen Lernumgebungen werden somit die Anwendungsbedingungen des Wissens gelernt, ebenso die Fähigkeit zu flexibler Nutzung und zum Transfer des Gelernten auf reale Situationen aktiv gefördert. Abbildung 28 verdeutlicht Mechanismen und Ablauf des „cognitive apprenticeship"-Ansatzes (vgl. auch *Reinmann-Rothmeier, Mandl/Prenzel*, 1994).

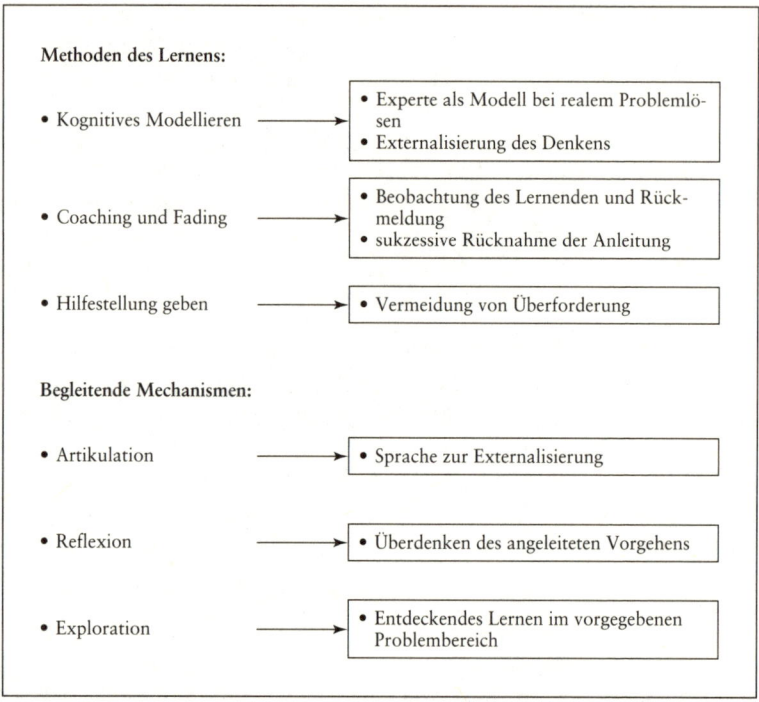

Abb. 28: Mechanismen und Ablauf des „cognitive apprenticeship"-Ansatzes

1. Kognitives Modellieren

Durch kognitives Modellieren werden Expertenleistungen oder Prozesse vorgemacht. Dabei fungiert der Experte als Modell, indem er den Lernenden seine Vorgehensweise bei der Lösung eines Problems oder Aufgabe aus der konkreten Praxis demonstriert. Er verbalisiert damit seine Wahrnehmungen und Überlegungen (innere Prozesse), die normalerweise von außen nicht beobachtbar sind. Durch dieses unmittelbare Miterleben von Denk- und Problemlöseprozessen wird der Lernende nicht nur mit „fertigen Lösungen" konfrontiert, sondern er hat die Möglichkeit, die Entwicklung eines Vorgangs und die unterschiedlichen Wege (bei mehreren Experten) zu erfassen, was wiederum das Verstehen und Behalten fördert.

2. Anleiten und Zurücknehmen

Durch Coaching wird der Lernende durch den Experten bei der Aufgabenlösung oder Problembearbeitung beobachtet und unterstützt, wobei Unterstützungen in Form von Feedback, Hinweisen oder Erinnerungen an Teilprozesse gegeben werden. In Abhängigkeit des Wissens- und Erkenntnisstandes des Lernenden kann die unterstützende Anleitung durch den Experten sukzessive zurückgenommen werden (sog. Fading). Durch diese Art der dosierten Anleitung kann der Lernende somit befähigt werden, Aufgaben schrittweise eigenständig und ohne Unterstützung des Experten zu bewältigen.

3. Hilfestellungen geben

Durch Hilfestellungen wird der Lernende von aktuellen Schwierigkeiten, wenn er alleine nicht weiterkommt, entlastet. Dadurch kann eine Überforderung im Lernprozeß vermieden und die Freude am Weiterlernen gefördert werden.

Begleitende und diese Phasen **verstärkende Mechanismen** sind Artikulation, Reflexion und Exploration.

1. Artikulation/Verbalisierung

Über die Sprache als wichtigstes Kommunikationsmittel im Lernprozeß werden Wissensinhalte, Denk- und Problemlöseprozesse geäußert (externalisiert). Dies geschieht zunächst beim kognitiven Modellieren, wenn der Experte seine Vorgehensweise am konkreten Problem durch lautes Denken äußert. In einem weiteren Schritt des Lernprozesses fassen dann die Lernenden ihr eigenes Vorgehen beim Lösen von Problemen in Worte, in dem sie beispielsweise erklären, wie sie vorgegangen sind, wo Probleme aufgetreten sind und wie sie diese behoben haben. Es wird davon ausgegangen, daß durch das laute Denken das Wissen besser strukturiert, leichter generalisiert und in anderen Kontexten angewandt werden kann. Sind kooperative Lernstrukturen gegeben, können darüber hinaus durch die Darstellung und Erklärung des eigenen Wissens und der Rückmeldung aus der Gruppe andere Sichtweisen und alternative Perspektiven mitberücksichtigt werden.

2. Reflexion

Durch die Reflexion wird der Lernende angeregt, über seine Problemlöseprozesse nachzudenken und sie zu analysieren. Auf diese Weise kann er sein Lernhandeln verändern und optimieren. Der Vorgang des Reflektierens beinhaltet grundsätzlich auch die Möglichkeit, übergeordnete (= metakognitive) Strategien für effektiveres Lernen zu entwickeln.

3. Exploration

Bei der Exploration wird entdeckendes Lernen innerhalb eines vorgegebenen Problembereiches gefördert. Durch Hypothesenbildung und -überprüfung wird eine effektivere Problemfindung erreicht, die eine entscheidende Fähigkeit für erfolgreiches, selbständiges Problemlösen darstellt. Durch die Möglichkeit selbständiger Hypothe-

sentestung und der Sammlung eigener situativer Erfahrungen können sowohl Einsicht und Verstehen des Lernenden gefördert als
auch die Motivation zum Weiterlernen erhöht werden.

Zur Realisierung der genannten Prinzipien des Verbalisierens, Reflektierens und der Exploration müssen entsprechende Instrumente
bzw. Techniken vorhanden sein. Zur Förderung dieser kognitiven
Fähigkeiten bietet sich z.b. die „Struktur-Lege-Technik" an. Durch
das Strukturlegen, beispielsweise für einen realen Problembereich
(„Störung an einer CNC-Drehmaschine") werden Wissensinhalte,
Denk- und Problemlöseprozesse durch den Experten oder Lernenden sichtbar gemacht (externalisiert).

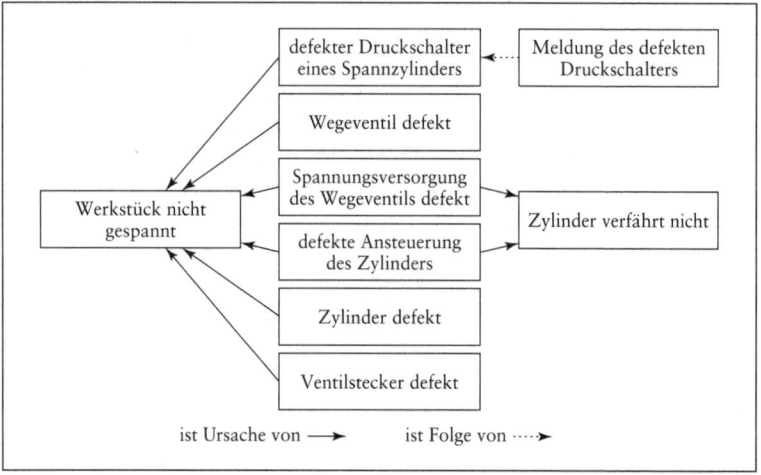

Abb. 29: Symptom-Ursache-Struktur der Störung eines defekten Druckschalters
(aus *Sonntag/Rothe/Schaper*, 1994)

Die visualisierten Strukturen oder optischen Netzwerke (vgl. Abb.
29; bspw. als Ursache-Wirkungs-Zusammenhänge) bilden dann die
kommunikative Grundlage, die Problemfindung und -lösung in der
Gruppe mit den Experten zu explorieren und kritisch zu reflektieren. Zur Zeit wird versucht, diesen situativ-erfahrungsbezogenen
Ansatz der Struktur-Lege-Technik für berufliches Lernen umzusetzen (vgl. *Sonntag/Stegmaier*, 1996).

Eine weitere Möglichkeit der Umsetzung situativer Ansätze und der
Förderung explorativen Lernens besteht auch in der Gestaltung
computergestützter medialer Lernumgebungen (z.b. der Einsatz von
Simulationen, Planspielen oder multimedialen Lernprogrammen,
vgl. Abschnitt 2.4.3).

Beratungs- und betreuungsorientierte Ansätze

War bei dem konstruktivistischen Ansatz das Erfahrungswissen Gegenstand, so sind es bei **Coaching** und **Mentoring** vor allem Verhaltensweisen und Einstellungen, die über Vorgesetzte oder Berater rückgemeldet und einer selbstkritischen Reflexion unterzogen werden. Diese Art Lernprozesse in Gang zu setzen, versucht den zunehmenden Bedarf an Beratungs- und Betreuungsleistungen von Organisationsmitgliedern abzudecken. Die Spezifikationen des Coaching sind vielfältig und reichen von individueller Handlungsunterstützung im betrieblichen Alltag, über Reflexionen des Führungsverhaltens bis hin zum Einbezug persönlicher Fragestellungen (vgl. zu den Coaching-Varianten auch *Schreyögg*, 1996; *Böning*, 1994; *Hauser*, 1993).

Weitergehend als Personalentwicklungsgespräche und Mitarbeiterbeurteilung verfolgt Coaching, Hilfestellungen zur Identitätsentwicklung zu geben. Hervorzuheben ist hier besonders der unterstützende und beratende Charakter der Beziehung zwischen einem „junior" und einem älteren Organisationsmitglied bzw. Manager. Um einen positiven Beitrag zur eigenen Entwicklung des Jüngeren zu erreichen, setzt effektives Coaching bei beiden Partnern auf einem hohen Niveau gegenseitiges Vertrauen, Informationsoffenheit und Interaktionsbereitschaft voraus.

Solche Lernprozesse können nachhaltig initiiert, unterstützt und stabilisiert werden, wenn Führungskraft, Vorgesetzter oder Experten, Offenheit und Rückkoppelung in glaubhafter Weise fördern und Vorbildfunktion ausüben. Bei dieser Art von Coaching handelt es sich um **Modellernen**. Ein als positiv bewertetes Modell hat nicht nur die Funktion, dem Mitarbeiter zu zeigen, wie man sich verhalten sollte. Die möglicherweise wichtigere Funktion besteht darin, daß das als positiv bewertete Modell zeigen kann, inwieweit spezifische (gewünschte) Verhaltensweisen überhaupt möglich sind. Positive Modelle klären über sog. „Möglichkeitsräume" des Verhaltens auf und reaktivieren resignativ verschüttete Ansprüche an bestimmte Verhaltensweisen durch das Aufzeigen einer vorgelebten Realität (vgl. *Gebert*, 1987). Motivational dürfte dies das solideste Fundament darstellen, Lernprozesse freizusetzen. An den Coach stellt es hohe Anforderungen im Bereich der fachlichen und moralischen Dimension seiner Persönlichkeit. Unauffälliges Beobachten und sensitives Diagnostizieren, aktives Zuhören und konstruktives Feedback, aber auch die Fähigkeit des Coaches, als Vorgesetzter selbstkritisch eigene Stärken und Schwächen zu reflektieren, gehören zu den Grundfertigkeiten.

Eine weitere verbreitete Variante des Coaching liegt für Manager der oberen Hierarchieebene vor. Ein Coach, in der Regel ein externer

---

Infobox 21: Beratungs-/Betreuungsbedarf beim Managen (aus: *Böning*, 1994, S. 184/85)

„Führungskräfte sind darüber hinaus immer weniger hochgradig selbstdisziplinierte Funktionsträger, die ihre Gefühle unterdrücken. Sie gestehen sich selbst immer offener zu, emotionale Wesen zu sein, die des menschlichen Dialoges bedürfen, die nicht nur als Alleskönner Anderen Orientierung geben und weitsichtige Entscheidungen treffen und dabei stets das Richtige erfolgreich durchsetzen. Sie werden immer offener als hochleistungsorientierte und strapazierte Menschen gesehen, die für den Wettkampf noch mehr optimiert und gleichzeitig als Menschen noch mehr unterstützt werden müssen."

Berater, versucht als objektiver und professioneller Gesprächspartner, Problemlösestrategien zu vermitteln und Hilfestellungen zu geben, wenn das bisherige Verhaltensrepertoire des Managers oder dessen Interpretationsmöglichkeiten zur Bewältigung aktueller Situationen nicht mehr ausreicht (vgl. Infobox 21).

Typische Anwendungsfelder sind Coaching-Prozesse als

– Vorbereitungshilfen für die Übernahme neuer Aufgaben,
– Situationsanalyse für Führungskräfte (z. B. bei der Definition neuer Wertvorstellungen und Ziele),
– Hilfestellung beim Bewältigen privater Probleme, die die berufliche Leistungsfähigkeit beeinflussen,
– Begleitprozesse für outplacement-Fälle.

Coaching – zwischen personaler Förderung und Beratung angesiedelt – gewinnt zwar an Verbreitung, eine fundierte Analyse, Beschreibung und Bewertung der intendierten Lernprozesse ist aber bisher noch nicht geleistet.

2.4.3 Computergestützte mediale Ansätze

Bei den bisher beschriebenen Ansätzen individuellen und gruppenbezogenen Lernens kann der Einsatz von Computern eine sinnvolle und teilweise notwendige Ergänzung für die methodisch-didaktische Ausgestaltung liefern. Die in den 70er Jahren entwickelten computergestützten Lernprogramme, wie Verfahren der programmierten Instruktion oder Unterweisung entsprachen nicht den hochgestellten Erwartungen. Gravierende Mängel dieser behavioristisch ausgerichteten Ansätze waren die Reduktion des Lerngeschehens auf Reiz-Reaktionsverknüpfungen, eine rigide Programmgestaltung, bei der nur undifferenzierte Rückmeldungen durch den Computer möglich waren und den Lernenden kaum Gelegenheiten gegeben wurden, die Inhalte auszuarbeiten.

Die Weiterentwicklung flexibler Instruktionssysteme in den 90er Jahren, anspruchsvollere Software und unterstützende audiovisuelle Medien (Videorecorder, Bildplatte usw.) erlauben eine wesentlich differenziertere Analyse und Gestaltung der Lernprozesse in den computergestützten Anwendungen, wie sie beispielsweise mit Planspielen, Simulationen oder Computer-based Trainings vorliegen. Die Palette der vorliegenden Computerprogramme ermöglicht vielfältiges Lernen: Lernen als Wiederholen und Memorieren (z.b. Übungsprogramme), als interaktiver und konstruktiver Prozeß (z.b. Tutorielles Programm) oder als explorativer und entdeckender Prozeß (Simulationsprogramm).

Das *offene, explorative* Lernen als zentrale Form anspruchsvoller computergestützter Lernumgebungen läßt sich anhand der Merkmale **Selbstregulation** als Prozeß der aktiven Informationsverarbeitung und der selbständigen Navigation des Lernenden im Programm sowie der **Individualisierung**, d. h. der Unterstützung von Eigeninitiative, Selbstregulation und Lernmotivation durch entsprechende Angebote des Systems charakterisieren. Solche Systeme sollen es ermöglichen, Lernziele und -inhalte, Lernwege und -zeit an individuelle kognitive und motivationale Lernvoraussetzungen anpassen zu können. Hinsichtlich dieser Merkmale der Rolle des Lernenden lassen sich somit folgende Einsatzmöglichkeiten computergestützter Lernsysteme in der betrieblichen Praxis beschreiben (vgl. Abb. 30):

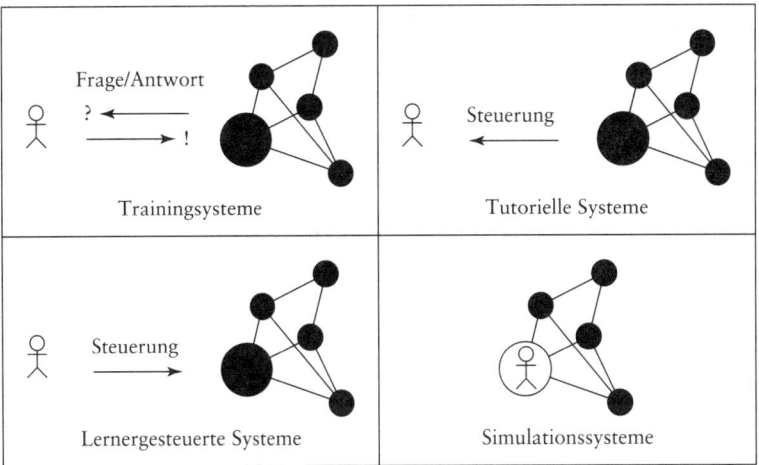

Abb. 30: Die Rolle des Lernenden in computerunterstützten Lernumgebungen

• **Trainingssysteme**

Trainingssysteme dienen in erster Linie der Vertiefung und Verfestigung von bereits vorhandenem oder leicht erlernbarem Wissen. Die Steuerung besteht in der Regel nur aus Fragen (und eventuell der Auswertung von Antworten). Trainingssysteme präsentieren also lediglich einen Trainingsvorgang. Eine Steuerung im Sinne eines Eingreifenkönnens findet nicht statt, man kann es eher als ein Geben und Nehmen bezeichnen (Computer: Frage?, Anwender: Antwort!, Computer: Frage? ...).

• **Tutorielle Systeme**

Bei tutoriellen Systemen liegt die Steuerung beim System. Das Programm steuert das Lerngeschehen und überwacht die Fortschritte des Anwenders. Im Idealfall eines Intelligenten Tutoriellen Systems ist es dem Programm möglich, individuelle Schwächen des Lernenden zu erkennen und gezielt darauf einzugehen. Diese Art des Lernens erfordert nicht die hohe Ausgangsmotivation und Lernkompetenzen, die für ein Lernen mit einem lernergesteuerten System unabdingbar ist. Tutorielle Systeme leisten gute Arbeit bei der Vermittlung von Fakten- und Zusammenhangswissen.

• **Lernergesteuerte Systeme**

In lernergesteuerten Systemen werden die Informationen lediglich angeboten. Der Lernende ist dazu angehalten, sich das Benötigte selbst zu beschaffen. Die gesamte Steuerung des Lerngeschehens liegt also beim Anwender. Dies fordert ein hohes Maß an Selbstverantwortlichkeit. Motivationshemmnisse sollten für einen effektiven Einsatz von Lernergesteuerten Systemen nicht bestehen. Weiterhin ist Vertrautheit mit dem Computer und eine positive Grundeinstellung vonnöten, da die Selbststeuerung im Extremfall sonst gar nicht erst beginnt.

• **Simulation**

Eine gänzlich andere Art der Steuerung ergibt sich in Simulationssystemen. In solchen Programmen gibt es keine Kontrolle mehr von Anwender- oder Softwareseite. Vielmehr wird der Lernende in ein System eingebettet, das mit ihm besteht. Der Lernende besitzt Eingabemöglichkeiten, die das System in seiner Entwicklung beeinflussen. Das System wiederum besitzt in der Regel eine Eigendynamik, die dafür sorgt, daß es sich auch ohne jeglichen Einfluß von außen in einem gewissen Rahmen selbst fortentwickelt.

Planspiele und Simulationen

Auf die Bedeutung individueller Leistungsvoraussetzungen beim selbstgesteuerten Lernen zu berücksichtigen weist auch *Leutner* (1995) am Beispiel von **Planspielen** hin (vgl. Infobox 22).

Infobox 22: Berücksichtigung individueller Unterschiede beim Einsatz von Planspielen (aus: *Leutner*, 1995, S. 113f.)

„Planspiele im allgemeinen und computergestützte Planspiele im besonderen ... sind Lernumgebungen, in denen entdeckendes oder explorierendes Lernen gefordert ist. Es wäre allerdings ein fataler Trugschluß anzunehmen, daß alle potentiellen Planspielteilnehmer in gleicher Weise die kognitiven, affektiven und konativen Voraussetzungen mitbringen, die erforderlich sind, um sich in derartigen Lernumgebungen zurechtzufinden. Es gilt also, die individuellen Unterschiede zwischen Spielteilnehmern beim Planen eines Planspiels angemessen zu berücksichtigen, indem dann, wenn es erforderlich ist, entsprechende Lehrfunktionen realisiert werden. Geschieht dies nicht, dann ist im günstigsten Fall zu erwarten, daß die Spielteilnehmer zumindest Spaß haben, – auch wenn das Lehr-, Ausbildungs- oder Trainingsziel nicht erreicht werden kann."

Als Instrumente personaler Förderung werden Planspiele in der Form von Unternehmensplanspielen vorwiegend zur Vermittlung von Fach-, Methoden- und Führungskompetenz im Bereich des Managements eingesetzt. Die Teilnehmer werden dabei mit komplexen Problemen aus der Personalführung, Betriebswirtschaftslehre, Marketing usw. konfrontiert (vgl. zusammenfassend *Geilhardt/Mühlbradt*, 1995, oder *Strauß/Kleinmann*, 1995). Aus der Kritik des Lernens nach herkömmlichen Methoden, das vielfach mit Angst, Streß, Frustration und Prestigekämpfen verknüpft ist, ermöglichen Planspiele – trotz oder gerade wegen des spielerischen Elementes – das begreifende Erfassen von Zusammenhängen sowie Freude und Neugier beim entdeckenden Lernen. Darüber hinaus sieht *Vester* (1995) im Planspiel eine realistische Möglichkeit, aus einem Fehler zu lernen, und zwar nicht nur in dem Sinne, ihn beim nächsten Mal zu vermeiden, sondern vor allem, ihn zu verstehen, einzuordnen und herauszufinden, warum es ein Fehler ist und wieweit er vom richtigen Tun abweicht. Fehler werden im Planspiel nicht bestraft und verdrängt, sondern als Erfolg genutzt (vgl. auch Infobox 23).

Neben Planspielen enthalten **Simulationssysteme** erhebliche Lernpotentiale. Durch die spezifische Art der Steuerung und Modellbildung können Lernende dynamische Aspekte ihres Verhaltens entdecken und strategisches Wissen erlernen. Dadurch, daß Aktionen direkt zurückgemeldet werden, können insbesondere Eigendynamiken von Systemen und die Unzulänglichkeit menschlicher Entscheidungsfähigkeit erfahren werden. Dies ist der eine Aspekt des Lernens in Simulationen. Es können generelle Denkfähigkeiten (Schlüsselqualifikationen) geschult werden, wie sie in den meisten Problemsituationen benötigt werden.

Infobox 23: Zur Bedeutung des Fehlermachens in computersimulierten Systemen (*Dörner*, 1989, S. 308)

„Daher mein Plädoyer für das Simulationsspiel! Die Zeit in einem computersimulierten System läuft schnell. Ein computersimuliertes System ist ein Zeitraffer. Die Konfrontation mit einem solchen Zeitraffersystem macht triviale Fehler, die wir im Umgang mit Systemen machen, sichtbar. Ein Simulationssystem führt uns die Neben- und Fernwirkungen von Planungen und Entscheidungen schnell vor Augen. Und so gewinnen wir Sensibilität für die Realität.

Fehler sind wichtig. Irrtümer sind ein notwendiges Durchgangsstadium zur Erkenntnis. Beim Umgang mit „wahren" komplexen, vernetzten Systemen haben wir es aber schwer, unsere Irrtümer festzustellen. Sie zeigen sich dort erst lange Zeit, nachdem wir sie begangen haben, und wir erkennen sie vielleicht gar nicht mehr als Konsequenzen unseres Verhaltens. Das Zeitraffersystem eines Simulationsspiels bringt hier Abhilfe. Es zeigt die Kontingenzen, die Zufälligkeiten. Es kann uns sensibilisieren für solche Fehler und vielleicht etwas vorsichtiger und nachdenklicher machen oder auch wagemutiger."

Ein weiterer Vorteil von Simulationssystemen besteht in deren Möglichkeit, den Anwender in virtuellen Welten experimentieren zu lassen. Bei gelungener Konstruktion der virtuellen Welt (realistisches Abbild der Wirklichkeit, Echtzeitsimulation usw.) gibt man dem Lernenden die Möglichkeit, neu erworbenes Wissen, ohne Gefahr für Mensch und Umwelt, in einer quasi-realen Situation anzuwenden, die noch dazu beliebig kontrollierbar ist. Einzelfälle, bei denen sich Probleme ergeben, können einfach wiederholt werden, Extrem- und Ausnahmesituationen sind jederzeit abbildbar. Hier ergeben sich Trainingsmöglichkeiten im Bereich der Anwendung, die zwar seit Jahren didaktisch gefordert werden, jedoch in traditionellen Aus- und Weiterbildungssystemen so gut wie nicht stattfinden. Dies gilt insbesondere für höherqualifizierte Tätigkeiten, bei denen auch komplexere und folgenschwerere Entscheidungen getroffen werden müssen. Simulationen sind also einerseits geeignet, um strategische Aspekte von Handlungen und Entscheidungen zu verdeutlichen und

andererseits, um in virtuellen Szenarien Lernkontexte zu konstruieren, die sonst – sei es aus Kosten- oder Gefahrengründen – nicht
denkbar wären. Dadurch, daß sich der Anwender selbst im System
befindet, kann er außerdem auch Ursache-Wirkungs-Zusammenhänge erkennen und sich somit kontextuelles und prozedurales Wissen aneignen.

Neben Planspielen setzen sich auf Facharbeiterebene immer mehr Si-
mulationsprogramme durch, wie beispielsweise grafisch-dynami-
sche CNC-Simulationen (Computerized Numerical Control), als
Vorstufe zur Bedienung komplexer Produktionsmaschinen. Sie eignen sich besonders als Einstieg in die Informationstechnik für span-
abhebende Berufe. Die lernfördernden Eigenschaften von CNC-Simulationen liegen im kognitiven Bereich in der Reduktion komplexer Sachverhalte. Auf der emotional-motivationalen Ebene führt eine solche Komplexreduktion und Verteilung der Bearbeitung auf
verschiedene Schritte und Anforderungsstufen zu einer Verminde-
rung subjektiv erlebbarer Bedrohlichkeiten. Für Lernende, die
Berührungsängste gegenüber teuren und komplexen computergesteuerten Realmaschinen empfinden, schaffen Simulatoren so bessere emotionale Lernbedingungen. Auf eine weitere Einsatzmöglich-
keit computergestützter Lernprogramme, die Entwicklung eines
Computer-Based Trainings (CBT) zur Verbesserung strategischer
Fähigkeiten und komplexen Problemlösens, wird in Kapitel 4, Abschnitt 3.1.3 eingegangen.

Große Hoffnungen für noch effizientere Einsätze von computergestützten Lernprogrammen liegen auf der Integration von Experten-
systemen und Intelligenten Tutoriellen Systemen. Ein solches System
besitzt neben einer Wissenskomponente, in der die Wissensbasis in
einer formalisierten, computergerechten Form gespeichert ist, ein
Diagnosesystem, das im Dialog mit dem Lernenden im Zeitablauf zu
einem neuen adäquaten Bild seines Wissens kommt. Dadurch kann
eine optimale Steuerung des Lernweges ermöglicht werden.

2.4.4 Lernen im Prozeß der Arbeit – arbeitsstruktuvaler Ansatz

Dieses von den Arbeitspsychologen *Frei/Duell/Baitsch* (1984) vor-
gestellte theoretische Konzept der arbeitsimmanenten Qualifizie-
rung sieht in der konkreten Arbeitssituation ein zentrales Mittel zur
Formung der Persönlichkeit. Zugrundegelegt wird die Sichtweise des
Menschen, als eines autonomen Subjektes, das zur Regulierung der
Beziehungen mit der Umwelt und zur Selbstregulation fähig ist. Das
Vorhandensein von Lernpotentialen in der Arbeitstätigkeit und die
Entwicklung von Kompetenzen sind von folgenden Determinanten
abhängig:

• von dem „Qualifizierungsangebot":
Darunter sind alle Merkmale eines Arbeitsauftrages einschließlich
der Ausführungsbedingungen zu verstehen; sie stellen die „objektiven" Voraussetzungen einer arbeitsimmanenten Qualifizierung
dar. Im einzelnen sind zu nennen: Produktionsverhältnisse (z.b.
Entscheidungs- und Verfügungsmacht über die Produktion), Stand
der Technologieentwicklung (z.b. Lernchancen und Unterstüt-
zungsmöglichkeiten bei neuen Technologien), Stand der Arbeitsteilung (z.b. Grad der Partialisierung und Wiederholung der Tätigkeitselemente), Grad der kollektiven Interessendurchsetzung der
Mitarbeiter (z.b. betriebliche Interessenverteilung). Weitere Merkmale der Arbeitstätigkeit, die insbesondere das Qualifizierungspotential einer Arbeitssituation verringern können, sind Mangel an
Qualifizierungsangeboten (z.b. neue Arbeitsanforderungen),
Mangel an zu erwartenden positiven Effekten für den Mitarbeiter
(z.b. Lohn, Aufstiegschancen). Hierunter fallen beispielsweise her-
kömmliche Lohnsysteme, bei deren eindeutiger Quantitätsorien-
tierung die Qualifizierungsbereitschaft und die vorhandenen, ab-
rufbaren Qualifikationen der Mitarbeiter nicht angemessen hono-
riert werden. *Ulich* (1992) plädiert in diesem Zusammenhang für
lernorientierte Lohnsysteme (wie sie z.b. auch in den USA als „Pay
for Knowledge"-Systeme vorliegen), in denen eine individuelle am
Lern- und Qualifikationsfortschritt orientierte Lohndifferenzie-
rung und variable Leistungskomponenten berücksichtigt werden.

• von der „Qualifizierungsbereitschaft":
Darunter sind die „subjektiven" Voraussetzungen, also die Wahrnehmung der Veränderbarkeit und Entwicklung der Persönlichkeit
durch den Mitarbeiter selbst, zu verstehen. Einstellungen, Wissen,
Werte, Motive zählen hierzu. Von zentraler Bedeutung ist das
Selbstkonzept, das insbesondere im Erwachsenenalter sich aus den
Erfahrungen mit der täglichen Arbeit zusammensetzt. Von daher
ist es wichtig, im Rahmen der Arbeitstätigkeit selbstwertfördern-
de Anreize zu schaffen.

Wie empirische Studien nachhaltig belegen (vgl. *Baitsch*, 1985) und
worauf die Autoren ausdrücklich hinweisen, reicht ein betriebliches
Angebot neuer Arbeitsinhalte und Arbeitsstrukturen aber nicht aus,
um entsprechende Qualifizierungsbereitschaften auszulösen. Erforderlich ist als weitere Bedingung lernförderlicher Arbeit, die Beschäftigten durch aktive Mitwirkung in den Prozeß der Veränderung
miteinzubeziehen, sie als Betroffene zu Beteiligten zu machen. Erst
eine gleichberechtigte Partizipation ermöglicht das Einbringen und
die Verwirklichung der eigenen Vorstellungen. Mögliche Auswirkungen von Beteiligung bei betrieblichen Veränderungsprozessen
gibt Abbildung 31 wieder.

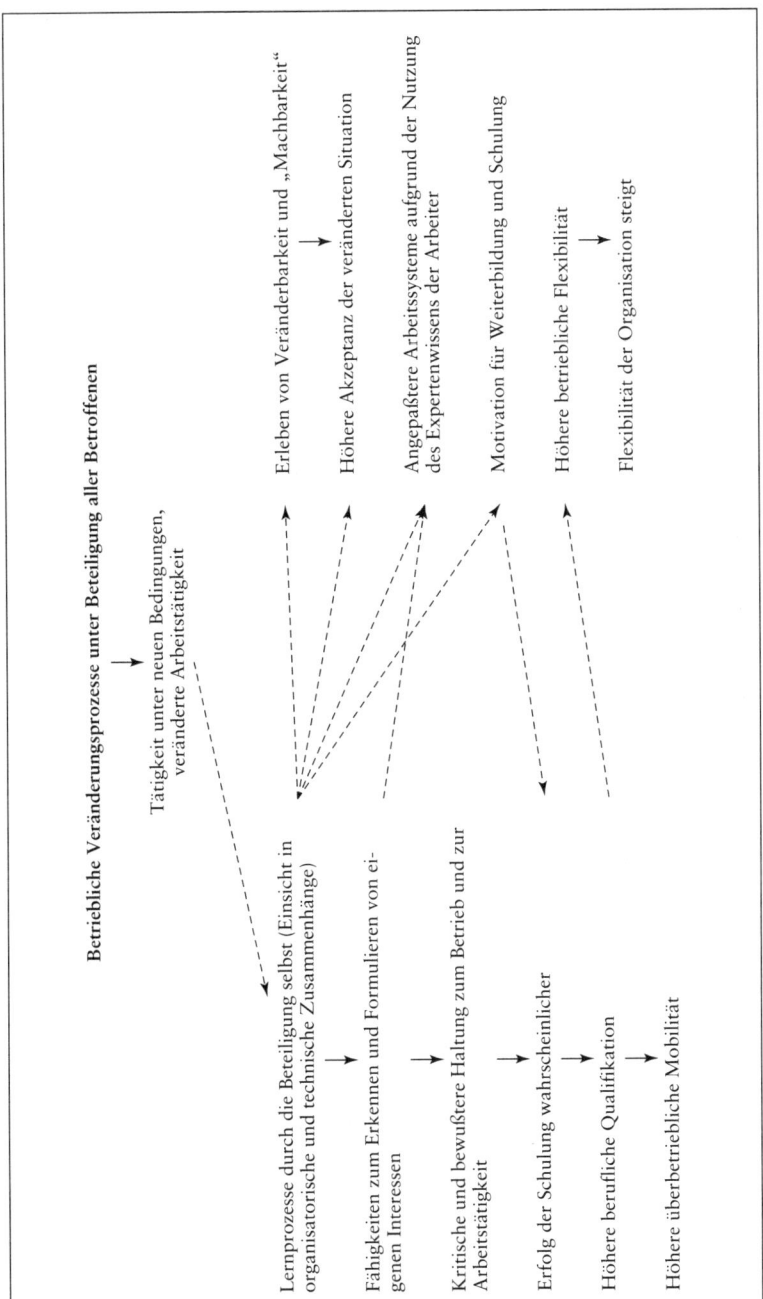

Abb. 31: Hypothetische Auswirkungen und Zusammenhänge von Mitarbeiterbeteiligungen bei betrieblichen Veränderungsprozessen (aus: *Duell/Frei*, 1986)

Zwar liegen bisher keine Studien vor, die diese spezifischen Variablen und deren Wirkungsweise in ihrer Gesamtheit bestätigen, es konnte aber im Rahmen vielfältiger Untersuchungen zur Partizipation nachgewiesen werden (vgl. z.b. *von Rosenstiel*, 1994), daß verschiedene Formen der Beteiligung von Betroffenen an Entscheidungen, die sie selbst berühren, zur Verbesserung der Entscheidungsqualität führen, die Akzeptanz der Entscheidung steigern und zugleich die Qualifikation der dabei Mitwirkenden erhöhen.

Nun ist leicht einsichtig, daß nicht jede Person zur Mitwirkung fähig und willig ist, auch wenn sie fachlich angemessen qualifiziert erscheint: Mitwirkung setzt die Bereitschaft zur Selbständigkeit und Übernahme von Verantwortung voraus. Es gilt also auch frühzeitig Maßnahmen einzuleiten, die zur Mitwirkung befähigen. Es liegt dabei durchaus im Interesse von Unternehmen, auf das „Lernziel Mitwirkungsfähigkeit" (*von Rosenstiel*, 1994, S. 56) zu setzen und die Motivation zur Mitwirkung aufzubauen, legt man den prognostizierten Bedarf an Mitarbeitern zugrunde, die zu selbständigem Handeln in der Lage sein sollen.

Mit einer „Heuristik qualifizierender Arbeitsgestaltung" legen *Duell/Frei* (1985) einen anwendungsbezogenen Leitfaden vor, der es ermöglicht, unter Einbezug der betroffenen Mitarbeiter (Produktionsmitarbeiter und mittleres technisches Management) und unterschiedlicher Instrumente (wie z.b. subjektive Arbeitsanalyse, Brainstorming, Ursache-Wirkungsdiagramme) in Kleingruppen betriebliche Veränderungen zu nutzen und lernförderliche Arbeitsstrukturen zu entwickeln.

Arbeitsimmanente Qualifizierung beschränkt sich keinesfalls nur auf das persönliche Wollen und individuelle Können, vielmehr erfolgt Lernen im Prozeß der Arbeit durch die Wechselwirkung psychischer, sozialer und situativer Veränderungsprozesse. Die Schaffung lernförderlicher Bedingungen von Arbeitssituationen bzw. der Abbau entsprechender Hindernisse und Barrieren stellt ein zentrales Gestaltungsmoment dar.

In einer fundierten Studie von *Franke/Kleinschmidt* (1987; vgl. auch *Franke*, 1993) wurden folgende lernrelevanten Merkmale der Arbeitssituation als bedeutsam angesehen: Problemhaltigkeit, Handlungsspielraum, Variabilität, Integralität, soziale Unterstützung und qualifikatorischer Nutzwert (vgl. Infobox 24).

Ob die genannten lernrelevanten Arbeitsmerkmale fördernd oder behindernd wirken, hängt nach Erkenntnissen der Studie von

– übergeordneten Rahmenbedingungen, wie Betriebsklima, Organisationsstruktur, Stand der Technologieentwicklung usw. und

Infobox 24: Lernrelevante Dimensionen der Arbeit (aus: *Franke*, 1993)

(1) Problemhaltigkeit: Diese Dimension bezieht sich auf das Ausmaß der erforderlichen Denkprozesse in der Arbeit. Hierbei entscheidende Merkmale sind etwa die Neuartigkeit der Arbeit, Klarheit und Vollständigkeit der Zielbestimmung, Fachwissen oder Planungsbedarf.

(2) Handlungsspielraum: Diese Dimension betrifft die Menge der objektiven „Freiheitsgrade" bei der Verrichtung der Arbeit, also die unterschiedlichen Möglichkeiten zu aufgabengerechtem Handeln. Der Handlungsspielraum hängt davon ab, ob der Arbeitende an der Organisation des Arbeitsablaufs beteiligt ist, selbst über die Vorgehensweise bei der Arbeit entscheiden kann, ob er die Arbeitszuteilung beeinflussen kann, ob er bei der Arbeit neue Vorgehensweisen ausprobieren kann.

(3) Abwechslungsreichtum: Diese Dimension bezieht sich auf die Häufigkeit der Veränderung der Arbeitssituation und des organisatorischen Arbeitsumfeldes. Sie hängt z.b. davon ab, in wievielen betrieblichen Arbeitsbereichen (Einkauf, Verkauf, Arbeitsvorbereitung, Fertigung, Entwicklung, Qualitätskontrolle, Reparatur, Kundendienst usw.) der Lernende eingesetzt wird, wieviele Betriebsabteilungen er durchläuft, und wie häufig er aus dem Arbeitsprozeß herausgezogen und an anderen Lernorten ausgebildet wird (= „lokale Mobilität").

(4) Vollständigkeit der Handlung: Hier wird die Vielfalt der Handlungsfunktionen, die bei der Arbeit zu erfüllen sind, thematisiert. Diese Dimension steht zur (vertikalen) Arbeitsteilung und Parzellierung der Tätigkeitsstrukturen in konträrer Beziehung. Der Vollständigkeitsgrad wird bestimmt durch die Anzahl der Operationen im Bereich der Orientierung, Planung, Ausführung und Kontrolle, an denen der Lernende beteiligt wird.

(5) Qualifikatorischer Nutzwert: Gemeint ist die Einschätzung der Verwertungschancen der für die Bewältigung der aktuellen Arbeiten notwendigen Qualifikationen im Hinblick auf das künftige Berufsleben. Die künftigen Verwertungschancen werden im wesentlichen durch die technologische und organisatorische Entwicklung sowie den künftigen Produktbedarf bestimmt.

(6) Soziale Unterstützung: Diese Dimension bezieht sich auf die Anregungen und die Hilfe, die der Lernende von den Mitarbeitern des Betriebes bekommt. Soziale Unterstützung wird wesentlich durch Organisation und Führung mitbestimmt.

– von Wechselwirkungen personenseitiger Merkmale ab; je nach Motivation, Fachwissen, Intelligenz usw. kann z.B. ein bestimmter Problemhaltigkeitsgrad der Arbeit als Überforderung, Herausforderung oder Unterforderung erlebt werden.

Die Einzelmerkmale wirken nicht isoliert, noch darf von einer bloßen Addition der Einzelmerkmale ausgegangen werden, das bedeutet: Hohe Problemhaltigkeit, Abwechslungsreichtum und großer Handlungsspielraum bei der Arbeit können im Einzelfall durchaus zuviel des Guten sein.

2.4.5 Gestaltungsansatz organisationale Lernfähigkeit

Ausgehend von den theoretischen Überlegungen zum organisationalen Lernen (vgl. Abschnitt 2.3), entwickelte *Reinhardt* (1993) ein Implementierungskonzept zur Förderung organisationaler Lernfähigkeit. Wichtigste Voraussetzungen sind, daß

* die Entwicklung von lernförderlichen Interventionen durch das System (Organisation/Abteilung) selbst erfolgen muß (i.s. autopoetischer Systeme);
* Kommunikation über Umwelt (Umweltanpassung) und das System selbst (Selbstanpassung) stattfindet. Lernfähige Organisationen werden so von ihren Mitgliedern gemeinsam kommunikativ erzeugt;
* eine systematische und gemeinsame Reflexion bei Mitarbeitern und Führungskräften stattfindet, d. h., daß Führung nicht als einseitiger, sondern als kodeterminierender Prozeß anzusehen ist, der beinhaltet, daß die Methoden zur Zielerreichung gemeinsam herausgearbeitet werden;
* ein Commitment der Mitarbeiter und Führungskräfte nur durch ein partizipatives Vorgehen erreicht werden kann;
* im Sinne eines „sharing mental model"-Ansatzes unterschiedliche Sichtweisen und mentale Modelle in Gruppenprozessen analysiert und zu einer gemeinsamen Strategie oder Problemlösung integriert werden;
* das Top-Management die entsprechenden Voraussetzungen und Bedingungen schafft, die Implementierung organisationaler Lernfähigkeit als Strategie einzuleiten;
* komplexe Feedbackprozesse auf den unterschiedlichen Systemebenen stattfinden und nutzbringend für das organisationale Lernen eingesetzt werden. Hierfür bietet sich beispielsweise der innerhalb der Organisationsentwicklung verbreitete „survey feedback"-Ansatz an, aber auch Kombinationen von workshops und Fragebogen.

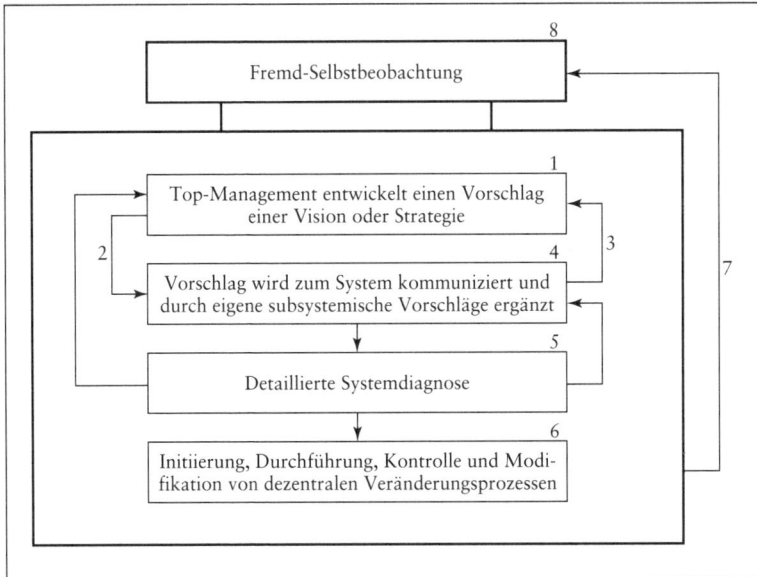

Abb. 32: Implementierungsansatz zur Gestaltung organisationaler Lernfähigkeit
(aus: *Reinhardt*, 1993, S. 333)

Reinhardt (1993) entwickelte basierend auf diesen Annahmen einen Implementierungsansatz zur Gestaltung lernfähiger Organisationen (vgl. Abb. 32).

(1) Die Unternehmensleitung schlägt die Vision vor, das eigene Unternehmen in Zukunft als lernfähiges Unternehmen aufzufassen und leitet daraus entsprechende strategische Veränderungsvorschläge ab. Im Gegensatz zur üblichen Vorgehensweise, bei der das Top-Management die neue Richtung und evtl. Veränderungsnotwendigkeiten alleine festlegt, wird hier die Strategie als Vorschlag aufgefaßt, der zur Diskussion gestellt wird.

(2) Diese Aussagen werden dem System explizit als Vorschlag zur Verfügung gestellt: In Abhängigkeit des Systemniveaus können die Vorschläge der Unternehmensleitung ergänzt oder verworfen bzw. eigene Vorschläge erarbeitet werden.

(3) Diese Vorschläge werden an die Unternehmensleitung zurückgemeldet, die diese zum Teil berücksichtigt oder auch verwirft und eine modifizierte Variante der notwendigen Veränderungsprozesse wieder nach „unten" zurückgibt: die Erkenntnisse werden kommuniziert.

(4) Der durch die beiden Komponenten (2) und (3) bestehende Feedback-Prozeß wird so lange fortgeführt, bis sich die Vor-

schläge der Unternehmensleitung und der Mitarbeiter weitestgehend angeglichen haben, d.h., daß kein neuer rekursiver Vorschlagsprozeß erarbeitet werden muß. Konkret bedeutet dies, daß sich die Komplexität der „mental models" erhöht und ihre Variabilität erniedrigt.

(5) Die kontinuierliche Abarbeitung dieses Rekursionsprozesses führt dazu, daß eine umfangreiche und konkrete Systemdiagnose vorgenommen wird, die als Szenario-Analyse aufgefaßt werden kann.

(6) An diese Diagnose schließen sich spezifische dezentrale Interventionen an, d.h. Teilmaßnahmen, die die Gesamtstrategie unterstützen.

(7) Die Prozesse (1) – (6) werden an eine Beobachtungseinheit zurückgemeldet.

(8) Diese Beobachtungseinheit muß installiert werden, um zum einen den Rekursionsprozeß (4), sowie die sich daraus ergebenden Konsequenzen (5) und (6) zu überwachen, Abweichungen an das Top-Management (1) weiterzuleiten und schließlich auch Informationen über Veränderungen in der Unternehmensumwelt zu sammeln und gegebenenfalls als Input an das System weiterzugeben. Solche Beobachtungseinheiten bestehen aus internen und externen Experten, die die entsprechenden Kompetenzen aufweisen und im System hinreichend akzeptiert werden.

Dieser im Ansatz enthaltene Rekursionsprozeß des hierarchieübergreifenden Austauschs von Kommunikationen und Informationen über Veränderungsnotwendigkeiten im Rahmen strategischer Überlegungen führt nach Auffassung *Reinhardts* (1993) nicht nur zu einer fundierten Diagnose des Gesamtsystems, sondern kann auch als „Sharing mental model"-Ansatz aufgefaßt werden. Dies wiederum stellt eine erhöhte Reaktions- und Innovationsfähigkeit des Systems und seiner Mitarbeiter dar, um komplexen Umwelten gerecht zu werden und bildet somit die Basis einer lernfähigen Organisation.

Die Wahrscheinlichkeit der Realisierung des Implementierungsansatzes erhöht sich in dem Maße, wie Veränderungen in der Auffassung von „Macht" und „Führung" vorliegen, wie entsprechende lernfähige Organisationsmitglieder vorhanden sind und ob eine entsprechende lernfähige Kultur bzw. kulturelle und gesellschaftliche Normen und Werte vorausgesetzt werden können.

Kapitel 4
Praktizierte Lernkultur: Personale Förderung

1 Phasenmodell personaler Förderung in Organisationen

Nachdem in den vorangegangenen Abschnitten Konzepte des Lernens und Gestaltungsansätze dargestellt wurden, befassen sich die beiden letzten Kapitel mit der Anwendung und Umsetzung dieser Ansätze in die betriebliche Praxis. Die Umsetzung lernförderlicher Konzepte ist Aufgabe der Personalentwicklung. Erforderlich ist ein engagiertes, gegenüber Neuentwicklungen aufgeschlossenes Betreiben durch die Personalverantwortlichen, das von der Unternehmensleitung mit Machtpromotoren versehen ist. Andernfalls verkommt Personalentwicklung zur Personalverwaltung und kann getrost vom Rechnungswesen, der Buchhaltung oder der Rechtsabteilung übernommen werden.

Die zu beschreibenden Maßnahmen und Strategien personaler Förderung und Entwicklung (PE) orientieren sich an einem Phasenmodell, das die Entwicklung, Gestaltung und Bewertung lernförderlicher Maßnahmen wiedergibt (vgl. Abb. 33).

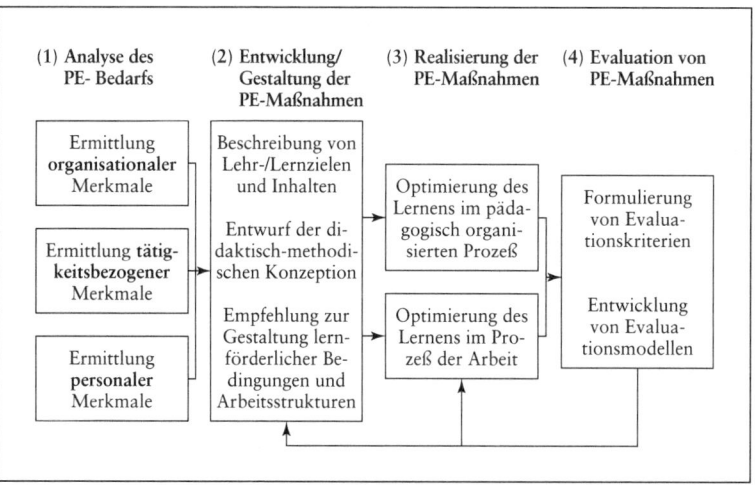

Abb. 33: Phasenmodell der Aufgaben und Strategien personaler Förderung durch Lernen

(1) Analyse des Lern- und Entwicklungsbedarfs
Die Bedarfsbestimmung liefert vielfältige Informationen über Ziele und Inhalte von Personalentwicklungsmaßnahmen, über Gestaltungsprinzipien von Trainingsmethoden und Lernumfeld, und formuliert Kriterien für die Evaluation. Die „Trichotomie der Bedarfsermittlung" sieht empirische Zugänge zur Ermittlung organisationaler, tätigkeits- und personbezogener Merkmale vor über die

– **Organisationsanalyse,** die aus Unternehmungs- und Führungsphilosophien bzw. Grundsätzen, aus Daten der strategischen Planung oder aus organisationsdiagnostischen Variablen wie Betriebsklima oder Arbeitszufriedenheit relativ allgemeine Zielvorgaben für die personale Förderung ableitet;
– **Aufgaben-/Anforderungsanalyse,** die die zur Aufgabenbewältigung erforderlichen Kenntnisse, Fähigkeiten und Fertigkeiten eines Stelleninhabers konkret erfaßt (wie bspw. kognitive und sozial-kommunikative Anforderungen). Tätigkeitsanalytische Verfahren auf der Basis von Beobachtung und Befragung kommen hierfür in Frage;
– **Personanalyse,** die individuelle Leistungs- und Verhaltensdefizite und Entwicklungspotentiale ermittelt. Eine Vielzahl unterschiedlicher Verfahren zur Einschätzung vergangenen Leistungsverhaltens und zur Beurteilung des Förder- und Entwicklungspotentials liegen hierfür vor. Für letzteres werden Methoden des Mitarbeitergesprächs, psychologische Testverfahren, biographische Fragebögen, Arbeitsproben und Assessment Center präferiert und vorgestellt.

(2) Projektierung der Fördermaßnahme
In dieser Phase sind die ermittelten Daten und Informationen aufzubereiten: Lehrziele/Lerninhalte sind zu formulieren, didaktisch-methodische Konzeptionen zu entwerfen und Gestaltungsempfehlungen lernförderlicher Bedingungen und Umgebungen sowie Arbeitsstrukturen zu formulieren. Hierbei müssen die betroffenen Mitarbeiter als die betrieblichen Experten ihrer Tätigkeit einbezogen werden, sollen die geplanten Maßnahmen nicht ins Leere laufen. Insbesondere bei Maßnahmen der qualifizierenden Arbeitsgestaltung oder Entwicklungsgesprächen ist eine partizipative Vorgehensweise der Mitarbeiter zur Reflexion ihrer Arbeitssituation bzw. von Soll-Ist-Differenzen und den daraus resultierenden Handlungsintentionen und Qualifizierungsbereitschaften unabdingbar.

(3) Realisierung der Personalentwicklungsmaßnahmen
Lernen tritt in Organisationen in vielfältiger Form auf. Keineswegs nur als institutionalisierte und organisierte Lerntätigkeit im Rahmen betrieblicher Aus- und Weiterbildung, sondern auch im Arbeitspro-

zeß selbst als pädagogisch nicht organisierter Prozeß. Während im
ersteren Falle die vielfältigen und zum Teil bekannten Methoden
und Lerntechniken zu nennen sind, die der Wissensvermittlung, Verhaltensmodifikation und Persönlichkeitsentwicklung von Organisationsmitgliedern dienen, sind es beim arbeitsimmanenten Lernen ar-
beitsplatzbezogene Dimensionen wie Tätigkeitsspielraum, Problemhaltigkeit, Entscheidungs- und Kontrollspielraum, die den Förder-
prozeß positiv beeinflussen sollen. Zielsetzung beider Maßnahmen
ist die Förderung der beruflichen Handlungskompetenz der Mitarbeiter.

(4) **Evaluation von Personalentwicklungsmaßnahmen**
Eine zuverlässige Rückmeldung und damit Optimierung der Perso-
nalentwicklungsarbeit setzt die Evaluation der implementierten
Maßnahmen voraus. Derartige Bewertungen mit Hilfe systematisch
angewandter wissenschaftlicher Techniken werden in der betrieblichen Praxis, aber auch in vielen Trainingsstudien leider noch immer
wohlwollend vernachlässigt. Die Frage stellt sich, wie man ein sinn-
volles und aussagekräftiges Bildungscontrolling durchführen kann,
wenn keine effizienten Kontrollsysteme für Maßnahmen der Personalentwicklung zur Verfügung stehen.

Im folgenden werden Instrumente und Vorgehensweisen der jeweiligen Phasen **exemplarisch** dargestellt. Hierbei fließen Entwicklungen
aus eigenen Forschungsarbeiten, aber auch aktuelle Ergebnisse an-
wendbarer und erprobter Ansätze mit ein.

2 Analyse des Lernbedarfs und Förderpotentials

Die systematische Bedarfsermittlung, bei der **tätigkeitsbezogene** und
personale Merkmale erhoben werden, reduziert in entscheidendem
Maße Unsicherheit und Unbestimmtheit bei der Planung und Ausgestaltung von Fördermaßnahmen. Das Methodenspektrum, insbesondere der Arbeits- und Organisationspsychologie, hierfür ist vielfältig.

In den nächsten Abschnitten werden zunächst Anforderungsanaly-
sen, die die zur Tätigkeitsausführung erforderlichen Fertigkeiten,
Kenntnisse und Fähigkeiten eines Mitarbeiters erfassen können, vorgestellt. Daran anschließend werden Instrumente zur Beschreibung
des Entwicklungspotentials und individueller Leistungs- und Verhaltensdefizite diskutiert.

2.1 Tätigkeitsbezogene Lernerfordernisse und Entwicklungspotentiale

2.1.1 Beschreibung von Qualifikationsanforderungen in der betrieblichen Praxis

Die Beschreibung menschlicher Verhaltensweisen bei der Arbeitstätigkeit gibt Auskunft darüber,

– welche vorhandenen physischen und psychischen Dispositionen eines Menschen (wie z.b. Fertigkeiten, Denkleistungen, kommunikative und kooperative Leistungsvoraussetzungen) gefordert bzw. beansprucht werden,

– welche Tätigkeiten und Kompetenzen beim Mitarbeiter entwickelt werden müssen, um Über- oder Unterforderungssituationen zu vermeiden.

Untersuchungsgegenstand analytischer Prozeduren ist somit der qualifikatorische Gehalt von Arbeitstätigkeiten, d.h., die in Arbeitstätigkeiten enthaltenen **Qualifikationsanforderungen** sind einer Operationalisierung zugänglich zu machen. Unter Qualifikationsanforderungen sind allgemein die aus definierten Arbeitsaufgaben und den Ausführungsbedingungen resultierenden Anforderungen an die Handlungskompetenz eines Mitarbeiters zu verstehen.

Betrachtet man die in den Betrieben angewandte Methodik zur Erfassung qualifikationsrelevanter Anforderungen, so werden solche Informationen gewonnen aufgrund von

– Stellenbeschreibungen, die oftmals nicht den aktuellen Stand wiedergeben;

– Rücksprachen mit Herstellerfirmen über die Anforderungen beim Umgang mit der neuen Maschine, Anlage usw.;

– Anforderungsprofilen, die auf dem „Genfer Schema" basieren und die erforderlichen Leistungsvoraussetzungen sehr global erfassen (wie bspw. Geschicklichkeit, geistige Belastung, Kenntnisse, Verantwortung, vgl. *Euler/Stevens*, 1965) oder

– Matrizendarstellungen, bei denen die Verantwortlichen aus dem Personal-, Bildungs- und Fertigungsbereich einzelnen Aufgaben/Funktionen oder Positionen/Berufen pragmatisch erforderliche Qualifizierungsmaßnahmen bzw. Lerninhalte zugeordnet haben.

Es ist erstaunlich, wie auf der Grundlage solcher Vorgehensweisen betrieblicherseits Aussagen getroffen werden können, daß „systemisches Denken" oder „Denken in Zusammenhängen", „Kooperationsfähigkeit", „erhöhte Handlungskompetenz", „Selbständigkeit", „Verantwortungsbereitschaft" usw. beim Einsatz neuer Techniken oder der Gestaltung effizienter Organisationsstrukturen zunehmen. Dies ist nicht unproblematisch, und es mutet spekulativ an, solche

Aussagen zu treffen, wenn die analytischen Methoden, die solche extrafunktionalen Qualifikationen ermitteln können, nicht vorliegen bzw. nicht angewandt werden.

Der Einsatz arbeitsanalytischer Verfahren kann – trotz teilweise aufwendiger Durchführung – ein empirisch fundiertes Korrektiv zu normativen betrieblichen und bildungspolitischen Zielsetzungen bei der Ermittlung von Qualifikationsanforderungen, der Ableitung von Lernzielen und -inhalten, der Gestaltung von Trainingsmethoden oder der Entwicklung beruflicher Curricula darstellen.

2.1.2 Zum Einsatz arbeitsanalytischer Verfahren im personalen und curricularen Kontext: Eine Bestandsaufnahme

Arbeitsanalytische Verfahren ermöglichen grundsätzlich die nachfolgend dargestellten Zugänge zur Beschreibung und Kategorisierung menschlicher Leistungspotentiale bei der Aufgabenbewältigung. Dies geschieht über

- die **Aufgabenbedingungen** und **-strukturen:** Mit Hilfe von verrichtungs- und funktionsbezogenen Items (wie bspw. „Meßskala lesen", „Durchführen von Programmkorrekturen" usw.) werden mit sog. aufgabenanalytischen Verfahren Qualifikationsanforderungen unter Verwendung unterschiedlicher Skalen („Wichtigkeit", „Häufigkeit", „Schwierigkeit") erfaßt;
- die **Handlungsausführung** als beobachtbares **Verhalten:** Hier sind allgemeine verhaltensbezogene Variablen (wie bspw. „Umgang mit Werkzeugen", „Kommunikations- und Kooperationsformen" usw.) bei der beobachtbaren Arbeitshandlung Gegenstand der Analyse;
- intervenierende Prozesse zwischen Aufgabenstruktur und Handlungsausführung durch psychologische Konstrukte bei **nicht beobachtbaren** internalen Vorgängen der Handlungsausführung:
  - in prozeßbezogenen informatorischen Begriffen (wie „identifizieren", „koordinieren", „bewerten" usw.),
  - in Eigenschaftsbegriffen als erforderliche Fähigkeiten (wie „Merkfähigkeit", „Räumliches Vorstellungsvermögen"),
  - in handlungsregulatorischen und ebenenspezifischen Begriffen (wie bspw. „Denkanforderungen", „Planungsleistungen" usw.).

Diesen Ansätzen zur Kategorisierung menschlicher Leistungen lassen sich die meisten der gängigen Arbeitsanalyseverfahren zuordnen (vgl. ausführlich *Sonntag*, 1990, 1992).

Für die Ermittlung qualifikationsrelevanter Informationen sind eine Reihe anspruchsvoller inhaltlicher Kriterien an die arbeitsanalytischen Verfahren zu stellen. Dies sind

1. die Überwindung eines eingeschränkten Qualifikationsbegriffs,
2. die Erfassung psychischer Elemente der Arbeitstätigkeit,
3. die Berücksichtigung fachlicher Inhalte,
4. die prospektive Ausrichtung und
5. die curriculare Ausrichtung.

Das bedeutet: Arbeitsanalysen, die speziell für die Ermittlung von Qualifikationsanforderungen eingesetzt werden, müssen einen breit ausgelegten Qualifikationsbegriff zugrunde legen (1), der neben den fachlichen Anforderungen (3) auch die Ermittlung psychischer Leistungsvoraussetzungen (2), d.h., der intellektuellen und sozialen (extrafunktionalen) Anforderungen, ermöglicht. Dabei sind nicht nur der Ist-Zustand der erforderlichen Qualifikationen in gegenwärtigen Arbeitssystemen abzubilden, sondern auch zukünftige mittelfristige technisch-organisatorische Entwicklungen als Sollvorgaben mit zu berücksichtigen (4). Auf dieser Datengrundlage sind dann Lerninhalte und -ziele zu formulieren, die Bestandteile eines beruflichen Curriculums sind (5). Dies wird um so besser gelingen, je stärker strukturelle Identitäten zwischen Analyseelement und Lernziel bestehen.

Bewertet man nun diese idealtypischen Kriterien für den Einsatz von Qualifikationsanforderungsanalysen mit o.g. arbeitsanalytischen Ansätzen, ergibt sich folgendes Bild (vgl. Abb. 34):

• Auf der einen Seite liegen aufgabenanalytische und funktionsorientierte Ansätze vor, die ausschließlich fachliche Funktionen thematisieren. Ausnahmen bilden hierarchische Aufgabenanalysen, die auch in der Lage sind deklaratives und prozedurales Wissen sowie mentale Modelle zu erfassen. Außerdem lassen sich anhand der Strukturierungsprinzipien (hierarchische und sequentielle Anordnung) geeignete Lernsequenzen (bspw. vom Einfachen zum Komplexen) gestalten.

• Werden sog. extrafunktionale Qualifikationen ermittelt, dann können sie bei der zugrundegelegten methodischen Vorgehensweise nicht aus der Tätigkeit beschrieben werden, sondern werden quasi von außen eingeführt. So werden mittels sog. Attributenlisten in denen Eigenschaften/Fähigkeiten aufgelistet sind, Expertenurteile für erforderliche Leistungsvoraussetzungen gewonnen.

• Andererseits liegen Verfahren vor, die eine Erfassung der psychischen Prozesse bei der Aufgabenerfüllung zwar ermöglichen, aber eine inhaltlich-fachliche Qualifikationsdarstellung weitgehend nicht leisten.

• Prospektive Ansätze, die in der Lage sind, auch zukünftige Anforderungsentwicklungen zu berücksichtigen, liegen bisher im deutschsprachigen Bereich nicht vor.

Analyseansätze / Kriterien	Qualifikationsanforderungen als				
	beobachtbare(s)		nicht beobachtbare (internale)		
	Verrichtungen/ Funktionen	Verhalten	Fähigkeiten	Informatorische Prozesse	Psychische Regulationsgrundlagen
Qualifikationsbegriff	eng	weit	weit	eng	weit
Erfassung psychischer Anforderungen (z.B. Denkanforderungen)	nein (Ausnahme: kognitive Aufgabenanalyse)	ja	ja (über Eigenschaftslisten)	ja	ja (allgemeines Niveau)
Erfassung fachlicher Inhalte (Fertigkeiten, Kenntnisse)	ja	nein	nein	nein	nein
Curriculare Ausrichtung	ja (insb. hierarchische Aufgabenanalyse)	nein	teilweise	nein	nein
Prospektive Ausrichtung	nein	nein	nein	nein	nein
Überblicksarbeiten/ Verfahren	*Kirwan/Ainsworth (1992) Sheperd (1985) Redding (1990) van Cott/Paramore (1988)*	*McCormick (1979)*	*Fleishman/ Quaintance (1984) Fleishman/Reilly (1992)*	*Miller (1971) Frieling/Facaoaru/ Benedix/Pfaus/ Sonntag (1993)*	*Hacker/Iwanowa/ Richter (1983) Volpert/Oesterreich/ Gablenz-Kolakovic/ Krogoll/Resch (1983)*

Abb. 34: Bewertung arbeitsanalytischer Ansätze zur Ermittlung qualifizierungsrelevanter Informationen

Für betriebliche Bildungsexperten dürfte eine inhalts- und funktionsbezogene Aufgabenbeschreibung attraktiver und nachvollziehbarer sein als Verfahren, deren theoretischer Hintergrund und psychologische Analysekategorien für sie teilweise schwer verständlich sind, auch auf die Gefahr hin, daß bei der anschließenden Ableitung der erforderlichen Qualifikationen tautologische Schlüsse über lehrbare Tätigkeiten und Leistungsvoraussetzungen zustande kommen und pragmatische Zuordnungen durch Experten erfolgen.

Entscheidend bei der Auswahl einer Analysemethodik ist auch, ob mit personalen Fördermaßnahmen nur ein sehr verkürztes oder begrenztes fachspezifisches Fertigkeits- und Kenntnistraining intendiert ist oder ob prozeßübergreifende, extrafunktionale Qualifikationen vermittelt werden sollen, wie es die anspruchsvollen Anforderungsverlagerungen in der Arbeits- und Berufswelt zukünftig dringend nahelegen. Im ersten Fall sind Verfahren mit einem eingeschränkten Qualifikationsbegriff durchaus angemessen, während im zweiten Fall nur solche mit erweitertem Begriffsverständnis eingesetzt werden sollten.

Im folgenden werden neuere Analyseansätze beschrieben, die versuchen, o.g. Kriterien zu genügen: eine strategisch ausgerichtete Analysekonzeption und ein integrierter Ansatz zur Feststellung des Lernbedarfs bei der Bewältigung komplexer realer Aufgaben.

2.1.3 Beispiel 1: Der „Leitfaden zur qualitativen Personalplanung bei technisch-organisatorischen Innovationen (LPI)"

Zielsetzung und Anwendungsbereiche

Die oben aufgeführten Befunde und die formulierten Kriterien bildeten die Rahmenbedingungen für die Entwicklungsarbeiten. Der LPI versteht sich als ein Verfahren zur Qualifikationsanforderungsanalyse für industrielle Tätigkeiten, die operative, planerische, diagnostische und Personalführungs- und koordinierende Aufgaben umfassen. Zielgruppe ist der operative Bereich und das untere und mittlere technische Management. Für eine Reihe von Aufgabenfeldern der Personalplanung und -entwicklung liefert der LPI methodische Unterstützung, so zur

• **Planung des Personalbedarfs und -einsatzes bei der Reorganisation von Arbeitsstrukturen:**
Im Rahmen technisch-organisatorischer Innovationen bzw. geplanter Umstrukturierungen von Produktions- und Arbeitsprozessen ermöglicht der LPI eine Abschätzung veränderter Mitarbeiterqualifikationen und des Qualifizierungsbedarfs, der durch die Umstellung und Neugestaltung entsteht.

- **strategieorientierten Personalplanung und -entwicklung:**
Die frühzeitige Entwicklung von Humanressourcen ist ein zentrales Gestaltungsmoment strategieorientierter Personalplanung. Die mit dem LPI erhobenen Daten ermöglichen eine rechtzeitige, systematische und gezielte Mitarbeiterqualifizierung, um vorhandene Qualifikationen den sich wandelnden Anforderungen anzupassen und um nicht vorhandene, aber zukünftig geforderte Qualifikationen aufzubauen.

- **Entwicklung beruflicher Curricula und ihre didaktisch-methodische Ausgestaltung:**
Ausgangspunkt der Planung einer betrieblichen Qualifizierungsmaßnahme oder eines beruflichen Curriculums ist die Formulierung von Lehr-/Lernzielen. Hierzu können die durch den LPI gewonnenen Annahmen über Art und Gewichtung physischer und psychischer Leistungsvoraussetzungen bei der Aufgabenbewältigung herangezogen werden. Sie stellen bspw. für die Taxonomisierung von Lehr-/ Lernzielen wichtige Entscheidungsgrundlagen dar.

- **Gestaltung von beruflichen Lernaufgaben und -inhalten:**
Berufliche Qualifizierung findet im allgemeinen außerhalb der realen Arbeitstätigkeit statt. Der Transfer des Gelernten auf die realen Arbeitsaufgaben gelingt dabei um so besser, je konkreter der Bezug von Lernaufgaben und -inhalten zu den tatsächlichen Aufgaben und Tätigkeitsanforderungen hergestellt wird. Das Verfahren liefert hierfür Daten um die Anforderungsstrukturen möglichst identisch in Lernaufgaben und -inhalte abbilden zu können.

- **Evaluation beruflicher Aus- und Weiterbildungsmaßnahmen/ -systeme:**
Der Erfolg und Nutzen beruflicher Aus- und Weiterbildung kann nur vor dem Hintergrund definierter Zielsetzungen evaluiert werden. Anhand der mit dem LPI erhobenen Daten kann geprüft werden, ob die Inhalte und Ziele betrieblicher Aus- und Weiterbildung den Qualifikationsanforderungen Rechnung tragen und die Fähigkeiten, Fertigkeiten und Kenntnisse adäquat vermittelt werden, die für eine Arbeitstätigkeit notwendig sind oder in Zukunft notwendig sein werden.

- **Personalauswahl und -plazierung von Mitarbeitern:**
Zur Auswahl und Plazierung ist die differenzierte Kenntnis der Anforderungsstruktur von Aufgaben, die ein Mitarbeiter bewältigen soll, eine wichtige Voraussetzung. Erst auf dieser Grundlage läßt sich eine gezielte und valide Auswahl von Prädiktoren bzw. Eignungskriterien vornehmen. Die Anforderungsanalyse und -beschreibung mittels LPI kann dafür genutzt werden. Sie ermöglicht eine Transformation der Anforderungen in eignungsdiagnostische Begriffe bzw. operationalisierbare Leistungsattribute.

Aufbau des Verfahrens

Der theoretische Zugang des LPI erfolgt über aufgabenanalytische, informationstheoretische und handlungsregulatorische Ansätze (vgl. hierzu ausführlich *Sonntag/Schaper/Benz,* 1996). Die Operationalisierung der daraus abgeleiteten Dimensionen und Merkmale wird durch drei selbständige Verfahrensteile LPI/V, LPI/S und LPI/P vorgenommen.

LPI/V:

Die **Vorgesetztenbefragung** dient dazu, sich einen Überblick über die vorhandenen technisch-organisatorischen Rahmenbedingungen und die personalwirtschaftliche Situation eines Fertigungsbereichs oder Arbeitssystems zu verschaffen. Hierzu wird die unmittelbare Führungskraft bzw. der Meister, Fertigungsgruppenleiter oder Abteilungsleiter dieses Bereichs befragt. Auf der Basis der erhobenen Daten ist eine differenzierte Aufteilung der im Fertigungsbereich vorkommenden Positionen bzw. der auf einen Stelleninhaber übertragenen Tätigkeitsbereiche vorzunehmen. Nach dieser Strukturierung des ‚Analysefeldes' bzw. des Arbeitssystems, können diejenigen Mitarbeiterpositionen und Arbeitsplätze besser identifiziert werden, für die sich eine Anforderungsanalyse für eine gegebene Fragestellung empfiehlt.

Der LPI/V ist als strukturierter Interviewleitfaden zu bezeichnen. Die Fragen werden überwiegend in offener Form gestellt und die Antworten auf vorstrukturierten Protokollbögen schriftlich erfaßt. Abb. 35 gibt einen Überblick über Inhalte und Umfang des LPI/V.

LPI/V (Vorgesetzte)		
Nr.	**Abschnitt**	**Anzahl der Items**
1.	**Betriebliche und technische Strukturdaten**	
1.1	Produktionsbezogene Strukturdaten	8
1.2	Technische Strukturdaten	8
2.	**Arbeitsorganisatorische Strukturdaten**	
2.1	Arbeitsstruktur der Abteilung/des Bereichs	3
2.2	Flexibilität der Mitarbeiter	2
3.	**Personalwirtschaftliche Strukturdaten**	
3.1	Mitarbeiterstruktur	2
3.2	Demographische Daten	3
3.3	Qualifikationsstruktur	3

Abb. 35: Struktur und Inhalte des LPI/V

LPI/S:

Mit Hilfe der **Stelleninhaberbefragung** wird eine Auswahl von Mitarbeitern zunächst zu ihren Formalqualifikationen, wie Berufsausbildung und absolvierte Schulungsmaßnahmen, befragt. Anschließend werden die konkreten Aufgaben- und Tätigkeitsanforderungen der Position erhoben. Die Befragung enthält hierzu standardisierte Analysemerkmale und Bewertungsschlüssel zu Aufgaben und Funktionen, Kommunikations- und Kooperationsanforderungen, informatorische Anforderungen sowie Kenntnisanforderungen.

Bei den Stelleninhabern sollte es sich um Personen handeln, die hinreichend in die von ihnen zu bewältigenden Aufgaben eingearbeitet sind und so als Experten ihrer Tätigkeit zuverlässig Auskunft geben können. Abbildung 36 gibt die inhaltliche Struktur und den Umfang der Analysemerkmale für dieses Teilverfahren wieder.

	LPI/S (Stelleninhaber)	
Nr.	**Abschnitt**	**Anzahl der Items**
1.	**Personalwirtschaftliche Strukturdaten**	
1.1	Allgemeine Daten zum Stelleninhaber	10
1.2	Qualifikation des Stelleninhabers	3
1.3	Bisherige Teilnahme an Schulungen	12
1.4	Flexibilität des Stelleninhabers	2
2.	**Aufgaben und Funktionsbereiche**	
2.1	Projektierung und Vertrieb	7
2.2	Auftragsabwicklung und Projektmanagement	8
2.3	Entwicklung und Konstruktion	10
2.4	Fertigungs- und Logistikplanung	16
2.5	Arbeitsvorbereitung	8
2.6	Programmierung	6
2.7	Fertigungssteuerung	9
2.8	Maschinenbedienung und -überwachung	7
2.9	Einrichten/Umrüsten/Programmoptimierung	7
2.10	Aufspannen/Montage	8
2.11	Störungsdiagnose und -behebung	25
2.12	Instandhaltung/Wartung	14
2.13	Qualitätssicherung	17
2.14	Materialdisposition	18
2.15	Kundendienst und -beratung	5
2.16	Personalführung	9

LPI/S (Fortsetzung)		
Nr.	**Abschnitt**	**Anzahl der Items**
2.17	Schulung/Unterweisung von Mitarbeitern	6
2.18	Zeitanteile und Qualifikationsniveau der Aufgaben- und Funktionsbereiche	17
3.	**Kommunikations- und Kooperations- anforderungen**	
3.1	Kommunikationspartner und -inhalte	2
3.2	Kooperation in der Arbeitsgruppe	18
4.	**Informationsaufnahme, -verarbeitung und -erzeugung**	
4.1	Informationsaufnahme	32
4.2	Informationsverarbeitung	16
4.3	Informationserzeugung/praktisches Handeln	22
5.	**Kenntnisse**	
5.1	Maschinen- und Anlagenkenntnisse	9
5.2	Kenntnisse zur Steuerungs- und Regelungs- technik	10
5.3	Kenntnisse über Bearbeitungsverfahren/ -prozesse	11
5.4	Produkt- und Werkstoffkenntnisse	5
5.5	Kenntnisse zur Technischen Kommunikation und Informationstechnik	6
5.6	Kenntnisse über Entwicklungs- und Konstruktionsmethoden	5
5.7	Kenntnisse zur Arbeitssicherheit	5
5.8	Kenntnisse zur Arbeitsorganisation	9
5.9	Kenntnisse zur Produktionsplanung und -steuerung	5
5.10	Logistik- und Materialwirtschaftskenntnisse	6
5.11	Kenntnisse zum Qualitätsmanagement	8
5.12	Kenntnisse zur Arbeitswirtschaft	5
5.13	Kenntnisse zum Umweltschutz	6
5.14	Kenntnisse zur Kostenrechnung	5
5.15	Vertriebs-, Absatz- und Marketingkenntnisse	6
5.16	Kenntnisse zur Personalführung und -organisation	8
5.17	Kenntnisse zu übergreifenden Methoden	4
5.18	Qualifikationsniveau für Kenntnisbereiche	17

Abb. 36: Struktur und Inhalte des LPI/S

LPI/P:
Bei der **Planerbefragung** werden leitende bzw. für die technische, organisatorische und personale Konzeption des Unternehmens verantwortliche Mitarbeiter befragt, die in der Lage sind, gültige und zuverlässige Aussagen über die Entwicklung des Unternehmens (z.b. Ziele und Strategien) sowie über Veränderungen der relevanten Arbeitsstrukturen und -prozesse in einem Prognosezeitraum von fünf Jahren machen zu können. Darüber hinaus werden ihre Einschätzungen zu den prognostizierbaren bzw. geplanten Veränderungen des Aufgabenprofils und der Qualifikationsanforderungen bei Tätigkeiten in den analysierten Arbeitssystemen erhoben. Abb. 37 gibt wiederum inhaltliche Struktur und Umfang des LPI/P wieder.

LPI/P (Planer)		
Nr.	**Abschnitt**	**Anzahl der Items**
1.	**Organisatorisch-technische Entwicklungen**	
1.1	Veränderungen der Unternehmensziele/ -strategien	2
1.2	Produkt(ions)bezogene Veränderungen	3
1.3	Technische Veränderungen	7
1.4	Arbeitsorganisatorische Veränderungen	6
1.5	Personelle Veränderungen	2
2.	**Qualifikationsbedarf der Mitarbeiter**	
2.1	Aufgaben- und Funktionsbereiche	17
2.2	Kommunikations- und Kooperationsanforderungen	18
2.3	Anforderungen an die Informationsaufnahme	32
2.4	Anforderungen an die Informationsverarbeitung	16
2.5	Anforderungen an die Informationserzeugung/das praktische Handeln	22
2.6	Kenntnisanforderungen	17

Abb. 37: Struktur und Inhalte des LPI/P

Analysebereiche des LPI

Die Analysebereiche des LPI beinhalten im einzelnen folgende Analysemerkmale und Fragestellungen:

1. Unternehmensziele und -strategien

Zu Beginn der Planerbefragung wird nach den übergeordneten Unternehmenszielen und -strategien (z.b. Produkt- und Marktstrategi-

en, Führungsgrundsätze) im Hinblick auf die nächsten fünf Jahre gefragt. Auf dieser Grundlage soll außerdem grob skizziert werden,
welche technischen, arbeitsorganisatorischen, personellen sowie
qualifikatorischen Veränderungen dadurch zu erwarten sind bzw.
angestrebt werden.

2. Fertigungstechnische Strukturdaten

Hier wird der Vorgesetzte befragt über die zu fertigenden Produkte
(bspw. durchschnittliche Produktionsmenge pro Arbeitstag, Serien-
/Losgröße), zur technisch-maschinellen Ausstattung und zur Art der
Programmierung der Fertigungsanlagen. Darüber hinaus werden
Daten über die Art und Häufigkeit von Maschinen-/Anlagenstörun-
gen erhoben. Die Planer werden zu prognostizierbaren oder geplanten Veränderungen der Tagesproduktion, des Produktspektrums
und der technischen Ausstattung befragt.

3. Arbeitsorganisatorische Strukturdaten

Für diesen Themenbereich enthält der LPI/V Fragen zur Arbeitsstruktur des zu analysierenden Arbeitssystems und zur Flexibilität
der Mitarbeiter. Der Planer wird befragt zu prognostizierbaren oder
geplanten Veränderungen in der Ablauf- und Arbeitsorganisation
des Betriebes, in der Aufgaben- und Arbeitsplatzzuweisung, im Grad
der Autonomie von Arbeitsgruppen und in der Flexibilität der Mitarbeiter.

4. Personalwirtschaftliche Strukturdaten

Erfaßt werden durch die Vorgesetztenbefragung die Anzahl unterschiedlicher Mitarbeiterpositionen im Arbeitssystem sowie demo-
graphische Daten zur Altersstruktur, Geschlechtsverteilung und Nationalität der Mitarbeiter. Ferner werden Daten erhoben über die
Formalqualifikation (Berufsausbildung, Meisterausbildung usw.),
Einarbeitungszeit und absolvierte betriebsinterne Ausbildungen der
Mitarbeiter.

Die Planer werden befragt über beabsichtigte Umstellungen in der
Mitarbeiterstruktur wie die zahlenmäßige Reduktion, Erhöhung
oder Zusammenfassung von Mitarbeiterpositionen. Ferner werden
sie um ihre Einschätzung gebeten, inwiefern sich die Qualifikationsstruktur für bestimmte Mitarbeiterpositionen verändern wird.

5. Aufgaben und Funktionsbereiche

Dieser Analysebereich beinhaltet 17 Aufgaben- und Funktionsbereiche, die sich auf operative, planerische, diagnostische oder koordi-
native Tätigkeiten sowie Führungstätigkeiten im Ablauf der industriellen Produktion beziehen. Die Einteilung und Bezeichnungen
der Aufgabenbereiche sind Abbildung 36 zu entnehmen. Für jeden

Aufgabenbereich wird außerdem differenziert erfaßt, welche Unteraufgaben tatsächlich ausgeführt werden und in welcher Häufigkeit dies jeweils erfolgt. Abbildung 38 zeigt beispielhaft, welche Unteraufgaben für den Bereich ‚Auftragsabwicklung und Projektmanagement' beim Stelleninhaber abgefragt werden.

Für jeden Aufgaben- und Funktionsbereich wird außerdem erfaßt, welchen Anteil an der Gesamtarbeitszeit bei einer Mitarbeiterposition dieser jeweils ausmacht. Die Anteilsschätzungen werden in Prozent erhoben, wobei immer 100 % als Gesamtsumme zu vergeben sind.

Um den qualifikatorischen Gehalt für jeden Aufgabenbereich grob abzuschätzen, wird anhand eines weiteren Antwortschlüssels erfragt, welches Qualifikationsniveau zur Bewältigung des Aufgabenbereichs erforderlich ist. Zur Einstufung des erforderlichen Qualifikationsniveaus wird ein 12stufiger Antwortschlüssel verwendet, mit dem die Aufgabenbereiche einerseits danach zu beurteilen sind, ob sie ohne Berufsausbildung (Stufe 0–3), mit Berufsausbildung (Stufe 4 – 7), mit Berufs- und Zusatzausbildung (z.b. Techniker oder Meister; Stufe 8–11) oder nur mit Studium (Stufe 12) zu bewältigen ist. Innerhalb der ersten drei Niveaus wird außerdem differenziert, ob bspw. neben der Berufsausbildung (Stufe 4) zusätzlich Berufserfahrung (Stufe 5), eine zusätzliche Schulung (Stufe 6) oder zusätzlich beides (Stufe 7) zur Ausübung der Aufgaben erforderlich ist.

Im Rahmen des LPI/P werden auch die Planer zu den Aufgaben und Funktionen einer Mitarbeiterposition befragt. Diese schätzen das gegenwärtige und zukünftig zu erwartende 'erforderliche Qualifikationsniveau' im Ist-Soll-Vergleich ein.

6. Kommunikation und Kooperation
Dieser Inhaltsbereich des LPI erfaßt Informationen zu
- Anzahl und Art der Kommunikationspartner einer Mitarbeiterposition
- Inhalten der Kommunikation
- Inhalten der Kooperation in Arbeitsgruppen
- Aufgaben und Funktionen eines Mitarbeiters in Arbeitsgruppen.

Zur Erfassung der aktuellen **Kommunikationsanforderungen** wird den Stelleninhabern und Planern ein Schema vorgelegt, auf dem eine kreisförmige Anordnung von Kästchen dargestellt ist. In die Kästchen wird notiert, mit welchen Kollegen, Vorgesetzten, betrieblichen Abteilungen und betriebsexternen Personen der Stelleninhaber bei seiner Tätigkeit kommuniziert. In einem zentralen Kästchen wird außerdem die Position und Abteilung des Stelleninhabers notiert. Mit Hilfe von gerichteten Pfeilen wird daraufhin der Kommunikati-

Auftragsabwicklung und Projektmanagement		
Frage: Wie häufig führen Sie folgende Teilaufgaben aus?		
Teilaufgaben der Auftragsabwicklung	Einstufungsschlüssel: Häufigkeit	Bemerkungen Beispiele
Bearbeitung des Kundenauftrages nach Vorgaben und Unterlagen der Konstruktion; Arbeitsvorbereitung etc.	0　1　2　3　4	
Überstellung der Einzelunterlagen an die im Betrieb beteiligten Stellen wie Entwicklung, Konstruktion, Arbeitsvorbereitung, Fertigung, Abnahme etc.	0　1　2　3　4	
Koordination aller beteiligter Stellen und der vorgegebenen Termine (u.U. mit EDV)	0　1　2　3　4	
Erledigung der anfallenden Korrespondenz (z.B. bei Rückfragen des Kunden)	0　1　2　3　4	
Erstellen eines Projektstrukturplanes (Aufgaben und Ablauf)	0　1　2　3　4	
Durchführung einer Termin- und Kapazitätsplanung für ein Projekt	0　1　2　3　4	
Durchführung einer Wirtschaftlichkeitsanalyse für ein Projekt (Kosten-Nutzen-Vergleich)	0　1　2　3　4	
Durchführung von Nachkalkulationen/ Ermittlung der tatsächlich angefallenen Kosten sowie v. Kostenüberdeckungen	0　1　2　3　4	
Einstufungsschlüssel ‚Häufigkeit'	0 diese Aufgabe kommt **nicht** vor 1 kommt **selten / gelegentlich** vor 2 kommt **monatlich** vor 3 kommt **wöchentlich** vor 4 kommt **täglich** vor	

Abb. 38: LPI/S-Items zur Erfassung der Teilaufgaben zum Aufgabenbereich ‚Auftragsabwicklung und Projektmanagement'

onsfluß markiert. Schließlich ist für jede Kommunikationsbeziehung zu ermitteln, auf welche Inhalte sich die Kommunikation bezieht und wie häufig mit dem Partner bzw. der Abteilung kommuniziert wird. Hierzu dienen die Einstufungsschlüssel ‚Kommunikationsinhalte' und ‚Häufigkeit' (vgl. Abb. 39). Anhand desselben Schemas wird auch der Planer zur Erfassung künftiger Kommunikationsstrukturen in einem Arbeitssystem befragt.

Einstufungsschlüssel Kommunikationsinhalte
1 Weitergabe/Empfang von Informationen oder Anweisungen (z.b. in Form von Routineauskünften)
2 Abstimmen organisatorischer Sachverhalte (z.b. terminliche/ zeitliche Absprachen)
3 Abstimmungserfordernisse zu Tätigkeitsinhalten (z.b. zur Arbeitsaufteilung oder beim Geben von Hilfestellungen)
4 Gemeinsam Probleme lösen bzw. Problemlösungen entwickeln (z.b. bei der Störungsdiagnose oder beim Entwickeln von Strategien zur Bewältigung neuartiger Aufgaben)

Abb. 39: Einstufungsschlüssel zur Erfassung arbeitsbezogener
Kommunikationsinhalte

Zur Charakterisierung erforderlicher **Kooperationsleistungen** werden Stelleninhaber und Planer gefragt, wie häufig ein Stelleninhaber allein oder in einer Gruppe arbeitet, aus welchen Mitarbeiterpositionen sich gegebenenfalls die Arbeitsgruppe zusammensetzt und in welcher Form Anforderungen an die Selbstorganisation der Gruppe gestellt werden. Des weiteren umfaßt dieser Inhaltsbereich Fragen zur Häufigkeit, mit der ein Stelleninhaber bestimmte Aufgaben in der Arbeitsgruppe wahrnimmt, wie z.b. ‚Gruppengespräche oder Diskussionen leiten', ‚Einführung und Integration von neuen Mitarbeitern in die Gruppe' usw. Bei der Befragung der Planer werden nicht nur die aktuellen, sondern auch die zukünftigen Kooperationsanforderungen nach dem gleichen Analyseschema erhoben.

7. Informationsaufnahme, -verarbeitung, -erzeugung
Anforderungen an Leistungen der **Informationsaufnahme** werden erhoben anhand der Art der Gegenstände und Quellen zur Informationsaufnahme (z.b. schriftliche Unterlagen, mündliche Informationen) und den daran ausgeführten informatorischen Arbeitshandlungen (beobachten, lesen, überwachen). Das Niveau bzw. die Komplexität von Leistungen der Informationsaufnahme läßt sich außerdem durch die Vielzahl und Häufigkeit informatorischer Gegenstände und Arbeitshandlungen bestimmen. Letzteres wird vor allem für Anforderungen an das Lesen technischer Zeichnungen und Pläne, Unterlagen mit Zahlen und Symbolen sowie schriftlicher Unterlagen erfaßt.

Die Analysemerkmale zu den Anforderungen der **Informationsverarbeitung** beziehen sich auf definierte kognitive Operationen der Informationsaufnahme, wie das ‚Vergleichen mit vorgegebenen Standards', das ‚Klassifizieren von Informationen' oder die ‚Synthese unterschiedlicher Datenbestände'. Andererseits werden Anforderungen an übergeordnete kognitive Prozesse der Informationsverarbeitung wie Planungs-, Entscheidungs- und Problemlöseleistungen erhoben. Die Analyseitems sollen hierbei unterschiedliche Anforderungsniveaus des Planens, Entscheidens und Problemlösens beim Arbeitshandeln erfassen, für die ermittelt wird, in welcher Häufigkeit sie zu bewältigen sind.

Anforderungen an Leistungen der **Informationserzeugung bzw. -abgabe** werden erfaßt anhand von Art und Häufigkeit der zur Tätigkeitsausführung erforderlichen Rede-/Sprech- sowie Rechen- und Schreibleistungen. Die differenzierenden Analysemerkmale beziehen sich dabei auf unterschiedliche Niveaus der genannten informationserzeugenden Arbeitshandlungen. Erhoben werden in diesem Kontext außerdem Anforderungen, die an den Stelleninhaber in Bezug auf das Niveau des Umgangs mit Computerprogrammen gestellt werden. Mit dem Planer werden die Anforderungen an Leistungen der Informationsaufnahme, -verarbeitung und -erzeugung nicht nur für Positionen im vorhandenen Arbeitssystem, sondern auch für zukünftige Tätigkeiten erhoben (vgl. Abb. 40).

8. Kenntnisse

In welcher Form und Tiefe die Stelleninhaber fachliche und methodische Kenntnisse für die Ausübung ihrer Tätigkeit benötigen, wird in Bezug auf 17 Kenntnisbereiche ermittelt. Einteilung und Bezeichnung der Wissensbereiche ist Abbildung 36 zu entnehmen. Für jeden Wissensbereich wird außerdem in differenzierter Form erfaßt, welche Kenntniselemente tatsächlich und auf welchem Niveau benötigt werden. Abbildung 41 zeigt exemplarisch die Subitems für den Wissensbereich Produkt-/Werkstoffkenntnisse und den Einstufungsschlüssel, mit dem die Kenntniselemente hinsichtlich ihres für die Tätigkeitsausübung erforderlichen Niveaus zu beurteilen sind.

Darüber hinaus werden die Stelleninhaber befragt, welches Qualifikationsniveau sie in Bezug auf die 17 Kenntnisbereiche für ihre Tätigkeit benötigen. Zur Beurteilung wird hier der Einstufungsschlüssel ‚Erforderliches Qualifikationsniveau‘ verwendet.

Die Planer beurteilen die Kenntnisanforderungen einer Mitarbeiterposition nur anhand des erforderlichen Qualifikationsniveaus für die 17 Wissensbereiche. Diese geben sie in Form eines Ist-Soll-Vergleichs an, d.h., sowohl für die gegenwärtigen Kenntnisanforderungen als auch für die künftig zu erwartenden Anforderungen bezüglich des jeweiligen Wissensbereichs.

Erhebungsmodus

Die LPI-Analysen werden als Interviews mit den Stelleninhabern, Vorgesetzten und Planern durchgeführt. Dazu werden die Fragen

Frage: Welche der nachfolgenden Rede-/Sprechleistungen sind erforderlich, um die Tätigkeit effektiv ausführen zu können ?		
Rede-/Sprechleistungen	**Häufigkeit**	
	nie selten monatlich wöchentlich täglich 0 1 2 3 4	
	gegenwärtig	**zukünftig**
Informationen geben Auskünfte erteilen, Hinweise geben über Sachverhalte mittels einzelner Wörter oder kurzer Sätze	0 1 2 3 4	0 1 2 3 4
Anweisen Erteilen von fachlichen Anordnungen, Vorgeben von Richtlinien in knappen Sätzen, Aufträge vergeben	0 1 2 3 4	0 1 2 3 4
Beraten Erteilen von Ratschlägen; fachliche Unterstützung bei Problemlösungen	0 1 2 3 4	0 1 2 3 4
Instruieren Vermittlung von Wissen und Fertigkeiten, Unterrichten unter Einsatz von Medien	0 1 2 3 4	0 1 2 3 4
Vortragen/Präsentieren Ergebnisse darstellen, Vorträge halten	0 1 2 3 4	0 1 2 3 4
Verhandeln Austauschen von Ideen, Informationen und Meinungen, um gemeinsam zu Lösungen oder Entscheidungen zu gelangen; Diskussionen, Gruppengespräche leiten und moderieren	0 1 2 3 4	0 1 2 3 4

Abb. 40: LPI-Items zur Erfassung von Anforderungen an die Rede-, Sprechleistungen in gegenwärtigen und zukünftigen Arbeitssystemen.

und Analysemerkmale durch Vorlage des jeweiligen Leitfadens und durch mündliche Vorstellung präsentiert. Bei offenen Fragen werden die Antworten schriftlich durch den Interviewer festgehalten oder bei der standardisierten Beurteilung von Analysemerkmale anhand von Einstufungsschlüsseln notiert. Begründungen und Beispiele zu den Einstufungen werden ebenfalls protokolliert und zur Interpretation mit herangezogen.

Produkt-/Werkstoffkenntnisse

Frage: Welche Kenntnisse über das Produkt bzw. die eingesetzten Werkstoffe benötigen Sie?

Kenntnisse über	Einstufungsschlüssel: Kenntnisniveau				Bemerkungen Beispiele
Materialeigenschaften und -struktur (z.b. Stahl)	0	1	2	3	
Herstellungsparameter und chemisch/ physikalische Prozesse bei der Bearbeitung	0	1	2	3	
Zusammensetzung, Aufbau und Bauteile des Produkts (z.b. Automobilgetriebe)	0	1	2	3	
Produktvarianten	0	1	2	3	
Montage oder Aufspannen der Produkte	0	1	2	3	
Einstufungsschlüssel ‚Kenntnisniveau'	0 **keine Kenntnisse** erforderlich 1 **Grundkenntnisse** erforderlich 2 **vertiefte Kenntnisse** erforderlich 3 **sehr detaillierte Kenntnisse**				

Abb. 41: LPI/S-Items zur Ermittlung von Kenntnisanforderungen

Zur **Vorbereitung** der Qualifikationsanforderungsanalysen empfehlen sich nachdrücklich neben einer Betriebsbesichtigung, Vorgespräche mit Vertretern des betrieblichen Personal- und Bildungswesen, der Betriebsleitung, Vertretern des Betriebsrates und nach Möglichkeit mit den Mitarbeitern der zu analysierenden Arbeitssysteme, d.h. mit den Stelleninhabern. In diesen Gesprächen sind die Ziele bzw. Fragestellungen der Anforderungsanalyse festzulegen, die Auswahl der zu analysierenden Arbeitssysteme und falls möglich die zu analysierenden Positionen.

Nach Möglichkeit sollte mit der Vorgesetztenbefragung begonnen werden, um einen Überblick über die technisch-organisatorischen Rahmenbedingungen des Arbeitssystems zu erhalten. Für die weiteren Analysen sind dies wichtige Hintergrundinformationen. Wurde außerdem im Vorfeld noch nicht festgelegt, welche Stelleninhaber in die Analysen einzubeziehen sind, muß anhand der Vorgesetztenbefragung abgeklärt werden, ob alle Mitarbeiter des Arbeitssystems oder nur eine repräsentative Auswahl befragt werden soll. Im Anschluß folgen die Interviews mit den Stelleninhabern bzw. Vertretern verschiedener Mitarbeiterpositionen und abschließend die Befragung der Planer bzw. des Managements.

Bezüglich des Erhebungsaufwandes ist folgendes zu beachten: Zur Klärung der Detailplanung, der zu analysierenden Arbeitssysteme sowie für die Betriebsbesichtigung ist mindestens ein Tag zu veranschlagen. Je mehr betriebliche Gruppen in die Vorbesprechungen einbezogen werden, desto höher ist der Zeitaufwand. Zeitaufwand ist außerdem für die Informationsrunden bei der Unternehmensleitung, dem Betriebsrat und den betroffenen Stelleninhabern einzuplanen. Für die Durchführung der LPI/V-Befragung ist durchschnittlich eine Stunde, für die Planer- und Stelleninhaberbefragung zwei bis drei Stunden zu kalkulieren. Da jeweils nur eine Person interviewt wird, hängt die erforderliche Durchführungszeit von der Anzahl der interviewten Personen bzw. Mitarbeiterpositionen ab.

Auswertung

Die drei Teilverfahren sind zunächst getrennt auszuwerten. Dabei empfiehlt es sich, mit den **Vorgesetztenbefragungen** zu beginnen. Die LPI/V-Daten werden überwiegend deskriptiv ausgewertet, wobei zusammenfassende Übersichten zu verschiedenen Analysemerkmalen der Arbeitssysteme im Vergleich zu entwickeln sind.

Die **Stelleninhaberbefragungen** dienen als Grundlage zur Erstellung von Aufgaben- und Anforderungsprofilen als Ist-Zustandsbeschreibungen. Die Auswertung kann EDV-gestützt erfolgen. Zur Auswertung sind die Interviews, die sich auf Mitarbeiterpositionen beziehen, durch Mittelwertbildung pro Analysemerkmal zusammenzufassen. Ist eine Gruppierung der analysierten Arbeitstätigkeiten nach rationalen Kriterien nicht möglich, empfehlen sich Clusteranalysen über ausgewählte Analysemerkmale (bspw. Zeitanteile der Aufgabenbereiche an der Gesamttätigkeit), die eine Gruppierung der Datensätze nach ihrer Ähnlichkeit erlauben (vgl. *Sonntag/Schaper/Benz*, 1995). Das erforderliche Qualifikationsniveau für die Bewältigung der aufgeführten Aufgaben kann in Form einer ‚Spinne‘ übersichtlich dargestellt werden (vgl. Abb. 42).

Die Auswertung der **Planerbefragungen** läßt sich in zwei Bereiche gliedern. Weitgehend analog zu den Analysemerkmalen der Vorgesetztenbefragung sind die Angaben zu den Unternehmenszielen und -strategien sowie zur Fertigungs-, Arbeits-, Personal- und Qualifikationsstruktur zukünftiger Arbeitssysteme bzw. der geplanten Veränderungen bei vorhandenen Systemen deskriptiv-zusammenfassend auszuwerten. In einem zweiten Schritt werden die Einstufungen der Planer zu den gegenwärtigen und zukünftigen Aufgaben und Anforderungen für definierte Mitarbeiterpositionen ausgewertet. Dies erfolgt in Teilen analog zu den Auswertungen der Stelleninhaberbefragungen. Ist-Soll-Vergleiche sind daher möglich für folgende Analysemerkmale:

– erforderliches Qualifikationsniveau für die 17 Aufgabenbereiche,
– Art und Häufigkeit der betrieblichen Kommunikationspartner und -inhalte,
– Art und Häufigkeit erforderlicher Kooperations- und Moderationsleistungen im Arbeitsteam,
– erforderliches Qualifikationsniveau für die 17 Wissensbereiche.

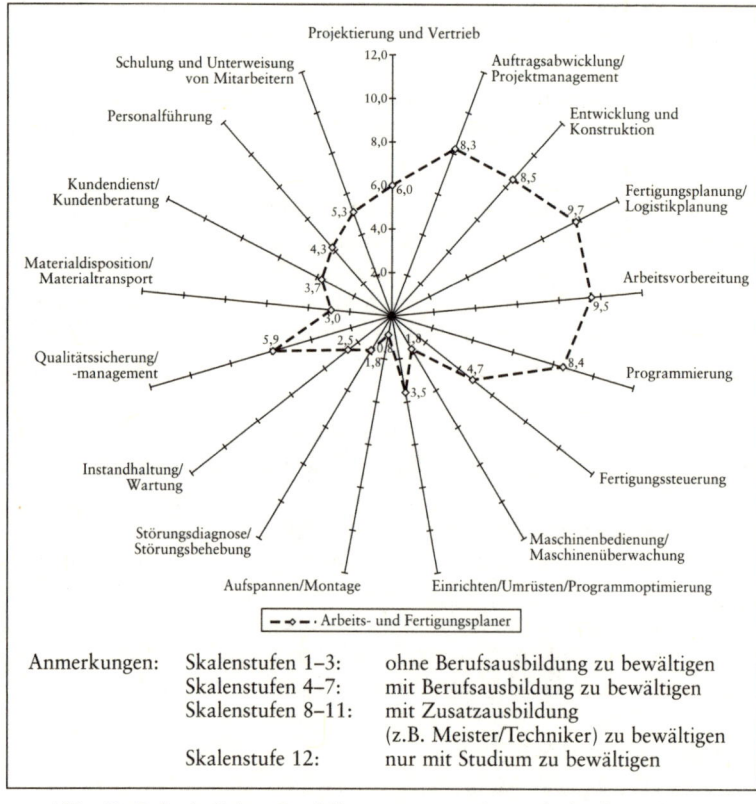

Abb. 42: Erforderliches Qualifikationsniveau für Aufgabenbereiche von Arbeits- und Fertigungsplanern (Technikertätigkeiten)

Zusammenfassend lassen sich somit anhand der beschriebenen Verfahrensauswertungen differenzierte Beschreibungen erforderlicher Qualifikationen sowohl für bestehende wie zukünftige Mitarbeiterpositionen erstellen und vor dem Hintergrund gegenwärtiger sowie zukünftiger Organisations- und Arbeitsstrukturen interpretieren. Je nach Fragestellung läßt sich auf diese Weise Qualifizierungsbedarf feststellen für folgende Fälle:

– Umsetzung von Mitarbeitern in bestehenden Arbeitssystemen durch den Profilvergleich der Ist-Analysen bei den entsprechenden Positionen;
– Übernahme qualifizierter Arbeitstätigkeiten in bestehenden Arbeitssystemen durch den Vergleich der Qualifikationsmerkmale eines Mitarbeiters mit den Ist-Analysen der Planer- oder Stelleninhaberbefragung für eine Position;
– Übernahme qualifizierterer Arbeitstätigkeiten in zukünftigen Arbeitssystemen durch den Profilvergleich der Ist-Analysen durch den Stelleninhaber mit den Sollanalysen durch die Planer.

Erprobung

Eine Erprobung des LPI wurde in einer Reihe von Forschungsprojekten vorgenommen. Abbildung 43 zeigt eine Übersicht über die bisher durchgeführten Erprobungsstudien.

Anwendungs-bereich	Branche	Unternehmens-bereich	Tätigkeit	Literatur-hinweise
Planung des qualit. Personalbedarfs	Automobil-industrie	Motorenfertigung	Anlagenbediener	*Junker/Kraus/ Sonntag*,1990
Strategieorientierte Personalplanung	Stahl-industrie	Walzwerk/ Adjustage	Anlagenfahrer, Instandhalter	*Sonntag/Schaper*, 1994
Entwicklung beruflicher Curricula	Automobil-industrie/ Maschinen-bau	Entwicklung und Versuch, Produkt-konstruktion, Fertigungsplanung, Betriebsmittelkon-struktion, Arbeits-vorbereitung, Fertigungssteuerung	staatl. geprüfte Techniker Fach-richtung Maschinen-technik, Meister	*Sonntag/Schaper/ Benz*, 1995
Gestaltung von beruflichen Lern-aufgaben	Automobil-industrie	Getriebefertigung, Rohbau, Presswerk	Anlagenfahrer, Instandhalter	*Schaper*, 1995
Evaluation beruflicher Aus- und Weiterbildungs-maßnahmen	Textil-/ Chemische Industrie	Weberei, Appretur, Garnprüfung, chem. Grundstoffe Pharma, chem. Wirkstoffe	Anlagenfahrer Weber, Kontrolleure	*Schöni/Wicki/ Sonntag*, 1996
Personalauswahl und -plazierung	Keramik-industrie	Fertigung, Qualitätskontrolle	Anlagenfahrer Endkontrolleure	*Edelmann/ Brauer*, 1995

Abb. 43: Übersicht zu den Erprobungsstudien des LPI

Um die Anwendungsmöglichkeiten des LPI zu verdeutlichen, werden die Fragestellungen einiger Projekte, in denen der LPI zum Einsatz kam, im folgenden kurz charakterisiert.

In einer kürzlich abgeschlossenen Untersuchung wurde der LPI zur Überprüfung des Curriculums für die Fachschule für Technik – Fachrichtung Maschinentechnik eingesetzt (*Sonntag/Schaper/Benz*, 1995). Untersucht wurde die Praxisrelevanz der curricularen Vorgaben einerseits sowie die in Zukunft zu erwartenden Qualifikationsanforderungen an staatlich-geprüfte Techniker der Fachrichtung Maschinentechnik andererseits. Damit wurde erstmalig bei einem Berufsschulcurriculum eine empirische Prüfung des Anforderungsbezugs seiner Inhalte und pädagogischen Intentionen vorgenommen.

In der Stahlindustrie (*Sonntag/Schaper*, 1994) wurde der LPI eingesetzt zur Ermittlung des Qualifizierungsbedarfs von Anlagenfahrern und Instandhaltern in Walzwerken. Leitende Fragestellung der Analyse war, wie sich die Aufgaben- und Anforderungsstrukturen der genannten Tätigkeiten durch neue Fertigungskonzeptionen verändern. Anhand der Analysen konnte differenziert herausgearbeitet werden, in welchen Bereichen der Fach-, Methoden- und Sozialkompetenz von Anlagenfahrern und Instandhaltern prospektive Qualifizierungsarbeit zu leisten ist.

In Schweizer Chemie- und Textilbetrieben (*Schöni/Wicki/Sonntag*, 1996) wurde der LPI zur Evaluation der betrieblichen Aus- und Weiterbildungsarbeit im Produktionsbereich eingesetzt. Untersucht wurde, ob die betriebliche Weiterbildungsarbeit inhaltlich bedarfsorientiert an analytisch objektivierbaren Qualifikationsanforderungen, d.h., an der Anforderungsstruktur der Arbeitsplätze eines Arbeitssystem, vorgeht und welche Aspekte der beruflichen Handlungskompetenz sie fördert (vgl. auch Abschnitt 4.4).

Der LPI wurde außerdem als Teilverfahren im Rahmen einer umfangreichen Analyse zur Ermittlung von Lernerfordernissen und zur Gestaltung von Trainingsmaßnahmen für komplexe Aufgaben der Störungsdiagnose in flexibel automatisierten Fertigungssystemen eingesetzt (Schaper, 1995). Der LPI diente dabei vor allem zur Analyse der Arbeitsstrukturen und -anforderungen bei Anlagenführer- und Instandhaltertätigkeiten.

In einem Unternehmen der Keramikindustrie (*Edelmann/Brauer*, 1995) wurden mit Hilfe des LPI Tätigkeits- und Qualifikationsprofile für Anlagenfahrer und Teamsprechertätigkeiten ermittelt, die als Grundlage für eine prospektive Personalauswahl und -entwicklung dienten. Anhand der daran entwickelten Leistungskriterien wurden neue Mitarbeiter ausgewählt und vorbereitend qualifiziert.

Abschließend bleibt festzuhalten, daß der LPI seine grundsätzliche Tauglichkeit gezeigt hat, Qualifikationsanforderungen bei industriellen Tätigkeiten ermitteln zu können. Dabei werden sowohl inhaltlich-fachliche als auch extrafunktionale Qualifikationen berücksichtigt und der Qualifikationsbedarf prospektiv und curricular ausgerichtet erfaßt. Forschungsbedarf besteht noch in Punkten der weiteren Überprüfung und Optimierung des Verfahrens in Bezug auf seine Gütekriterien und der Ökonomisierung des Erhebungsaufwandes bspw. durch fragebogengestützte Erhebungen. Bisher liegen nur Daten zur Zuverlässigkeit des Verfahrens vor, die als zufriedenstellend zu bezeichnen sind.

2.1.4 Beispiel 2: Lernbedarfsanalyse bei komplexen betrieblichen Aufgabenstellungen

Zur Gestaltung von Qualifizierungsprozessen, die Mitarbeiter zur Bewältigung geistig anspruchsvoller Arbeitsaufgaben befähigen sollen, ist die Beschreibung der Lern- und Trainingserfordernisse eine grundlegende Voraussetzung. Um die hierfür erforderlichen Leistungsvoraussetzungen zu ermitteln, reicht es nicht aus, nur die „Oberflächenstruktur" einer Tätigkeit in Form des sichtbaren Ablaufs bzw. der Folge von Arbeitsschritten zu analysieren. Es wird vielmehr notwendig, die psychischen Regulationssachverhalte bzw. die „Tiefenstruktur" der Tätigkeit in Form von kognitiven Leistungsvoraussetzungen (Denkleistungen) zu untersuchen.

Unter Qualifizierungsgesichtspunkten will man darüber hinaus nicht nur die durchschnittlichen Bewältigungsformen ermitteln, sondern ist vor allem an besonders effektiven Regulationsstrukturen interessiert, die Könner oder Experten einer Tätigkeit besitzen. Diese stellen das eigentliche Lehrziel beim Training komplexer Tätigkeiten dar. Um Komponenten des Expertenhandelns bzw. -wissens zu erfassen, wird gefordert, die aufgaben- und anforderungsanalytischen Verfahren der Lernbedarfsanalyse um wissensanalytische Methoden zu ergänzen. Ein solcher Ansatz der Lernbedarfsanalyse mit den entsprechenden Methodenkombinationen wird am Beispiel betrieblicher Diagnosetätigkeiten im folgenden dargestellt.

Zielsetzung der Lernbedarfsanalyse

Untersucht wurden Diagnoseaufgaben des Instandhaltungspersonals in flexibel automatisierten Fertigungssystemen in der Automobilindustrie mit Hilfe eines kombinierten Instrumentariums arbeits- und wissensanalytischer Methoden. Die Bestimmung des Trainingsbedarfs orientierte sich dabei am Handeln und Wissen erfahrener Instandhalter in konkreten Störungssituationen. Insgesamt ist der Analyseprozeß durch ein „trichterförmiges" Vorgehen charakterisiert, d.h., zu Beginn der Analyse galt es über die Vielfalt der Tätigkeitsbedingungen einen Überblick zu gewinnen, so daß in weiteren Analyseschritten eine gezielte Auswahl repräsentativer oder kritischer Anforderungsbereiche getroffen werden konnte.

Die Zielsetzungen und Methoden zur Lernbedarfsanalyse sowie ihre Funktionen für die Lernbedarfsfeststellung und Trainingsgestaltung sind in Abbildung 44 im Überblick dargestellt.

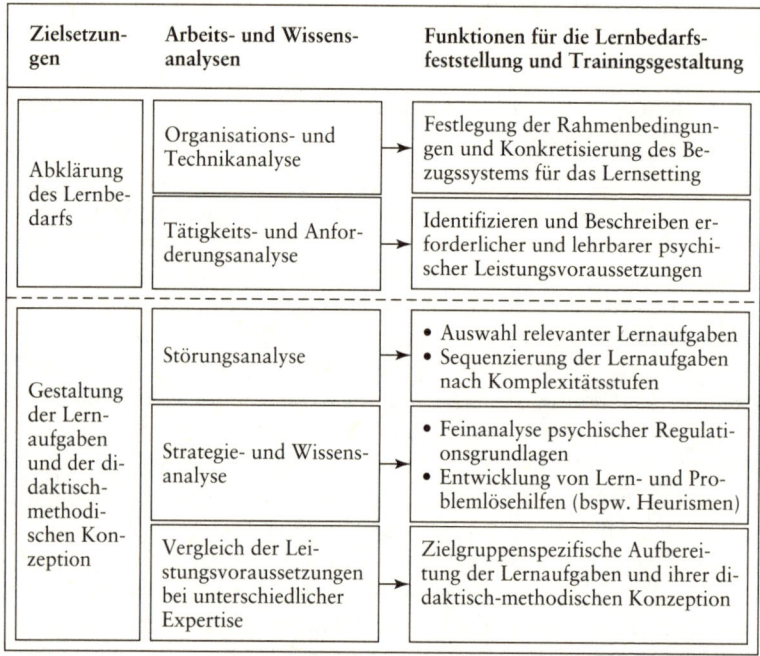

Zielsetzungen	Arbeits- und Wissensanalysen	Funktionen für die Lernbedarfsfeststellung und Trainingsgestaltung
Abklärung des Lernbedarfs	Organisations- und Technikanalyse	Festlegung der Rahmenbedingungen und Konkretisierung des Bezugssystems für das Lernsetting
	Tätigkeits- und Anforderungsanalyse	Identifizieren und Beschreiben erforderlicher und lehrbarer psychischer Leistungsvoraussetzungen
Gestaltung der Lernaufgaben und der didaktisch-methodischen Konzeption	Störungsanalyse	• Auswahl relevanter Lernaufgaben • Sequenzierung der Lernaufgaben nach Komplexitätsstufen
	Strategie- und Wissensanalyse	• Feinanalyse psychischer Regulationsgrundlagen • Entwicklung von Lern- und Problemlösehilfen (bspw. Heurismen)
	Vergleich der Leistungsvoraussetzungen bei unterschiedlicher Expertise	Zielgruppenspezifische Aufbereitung der Lernaufgaben und ihrer didaktisch-methodischen Konzeption

Abb. 44: Zielsetzungen und Methodeneinsatz bei der Lernbedarfsanalyse komplexer Aufgabenstellungen (*Schaper/Sonntag*, 1995, S. 170)

Organisations- und Technikanalyse

Ziel der Organisations- und Technikanalyse war es, die technischorganisatorischen Rahmenbedingungen der Diagnosetätigkeiten zu ermitteln, um ein Bezugssystem zur Analyse und Bewertung der Handlungen und Wissensbestände zu erhalten. Mit Hilfe von Expertengesprächen und Dokumentenanalysen wurde so ein Überblick über die Arbeits- und Personalstrukturen, die technischen Systeme sowie über Störungsaufkommen und -arten in den Untersuchungsbereichen gewonnen. Eine vollständige Ergebnisdarstellung auch für die nachfolgenden Analysebereiche findet sich bei *Schaper* (1995).

Tätigkeits- und Anforderungsanalyse

Bei der Tätigkeits- und Anforderungsanalyse wurden die Aufgaben- und Funktionsbereiche sowie die kognitiven und sozial-kommunikativen Anforderungen bei Instandhaltungstätigkeiten anhand ausgewählter Verfahrensteile zweier arbeitsanalytischer Instrumente ermittelt, dem Leitfaden zur qualitativen Personalplanung bei technisch-organisatorischen Innovationen (LPI; siehe vorangegangener Abschnitt) und dem Tätigkeitsbewertungssystem – Geistige Arbeit (TBS-GA; *Rudolf/Hacker/Schönfelder*, 1987).

Im Kontext der Tätigkeits- und Anforderungsanalyse wurden die Instandhalter außerdem mit Hilfe eines Interviewleitfadens zur Handlungsstruktur und den Ausführungsbedingungen bei der Störungsdiagnose und -behebung befragt. Die Fragen lauteten bspw. „Wie gehen Sie bei der Störungsdiagnose und -behebung vor?" „Richten Sie sich nach bestimmten Regeln oder Prinzipien des Vorgehens?" oder „Worauf beruhen Ihre Vermutungen über die Ursache der Störung?" Die Befragungsprotokolle wurden anschließend mit Hilfe einer zusammenfassenden Inhaltsanalyse (vgl. *Mayring*, 1988) ausgewertet. Ziel der Inhaltsanalyse war es, auf diese Weise eine verallgemeinerbare Handlungsstruktur zur Störungsdiagnose und -behebung zu bestimmen.

Störungsanalyse nach psychologischen Kriterien

Bei der Störungsanalyse ging es um die Ermittlung und Klassifikation von Störungen auf der Basis psychologischer Kriterien der Aufgabenkomplexität. Hierdurch sollten valide Grundlagen zur Auswahl und Sequenzierung der Aufgaben nach Schwierigkeitsgrad geschaffen werden. Erfahrene Instandhalter wurden dazu anhand einer Klassifikationsmatrix für technische Störungen an flexibel automatisierten Fertigungssystemen befragt. Der Matrix liegen psychologische Kriterien der Aufgaben- bzw. Problemlösekomplexität zugrunde, die in Anlehnung an die Dörnerschen Kriterien für komplexe Probleme entwickelt wurden (vgl. *Dörner/Kreuzig/Reither/ Stäudel*, 1983). Bei der technischen Fehlersuche in flexibel automatisierten Fertigungsanlagen waren vier Faktoren komplexitätsbestimmend. Für jeden Faktor wurde anschließend eine geringe, mittlere und hohe Komplexitätsausprägung operationalisiert (siehe Abb. 45).

Die Komplexitätsfaktoren sind wie folgt definiert:
– **Transparenz** als die Form der Zugänglichkeit der Störungsursachen; d.h., ob ein Fehler gut zugänglich, versteckt oder nur über komplizierte Funktionsprüfungen erschließbar ist;
– **Informationsvielfalt**: Dieses Merkmal wurde mit bezug auf die Anzahl und Kompliziertheit der erforderlichen Diagnosehilfsmittel

Komplexitäts-merkmal	Komplexität		
	Gering	Mittel	Hoch
Transparenz	gut zugänglicher Fehler	versteckter Fehler	zusätzlich komplizierte Funktionsprüfungen erforderlich
Informations-vielfalt	einfaches Meßgerät reicht aus	zusätzlich Programmiergerät und Listings erforderlich	zusätzlich komplizierte Meßapparaturen erforderlich
Vernetztheit	eindeutige Symptomatik	nicht eindeutige Symptomatik	vollkommen unklare Symptomatik
Fach- und Anlagen-wissen	nur begrenzter Wissensausschnitt erforderlich	Kenntnis komplizierter technischer Zusammenhänge erforderlich	zusätzlich Spezialwissen erforderlich

Abb. 45: Klassifikationsschema zur Ermittlung technischer Störungen anhand
psychologischer Komplexitätsmerkmale

operationalisiert, worunter Meßgeräte, Diagnoseprogramme und
Unterlagen der technischen Dokumentation zu verstehen sind;
– **Vernetztheit** als Grad der Eindeutigkeit der Symptom-Ursache-Beziehungen; d.h., je mehr Ursachen bei einer Störung in Frage kommen, desto mehrdeutiger und vernetzter sind auch die Symptom-
Ursache-Beziehungen;
– **Umfang und Tiefe des zur Störungsdiagnose erforderlichen Fach-
bzw. Anlagenwissens**; d.h., je komplizierter die zu beurteilenden
technischen Zusammenhänge sind und je mehr Fachwissen erforderlich ist, um so schwieriger gestaltet sich auch die Störungsdiagnose.

Anhand eines strukturierten Interviewleitfadens wurden vier In-
standhaltungsexperten gebeten, typische Störungen aus ihrem Er-
fahrungsbereich zu jeder der zwölf Störungsklassen zu benennen
und zu beschreiben.

Strategie- und Wissensanalyse

Im Rahmen der Strategie- und Wissensanalyse galt es, die leistungsbestimmenden psychischen Regulationsgrundlagen für die Störungsklassen bzw. ausgewählten Diagnoseaufgaben zu bestimmen. Für
die Wissenserhebung, -formalisierung und -validierung wurde ein
mehrstufiges Vorgehen realisiert, das sich in folgende Abschnitte
gliedert:

1. Ermittlung des Expertenwissens über Diagnosestrategien und
Störungszusammenhänge bei ausgewählten Störungen,

2. Formalisierung und Validierung der Diagnosestrategien und
3. Formalisierung und Validierung der Symptom-Ursache-Beziehungen.

Zu 1.:
In einem ersten Schritt wurde das Expertenwissen mittels einer Interviewtechnik erhoben. Dabei stand die Erfassung des strategischen und prozeduralen Wissens zur Diagnose und Behebung von Störungen als zentraler Trainingsgegenstand im Vordergrund.

Die Befragung erfolgte in einer halbstrukturierten Form anhand eines Leitfadens, um Art und Abfolge der Tätigkeits- und Informationsverarbeitungsschritte bei den ausgewählten Diagnoseaufgaben sowie deren Wissensgrundlagen zu ermitteln. Jeder Instandhalter wurde auf diese Weise bei zwölf Störungen jeweils zu den relevanten Informationsabfragen, Störungshypothesen, Prüfschritten, besonderen Vorgehensregeln, Hilfsmitteln und Unterlagen befragt. Die mit Hilfe der Interviews erhobenen deklarativen und prozeduralen Wissensinhalte wurden anschließend von jeweils zwei Auswertern aus den schriftlichen Protokollen extrahiert und zur Formalisierung und Validierung der Wissensbestände aufbereitet.

Zu 2.:
Um die Diagnosestrategien zu formalisieren, wurde die Methode der hierarchischen Aufgabenanalyse verwendet (vgl. *Shepherd,* 1985). Hierbei handelt es sich um eine Methode zur Analyse und Darstellung komplexer Aufgabenstrukturen in Form einer Hierarchie von Operationen und Plänen. Dies wurde auf die untersuchten Diagnoseaufgaben übertragen, indem die Prüfschritte als Operationen und die Regeln, in welcher Reihenfolge die Prüfoperationen zu erfolgen haben, als Pläne formuliert wurden. Durch die Pläne wird somit angegeben, wie der Fehler schrittweise eingegrenzt wird und welche Prüffolgen bzw. -pfade unter welchen Bedingungen einzuhalten sind. Abbildung 46 zeigt die hierarchische Aufgabenanalyse für eine Störung geringer Komplexität.

Da bei der genannten Störung der Anlagenführer in der Regel die Ursache bereits auf den Antrieb bzw. Elektromotor des Förderbandes eingegrenzt hat, ist in solchen Fällen die Ursache des Motorausfalls zu ermitteln. Auf der daruntergelegenen Ebene sind drei Möglichkeiten angegeben, die der Instandhalter nach Maßgabe von Plan 1 überprüfen sollte. Diese Diagnoseoperationen werden wiederum auf darunterliegenden Ebenen durch entsprechende Suboperationen und Pläne konkretisiert. Die Ursache wird dadurch jeweils so weit eingegrenzt, bis eine konkrete Maßnahme zur Behebung der Störung ableitbar ist.

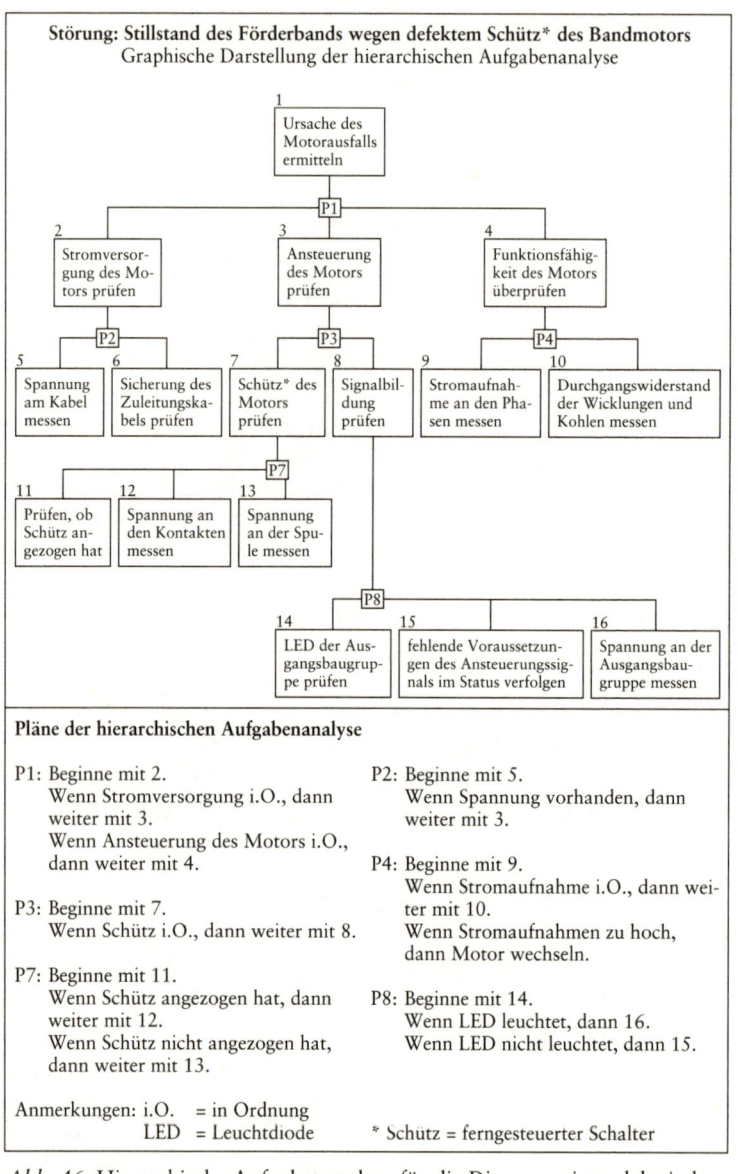

Abb. 46: Hierarchische Aufgabenanalyse für die Diagnose einer elektrischen Störung

Auf diese Weise wurden für alle zwölf untersuchten Störungen Diagnosegraphen auf der Grundlage der Befragungsprotokolle abgeleitet. Zur Validierung wurden sie den befragten Instandhaltern nochmals mit der Aufforderung vorgelegt, die dargestellten Diagnoseabläufe durchzugehen und aufgrund ihrer Kenntnisse und Erfahrungen zu korrigieren und zu ergänzen. Die vorgeschlagenen Modifikationen wurden in die Darstellung eingearbeitet und abschließend von einem Ausbilder der Elektroinstandhalter auf Terminologie und fachliche Richtigkeit überprüft.

Zu 3.:
Das Expertenwissen über die störungsspezifischen Symptom-Ursache-Beziehungen wurde mit Hilfe einer **Struktur-Lege-Technik** formalisiert.

Mit Struktur-Lege-Techniken ist man in der Lage Wissenselemente und ihre Zusammenhänge zu visualisieren und Wissenstrukturen überblicksartig darzustellen. Neuere Diskussionen präferieren den Einsatz von Struktur-Lege-Techniken neben der Wissenserfassung auch für die Wissensvermittlung und -überprüfung bspw. im handlungsorientierten Unterricht in der Facharbeiterausbildung (vgl. *Sonntag/Stegmaier*, 1996).

Zur Durchführung der Struktur-Lege-Technik bekamen die Instandhalter die Instruktion, die aus den Befragungsprotokollen extrahierten und auf Kärtchen notierten Ursache- und Symptomsachverhalte einer Störung danach zu ordnen, welcher Sachverhalt Ursache oder Folge von welchem anderen Sachverhalt ist. Um Ursache bzw. Folgerelationen zwischen den Störungssachverhalten darzustellen, sollten Relationskärtchen in Form von Pfeilen mit der Beschriftung „Ist Ursache von" und „Ist Folge von" benutzt werden. Abbildung 47 zeigt das Beispiel eines individuellen Wissensnetzes über die Symptom-Ursache-Beziehungen bei einer Störung mittlerer Komplexität.

Diagnostisches Handeln im Expertisevergleich
Gegenstand dieses letzten Untersuchungsabschnitts war der Vergleich von besonders leistungsstarken und durchschnittlichen Instandhaltern – im folgenden als Könner und Durchschnittskräfte bezeichnet – bezüglich ihres strategischen Verhaltens bei der Störungsdiagnose. Mit Hilfe solcher Vergleiche läßt sich differenziert bestimmen, hinsichtlich welcher Anteile des diagnostischen Vorgehens suboptimale Verhaltensweisen bzw. Fähigkeiten vorliegen und somit besonderer Trainingsbedarf besteht.

Insgesamt wurden 19 Elektroinstandhalter bei der Diagnose einer leichten (‚defekter Schützkontakt') und einer mittelschweren Störung (‚defekte Ventilansteuerung') beobachtet sowie nachträglich zu ihrem Vorgehen befragt. Bei der Beobachtung wurden jede Diagnosehandlung und die begleitenden Äußerungen fortlaufend protokolliert. Die Beobachtungsprotokolle und die transkribierten Interviews wurden inhaltsanalytisch ausgewertet.

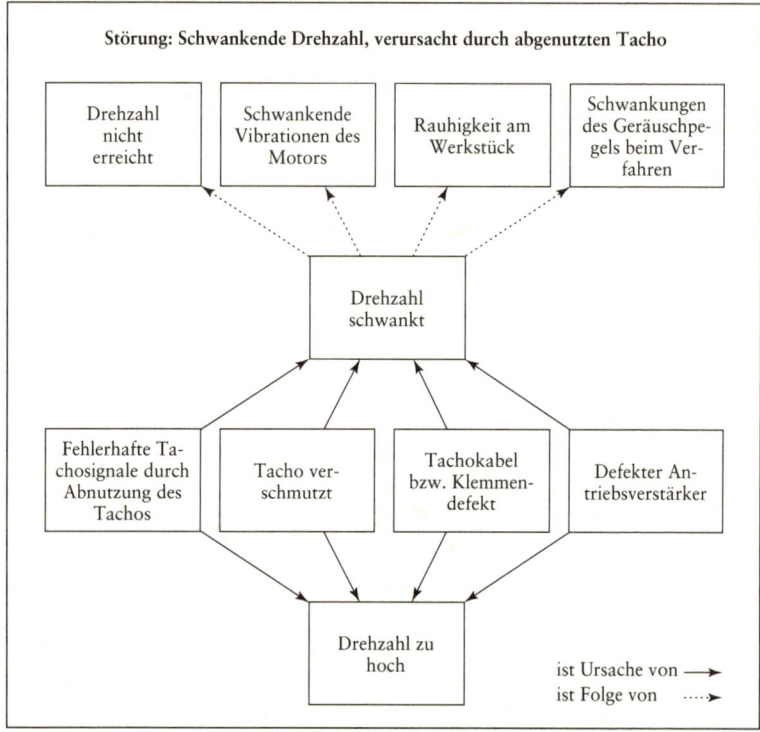

Abb. 47: Beispiel eines semantischen Netzwerks zu den Symptom-Ursache-Beziehungen bei einer elektrischen Störung

Von Bedeutung war die Frage, ob sich das Diagnoseverhalten während verschiedener Phasen der Fehlersuche zwischen beiden Gruppen unterscheidet. Hierzu wurde das diagnostische Vorgehen in fünf Phasen eingeteilt:

- **Zustandserkennung:** Diese Phase beinhaltet Befragungen des Anlagenführers, um sich ein Bild über den Störungszustand zu machen.
- **Eingrenzung des Fehlerorts:** Hierzu gehören Diagnosehandlungen zur Bestimmung der gestörten Funktion anhand technischer Diagnoseprogramme.
- **Aufspaltung:** Dies betrifft Handlungen, mit denen die Suchrichtung auf die Hardware oder Softwareseite bzw. Eingangs- oder Ausgangsseite der Steuerung festgelegt wird.
- **Unterlagenorientierte Suche und Exploration des Fehlerorts:** Diese Phase beinhaltet Orientierungsschritte über den Aufbau und Zustand von Hardwarekomponenten, die als möglicher Fehlerort in Frage kommen.

- **Signalverfolgung:** In dieser abschließenden Phase wird die defekte Komponente innerhalb des eingegrenzten Fehlerorts anhand von Strommessungen und Funktionsprüfungen schrittweise eingegrenzt und identifiziert.

Zum Vergleich des phasenbezogenen Diagnoseverhaltens wurde die Anzahl der Diagnosehandlungen pro Phase und Gruppe getrennt nach Störungen bestimmt. Abbildung 48 zeigt die Anzahl der Diagnosehandlungen pro Kategorie.

	Defekter Schützkontakt		Defekte Ventilansteuerung	
	Könner	Durchschnitts-kräfte	Könner	Durchschnitts-kräfte
Zustands-erkennung	7	7	7	5
Eingrenzung des Fehlerorts	29	75	37	107
Aufspaltung	-	-	12	14
Unterlagen-orientierte Suche	20	39	17	34
Signalverfolgung	38	47	42	48
Gesamtzahl der Handlungen	95	166	110	199

Abb. 48: Anzahl der Handlungen pro Diagnosephase

Bedeutsame Unterschiede (überprüft mit eindimensionalem χ^2-Test auf einem Signifikanzniveau p<0.01; vgl. *Schaper/Sonntag*, 1995) zeigten sich zwischen den Gruppen für die Phase der Eingrenzung des Fehlerorts, der unterlagenorientierten Suche bzw. Exploration des Fehlerorts und in der Signalverfolgung. Durchschnittskräfte haben somit insbesondere in diesen Phasen des diagnostischen Handelns besondere Schwierigkeiten. Es wird angenommen, daß neben ungenügendem strategischem Wissen für diese Phasen außerdem eine ungenügende mentale Modellbildung erfolgt.

Zum Nutzen der Lernbedarfsanalyse

Empfehlungen für die Gestaltung von Lernaufgaben und Lernprozessen

Im Rahmen der Bedarfsanalyse konnte gezeigt werden, daß aufgrund der Vielfalt der technischen Systeme und Störungen die entsprechenden Wissensbestände zur Störungsdiagnose weder vollständig analysiert noch vermittelt werden können. Dies erfordert eine selektive Trainingsgestaltung. Ziel ist dabei der Erwerb von transferierbaren Strategien und mentalen Modellen zur Störungsdiagnose durch ein aktives und weitgehend selbstgesteuertes Lernen anhand von exemplarischen Lernaufgaben. Zur Gestaltung von Lernaufgaben für ein Diagnosetraining, die solch einen Lernprozeß wirkungsvoll unterstützen, lassen sich die Analyseergebnisse in folgender Form heranziehen:

– Die Ergebnisse der Störungsanalyse können zur systematischen Auswahl von Störungen verwendet werden, die als Lernaufgaben gestaltet werden sollen. Damit wird sichergestellt, daß es sich erstens um realistische und zweitens lernrelevante Diagnoseaufgaben handelt.

– Mit Hilfe der Komplexitäts- und Schwierigkeitsbeurteilung läßt sich außerdem eine erste Sequenzierung bzw. Anforderungsstufung der Lernaufgaben vornehmen. Die Lernenden können mit Hilfe dieser Stufung systematisch an höhere Anforderungen herangeführt werden und ihr Diagnosewissen schrittweise für unterschiedliche Anforderungsniveaus aufbauen.

– Für eine weitere Gestaltung authentischer Aufgabenbedingungen und -strukturen sind schließlich die Ergebnisse der Handlungsstrukturanalyse und der hierarchischen Aufgabenanalyse heranzuziehen. Die Kontextbedingungen der Lernaufgaben sind dabei so zu gestalten, daß sie auch tatsächlich die Problemlöseleistungen fördern, die für diese Art von Störungen lernrelevant und leistungskritisch sind. Die Handlungsstrukturanalyse weist dabei auf die übergeordneten Strukturen des diagnostischen Handelns hin, die in flexibel automatisierten Fertigungsanlagen zu beachten sind, während die hierarchischen Aufgabenanalysen konkrete Vorgaben machen, welche Prüfergebnisse erwartet werden und welche Schlußfolgerungen und Entscheidungen zu treffen sind.

– Anhand des Vergleichs von Könnern und Durchschnittskräften kann die Lernaufgabengestaltung schließlich gezielt auf die Defizite bzw. Leistungsvoraussetzungen der Zielgruppe des Diagnosetrainings abgestimmt werden. Im konkreten Fall sind besondere Übungsschwerpunkte und Lernhilfen für die Anfangsphasen der Diagnose („Eingrenzung des Fehlerorts") zu entwickeln.

Fazit: Zur Unterstützung des diagnostischen Strategielernens benötigen die Lernenden trainingsmethodische Hilfen, um ihr Vorgehen und Wissen in optimierter aufgabengerechter Form zu strukturieren. In Abschnitt 3.1 dieses Kapitels werden hierzu Trainingsmethoden vorgestellt.

Methodenkritische Bewertung der Lernbedarfsanalyse

Eine Lernbedarfsanalyse in der vorliegenden Form ist in der Durchführung und Auswertung mit einem relativ hohen Aufwand verbunden. Eine Belastung für den Produktionsbetrieb stellen vor allem die detaillierten Wissensanalysen dar, da diese Analysen nicht arbeitsbegleitend erfolgen können, sondern zeitintensive Befragungen und validierende Untersuchungsschritte erfordern. Auch die Befragten werden durch diese Art von Analysemethoden motivational und kognitiv stark beansprucht, da sie gefordert sind, ihre Tätigkeit aus ungewohnten Perspektiven zu beschreiben und zu beurteilen. Voraussetzung für erfolgreiche Wissensanalysen sind daher Mitarbeiter mit guten bis sehr guten fachlichen wie kognitiven Voraussetzungen sowie ausreichender Akzeptanz gegenüber den Untersuchungszielen und -leitern.

Trotz des Aufwandes ist aber die Vorgehensweise dieser Lernbedarfsanalyse in 5 Untersuchungsschritten (vgl. Abb. 44) sinnvoll und notwendig. Dies begründet sich wie folgt: Die Analyse der psychischen Leistungsvoraussetzungen zur Bewältigung komplexer Anforderungen sollte grundsätzlich die Untersuchung der vorgegebenen Anforderungen durch Aufträge, Arbeitsstrukturen und technische Ausstattung mit einschließen. Um die trainingsrelevanten Tätigkeitselemente bzw. Aufgaben zu bestimmen, ist außerdem eine differenzierte Kenntnis der gesamten Anforderungsstruktur der Tätigkeit erforderlich. Beides läßt sich nur durch entsprechende Arbeitsanalysen (im konkreten Fall durch die Organisations- und Technikanalyse sowie die Tätigkeits- und Anforderungsanalyse) erreichen. Zur Ermittlung der trainingsbedürftigen Handlungselemente für die Aufgabenbewältigung ist schließlich ein Vergleich von Fachkräften unterschiedlicher Expertise von hohem Informationswert.

Die Anforderungsvielfalt bei komplexen Aufgabenstellungen erfordert eine gezielte und empirisch-analytisch begründete Auswahl von Beispielen, die verallgemeinerbare Elemente enthalten und repräsentative bzw. prototypische Anforderungen darstellen. Erst auf dieser Grundlage sollten, wie in dieser Studie aufgezeigt, Strategie- und Wissensanalysen in Teilbereichen erfolgen, die für eine effektive Aufgabenbewältigung besonders kritisch sind und eine selektive Trainingsgestaltung ermöglichen.

2.2 Personbezogene Lern- und Entwicklungspotentiale

Während im vorangegangen Abschnitt die Beschreibung tätigkeitsbezogener Merkmale, also die „Anforderungsseite" dargestellt wurde, werden nun die personalen Merkmale des Förder- und Entwicklungsbedarfs von Mitarbeitern diskutiert.

Gegenstand der Beurteilung und Einschätzung, die durch Vorgesetzte und Gleichrangige (= Fremdeinschätzung) oder den Mitarbeiter (= Selbsteinschätzung) erfolgen kann, ist die Leistungs- und/oder

Verhaltensebene. Bezieht sich die Einschätzung nur auf vergangene Leistungen und gezeigtes Verhalten, so kommen insbesondere die formalisierten und vielfach erprobten Verfahren zur Leistungsbeurteilung, wie bspw. Einstufungs- und Rangordnungsverfahren der traditionellen Mitarbeiterbeurteilung zum Einsatz (vgl. hierzu *Schuler*, 1991). Soll dagegen auch das Förder- und Entwicklungspotential der Mitarbeiter, also das Potential zur Bewältigung zukünftiger Aufgaben eingeschätzt werden, so ergeben sich eine Reihe neuerer prospektiver Ansätze, die im folgenden beschrieben werden (vgl. auch *Schuler/Prochaska*, 1992). Ein Beispiel aus der betrieblichen Praxis zur Potentialermittlung und -förderung schließt das Kapitel ab.

2.2.1 Instrumente der Potentialanalyse

Ergebnisse von Potentialanalysen werden genutzt, um gezielt Personalentwicklungsmaßnahmen formulieren zu können. Potentialdaten werden nicht nur zum Zwecke der individuellen Auswahl und Beurteilung erhoben, sondern insbesondere, um über Personalentwicklungsmaßnahmen eine entsprechend bedarfsgerechte Förderung der Mitarbeiter zu gewährleisten. Damit sollen Über- und Unterforderung von Mitarbeitern vermieden, Entwicklungsmöglichkeiten gesichert und gleichzeitig die Effizienz von Organisationen gesteigert werden (vgl. *Schuler/Prochaska*, 1992). Ziel der Potentialanalyse ist also neben der frühzeitigen Erkennung von Nachwuchspotentialen auch deren Förderung. Die Diagnoseanstrengungen im Rahmen der Potentialanalyse sollten immer mit Interventionsplänen verbunden sein, da sonst von Seiten der Mitarbeiter zu Recht an der Entwicklungsorientierung solcher Maßnahmen gezweifelt wird. Ebenso sollten Förderungs-, Nachfolge- oder Karrierepläne vorliegen.

Das Mitarbeitergespräch

Für Mitarbeitergespräche haben sich in Organisationen unterschiedliche Bezeichnungen etabliert, z. B. Förder-, Beurteilungs-, Beratungs-, Entwicklungs- oder Zielsetzungsgespräche. Die Synonymität dieser Bezeichnungen wird deutlich, wenn man die drei generellen Funktionen von Mitarbeitergesprächen betrachtet: (1) Feedbackfunktion, (2) Entwicklungsfunktion und (3) Zielsetzungsfunktion.

(1) Feedbackfunktion

Das Gespräch zwischen Vorgesetztem und Mitarbeiter dient in einem ersten Schritt der Rückmeldung über vergangenes Leistungsverhalten des Mitarbeiters. Dabei werden anhand früherer Zielvereinbarungen die bisherigen Arbeitsergebnisse, die Zusammenarbeit von Vorgesetztem und Mitarbeiter sowie die Kooperation mit Kollegen und Personen aus anderen Bereichen diskutiert. Methoden der

Leistungsbeurteilung bilden die Grundlage für diese Feedbackgespräche. Die auf Einzelbeobachtungen des Vorgesetzten beruhende Leistungsbeurteilung kann im Rahmen des Feedbackgesprächs mit den Anforderungen der Stelle in Beziehung gesetzt werden.

(2) Entwicklungsfunktion
In einem zweiten Schritt werden die Entwicklungsmöglichkeiten, z.b. in Form von Qualifizierungsmaßnahmen und Beförderungen, aufgezeigt. Weiterbildung und Laufbahn des Mitarbeiters stehen im Mittelpunkt, wobei Stärken und Schwächen, die im Rahmen des Feedbackgesprächs identifiziert wurden, zugrunde gelegt werden. Die Stärken sollen ausgebaut und die Schwächen durch geeignete Förder- und Entwicklungsmaßnahmen verringert werden.

(3) Zielsetzungsfunktion
In einem letzten Schritt müssen verbindliche Zielvereinbarungen für den nächsten Beurteilungszeitraum getroffen werden. Als Ergebnis des Gesprächs werden künftige Ziele, Aufgaben und angestrebte Veränderungen definiert, die der Mitarbeiter in einem gegebenen zeitlichen Horizont erreichen soll. An dem Ausmaß der Zielerreichung wird der Mitarbeiter bei der Leistungsbeurteilung und dem nächsten Mitarbeitergespräch gemessen. Die Verbindlichkeit der Zielsetzungen kann für Mitarbeiter und Vorgesetzte durch ein schriftliches Gesprächsprotokoll und Unterschrift erhöht werden.

Zur Verdeutlichung der im Rahmen des Mitarbeitergesprächs eingesetzten Instrumente soll eine Anleitung für Zielvereinbarungen (siehe Abb. 49) dargestellt werden, wie sie in der Metallindustrie verwendet wird (*Zander*, 1993). Neben dem Beurteilungsaspekt wird insbesondere die Zielsetzungsfunktion des Mitarbeitergesprächs betont. Spalte 1 beinhaltet die Anforderungsaspekte, deren Erfüllungsgrad der Vorgesetzte einschätzen muß. Spalte 5 und 6 beinhalten die gemeinsamen Zielvereinbarungen oder Fördermaßnahmen und ihre Realisierungszeiträume.

Mitarbeitergespräche sind erst dann sinnvoll, wenn der Mitarbeiter als aktives Mitglied in den Feedbackprozeß mit einbezogen wird und offen und sanktionsfrei zur Einschätzung des Vorgesetzten Stellung nehmen kann. Ein solches Mitarbeitergespräch ist regelmäßig in jährlichem Abstand durchzuführen. Der Vorgesetzte sollte vorher über Schulungen mit Methoden der Gesprächsführung und dem Geben von Rückmeldungen vertraut gemacht werden.

Assessment Center

Das Assessment Center ist eine multiple diagnostische Verfahrenstechnik. Mehrere eignungsdiagnostische Instrumente wie Arbeitsproben, Gruppendiskussionen, Präsentationen, Postkorbübungen

Anleitung für Zielvereinbarungen, zusätzlich für Führungskräfte	Die Funktionsanforderungen (Pkt. 1-5) werden:	Mitarbeiter(in):
		Datum
Name d. Mitarbeiter(in)	1 bei weitem übertroffen	Unterschrift
Abteilung	2 übertroffen	Vorgesetzter:
	3 voll erfüllt	
Datum	4 noch nicht voll erfüllt	Datum
Zeichen	5 bei weitem nicht erfüllt	Unterschrift

Kriterien	Beobachtbare Fakten/Merkm.	Gewicht	1 2 3 4 5	Vereinbarungen/ Fördermaßnahmen	Realisiert bis:
Planung und Organisation			❑ ❑ ❑ ❑ ❑ ❑ ❑ ❑ ❑ ❑ ❑ ❑ ❑ ❑ ❑		
Führen durch Zielvereinbarung			❑ ❑ ❑ ❑ ❑ ❑ ❑ ❑ ❑ ❑ ❑ ❑ ❑ ❑ ❑		
Delegation			❑ ❑ ❑ ❑ ❑ ❑ ❑ ❑ ❑ ❑ ❑ ❑ ❑ ❑ ❑		
Kontrolle			❑ ❑ ❑ ❑ ❑ ❑ ❑ ❑ ❑ ❑ ❑ ❑ ❑ ❑ ❑		
Mitarbeiterförderung			❑ ❑ ❑ ❑ ❑ ❑ ❑ ❑ ❑ ❑ ❑ ❑ ❑ ❑ ❑		
Menge Tempo			❑ ❑ ❑ ❑ ❑ ❑ ❑ ❑ ❑ ❑		
Qualität der Arbeitsergebnisse			❑ ❑ ❑ ❑ ❑ ❑ ❑ ❑ ❑ ❑ ❑ ❑ ❑ ❑ ❑		
Zusammenarbeit			❑ ❑ ❑ ❑ ❑ ❑ ❑ ❑ ❑ ❑		
Verhalten bei vorübergehenden Belastungen			❑ ❑ ❑ ❑ ❑ ❑ ❑ ❑ ❑ ❑ ❑ ❑ ❑ ❑ ❑		
Informationsverhalten			❑ ❑ ❑ ❑ ❑ ❑ ❑ ❑ ❑ ❑		
Verhalten bei Neuerungen/ Lernverhalten			❑ ❑ ❑ ❑ ❑ ❑ ❑ ❑ ❑ ❑ ❑ ❑ ❑ ❑ ❑		
Problemlösungs und Entscheidungsverhalten			❑ ❑ ❑ ❑ ❑ ❑ ❑ ❑ ❑ ❑ ❑ ❑ ❑ ❑ ❑		

Abb. 49: Anleitung für Zielvereinbarungen (nach *Zander*, 1993, S. 562)

oder psychologische Testverfahren werden zusammengestellt. Mehrere Beurteiler schätzen unabhängig voneinander die aktuellen Kompetenzen mehrerer Teilnehmer ein und prognostizieren ihre zukünftige berufliche Entwicklung und Bewährung. Methodenvielfalt und die Mehrfachbeurteilung sind wesentliche Charakteristika des Assessment Centers, ebenso Anforderungsbezogenheit, Situiertheit und Verhaltensorientierung.

Die Leistungen der Teilnehmer im Assessment Center werden üblicherweise von den Beurteilern anhand vorgegebener Skalen eingeschätzt. Bei der Potentialbeschreibung beziehen sich die Urteile auf Fähigkeiten und andere Eigenschaften, die aufgrund vorangegangener anforderungsanalytischer Untersuchungen als relevant für die Bewältigung künftiger Aufgaben erachtet wurden oder denen normativ ein Zusammenhang mit der erfolgreichen Übernahme von Führungspositionen zugesprochen wird. Die Aussagen und Potentialurteile werden abgeleitet aus der detaillierten Analyse der Einzelleistungen. In Abbildung 50 werden zwei Beurteilungsskalen für solche Potentialaussagen dargestellt. Die erste Skala gibt Auskunft über das vorhandene Potential. Aus der zweiten Skala läßt sich absehen, wann ein Kandidat auf einer Zielstelle einsetzbar ist.

Potential vorhanden:	1	2	3	4	5
	kaum	wenig	normal	gut	hervorragend
Auf höherwertigen Positionen einsetzbar:	E	D	C	B	A
	in 4 und mehr Jahren	in 3 Jahren	in 2 Jahren	in 1 Jahr	jetzt sofort

Abb. 50: Beurteilungsskalen für Potentialaussagen (nach *Jeserich*, 1989, S. 86)

Im Rahmen der Potentialdiagnose werden Assessment Centers eine bessere Vorhersagemöglichkeit beruflicher Leistung zugeschrieben als den meisten anderen eignungsdiagnostischen Methoden. Der Einsatz einer Vielzahl verschiedener Einzelaufgaben, die Beteiligung von Psychologen als Beurteiler, die Aufnahme gegenseitiger Beurteilungen von Teilnehmern in den Aufgabenpool konnten als Moderatoren identifiziert werden, die das Ausmaß der Validität erhöhen. Potentialaussagen aus Assessment Centern bilden die Grundlage für Feedback- und Entwicklungsgespräche.

Biographische Fragebogen

Die Grundlage der Anwendung von biographischen Fragebogen für die Potentialanalyse bildet die Annahme, daß vergangene Erfahrungen und Verhaltensweisen und deren subjektive Verarbeitung brauchbare Prädiktoren für zukünftige Leistung sind. Ebenso wie mit momentaner Leistung kann auch mit vergangener Leistung auf generelle Leistungsfähigkeit und somit Leistungspotential geschlossen werden. Die Mitarbeiter beschreiben sich im Rahmen biographischer Fragebogen mittels demographischer, erfahrungsbezogener oder einstellungsbedingter Variablen. In der Regel sind biographische Fragebogen in Form standardisierter Selbstbeschreibungen formuliert. Sie geben im wesentlichen eine Zusammenfassung von Daten aus Bewerbungsunterlagen, Einstellungsinterview oder früheren Leistungsbeurteilungen wieder.

5. Wie alt waren Sie, als Sie zum ersten Mal Ihren gesamten Lebensunterhalt selbst verdienen mußten?	O jünger als 16 Jahre O zwischen 16 und 20 Jahre O zwischen 20 und 25 Jahre O zwischen 25 und 30 Jahre O über 30 Jahre
45. Welche Art der Bekanntgabe besonderer Leistungen oder Auszeichnungen war Ihnen während Ihrer Schulzeit am liebsten?	O Bekanntgabe vor der Klasse O Veröffentlichung in der Schulzeitung u.a. O Mitteilung an die Eltern O nur mir gegenüber bekannt gegeben O ich erhielt während meiner Schulzeit kaum besondere Auszeichnungen
52. In wievielen Vereinigungen (Clubs, Sportvereine, Jugendgruppen, Musikvereine...) waren Sie während Ihrer Schul-, Ausbildungs- oder Studienzeit Mitglied?	O in keinem O 1 O 2 - 3 O 4 - 5 O 6 - 7 O 8 oder mehr
85. Wieviele Geschwister haben Sie?	O keine O 1 O 2 O 3 O 4 O 5 oder mehr
104. Wie oft waren Sie in Ihrer Jugend anderen Personen bei schwierigen Aufgaben behilflich?	O sehr oft O oft O manchmal O selten O sehr selten
163. Bekommen (bekamen) Sie öfter die fachliche Betreuung für neue Arbeitskollegen, Auszubildende usw. übertragen?	O nein, noch nie O ja, einmal O ja, öfter O ja, immer

Abb. 51: Beispielitems aus einem biographischen Fragebogen der PA Personalberatung GmbH, Frankfurt (nach *Hollmann*, 1991)

Hollmann (1991) berichtet über einen biographischen Fragebogen der Firma PA Personalberatung GmbH, Frankfurt, mit 191 Fragen. Dieser Fragebogen formuliert Items zu den Bereichen Arbeits- und Berufserfahrung, Ausbildung, Familie, Elternhaus, Erziehung, Aktivitäten und Interessen sowie Arbeit. Pro Frage darf nur eine Antwort angekreuzt werden. Zur Verdeutlichung der Formulierung biographischer Fragen wurden einige Items aus diesem Fragebogen in Abbildung 51 dargestellt.

Exkurs: „Karriereanker" von *Schein*

In Verbindung mit dem Einsatz biographischer Fragebogen ist der „Karriereanker" von *Schein* (1978, 1990) zu nennen.

Jeder Mensch bildet nach *Schein* aus der Summe seiner Selbsterfahrungen hinsichtlich seiner Motive, Fähigkeiten und Wertvorstellungen ein Selbstkonzept, das zentral für die Karriere ist und immer bei Entscheidungen als Wegweiser zum Tragen kommt. Diese bei Entscheidungen ausschlaggebenden Faktoren bezeichnet *Schein* als „Karriereanker". Die Metapher des Ankers wird gewählt, da sich Personen in Situationen, in denen ein Konsens zwischen aktueller Tätigkeit und Wertvorstellungen besteht, gewissermaßen „verankert" fühlen.

Mit „Karriereanker" werden also die Wertvorstellungen, Motive und Ziele bezeichnet, die die Person mit ihrem Beruf und ihrer Arbeitstätigkeit verbindet. Sie betreffen das, was die Person in ihrer Arbeitstätigkeit verwirklicht sehen will und dessen Verwirklichung sie anstrebt. Da die Person immer versuchen wird, ihren Wertvorstellungen gerecht zu werden, ist es sinnvoll, diese Vorstellungen in die Karriereplanung mit einzubeziehen. Der Untersuchung von Karriereankern kommt somit eine wichtige Rolle bei der Vorbereitung von Personalentwicklungsmaßnahmen zu.

Basierend auf den Antwortmustern in seinen empirischen Untersuchungen unterscheidet *Schein* (1978, 1990) acht Karriereanker, die die dominierenden arbeitsbezogenen Wertvorstellungen einer Person widerspiegeln:

1. Fach- oder Sachkenntnisse,
2. Managementfähigkeiten,
3. Unabhängigkeit/Autonomie,
4. Sicherheit/Stabilität,
5. unternehmerisches Denken/Kreativität,
6. zum Wohle anderer/zielorientiert,
7. reine Herausforderung,
8. Lebensweise.

Diese acht Dimensionen lassen sich nach *Schein* immer wieder in Interviews finden, die nach Gründen fragen für Entscheidungen, die mit beruflichen Veränderungen verbunden sind. In Abbildung 52 werden auszugsweise bei vier Karriereankern Zielsetzungen und Charakteristika von Personen mit entsprechenden Karriereankern vorgestellt.

Karriereanker	Ziele der Person mit entsprechendem Karriereanker	Charakterisierung des Mitarbeiters mit entsprechendem Karriereanker
Management-fähigkeiten	• Integration der Arbeit anderer Menschen • Mitarbeiterführung • Organisieren der Entscheidungsfindung • Tragen hoher Verantwortung • Aufstieg im Unternehmen • hohes Einkommen	⇒ Allroundmanager/Generalist ⇒ sieht fachliche Stelle nur als Eintrittskarte in die Firma und als Sprungbrett nach oben ⇒ ist durch politische und zwischenmenschliche Probleme herausgefordert
Unabhängigkeit/Autonomie	• Unabhängigkeit von betrieblichen Regelungen und Normen • zeitliche, finanzielle, geographische Unabhängigkeit • Unabhängigkeit von betrieblichen Instanzen • Möglichkeit zur eigenen Gestaltung bzgl. des ‚wie‘ und ‚wann‘ der Arbeit	⇒ will sich durch Vorschriften nicht einschränken lassen ⇒ hält betrieblichen Alltag für einengend, irrational und manipulativ ⇒ präferiert zeitlich begrenzte Arbeiten ⇒ präferiert Auftrags- oder Projektarbeiten ⇒ benötigt modifizierte Belohnungs- und Beförderungssysteme

Sicherheit/Stabilität	I. „Mann der Firma", der die von der Organisation gewährte Sicherheit schätzt:
	  • Soziale Absicherung durch Arbeitgeber
	  • Arbeitsplatzsicherheit
	  • ein solides Fundament für die Karriere
	II. Geographische Stabilität:
	  • Verbleib in einer bestimmten Gegend
	  • Erhalt des sozialen Netzes, des Hauses
		⇒ berufliche Entscheidungen dominiert durch Streben nach Sicherheit und Vorhersagbarkeit
		⇒ bereit für sein Bedürfnis nach Sicherheit und Stabilität das berufliche Fortkommen einzutauschen
		
		⇒ präferiert klare und überschaubare Arbeitsbereiche
		⇒ ist oft mit dem Erreichten zufrieden

Unternehmerisches Denken/Kreativität	• der eigene Unternehmer sein • die eigenen Fähigkeiten beweisen • die entscheidende Rolle im Berufsleben inne haben • innovativ tätig sein • nach den eigenen Vorstellungen gestalten	⇒ schon früh Idee der beruflichen Selbständigkeit ⇒ opfert für eigenes Unternehmen Sicherheit und Stabilität sowie Unabhängigkeit ⇒ kann nur schwer gehalten werden; verbleibt nur wenige Jahre in der Organisation

Abb. 52: Beispiele der Karriereanker von *Schein* (1978, 1990) und ihre inhaltliche Beschreibung

Heißt der Karriereanker einer Person z. B. Unabhängigkeit/Autonomie, wird sie versuchen, diesen Teil ihres Selbstbilds zu verwirklichen und Entscheidungen vom Grad der Erfüllung dieses Karriereankers abhängig machen.

Einen Zugang zur Betrachtung des Selbstkonzepts stellt die individuelle Biographie dar. Grundlegende Wertvorstellungen sind schon während der Schul- und Studienzeit existent und verhaltensregulierend. Sie entscheiden bereits mit über die Wahl der Weiterbildungsart und der Fachrichtung. Aus diesem Grunde wird die individuelle Biographie zur Identifikation der Karriereanker aufgearbeitet.

Der Karriereanker ist ein qualitatives Instrument, das im Hauptteil aus einem **teilstandardisierten, biographischen Interviewleitfaden** besteht, dessen Antworten frei zu artikulieren sind. Hauptaugenmerk liegt auf den Inhalten und der Begründung der einzelnen Antworten. Das Ziel ist die Feststellung und Festlegung individueller Karriereanker als subjektive Entscheidungsgrundlage für die weitere Karriereplanung.

Im Rahmen der Potentialanalyse stellt der „Karriereanker" ein Instrument dar, das bei entsprechender Ausarbeitung, der Festlegung der Richtung der Laufbahn und entsprechender Fördermaßnahmen dient.

Arbeitsproben und situative Fragen

Arbeitsproben sind standardisierte Aufgaben, die eine äquivalente Stichprobe erfolgsrelevanten, authentischen Verhaltens darstellen. Die unmittelbare Ähnlichkeit mit dem beruflichen Leistungsverhalten bei der Aufgabenbewältigung macht Arbeitsproben auch für die Potentialdiagnose attraktiv. Ist die Simulation authentischer Situationen oder Aufgaben durch Arbeitsproben nicht möglich um das interessierende Leistungsverhalten zu beobachten, dann kann auf „situative Fragen" zurückgegriffen werden. Diese Vorgehensweise beinhaltet die verbale Beschreibung einer Situation und ihrer Randbedingungen und Fragen an den Mitarbeiter, wie er in einer solchen Situation reagieren würde. Die Antworten auf situative Fragen spiegeln angemessene oder unangemessene Verhaltensintentionen wieder. Abbildung 53 beinhaltet exemplarisch situative Fragen zu typischen Führungssituationen.

---

1. *Ein Mitarbeiter kommt mit einem Verbesserungsvorschlag zu Ihnen. Dieser Vorschlag führt auch Ihrer Meinung nach zu einer Verbesserung und Sie wenden sich damit an die Betriebsleitung. Dort wird die Idee jedoch verworfen. Was tun Sie?*

Antwortalternativen	unangemessen		angemessen
⇒ Ich teile dem Mitarbeiter mit, wie die Betriebsleitung entschieden hat.	1	2	3
⇒ Ich kämpfe bei der Betriebsleitung für eine Akzeptanz des Vorschlags.	1	2	3
⇒ Ich versuche, dem Mitarbeiter schonend beizubringen, daß sein Vorschlag diesmal nicht zum Erfolg geführt hat.	1	2	3
⇒ Ich überlege zusammen mit meinem Mitarbeiter, wie sein Vorschlag vielleicht noch aussagekräftiger formuliert und unterbreitet werden kann.	1	2	3
⇒ Ich verspreche dem Mitarbeiter, daß ich mich auch weiterhin für ihn einsetzen werde.	1	2	3
⇒ Ich überlege zusammen mit dem Mitarbeiter, warum sein Verbesserungsvorschlag vielleicht doch nicht so gut war, wie wir es ursprünglich angenommen hatten.	1	2	3

2. *Trotz offenkundiger fachlicher Mängel weigert sich einer Ihrer Mitarbeiter eine Schulung zu besuchen. Was tun Sie?*

Antwortalternativen	unangemessen		angemessen
⇒ Ich mache dem Mitarbeiter seine Defizite deutlich, um die Schulung zu begründen.	1	2	3
⇒ Ich stelle die weitere berufliche Entwicklung in Frage.	1	2	3
⇒ Ich konfrontiere den Mitarbeiter damit, daß er im Vergleich zu seinen Kollegen schlechter ist.	1	2	3
⇒ Ich mache betriebliche Notwendigkeiten deutlich und verordne ihm ein Seminar.	1	2	3
⇒ Ich finde heraus, warum der Mitarbeiter nicht zur Schulung will und übertrage ihm die Verantwortung für die Lösung des Problems.	1	2	3
⇒ Ich verpflichte den Mitarbeiter, sich berufsbegleitend zu qualifizieren.	1	2	3

Abb. 53: Beispiele für situative Fragen (aus dem Auswahlverfahren ‚Wachleiter' der Deutschen Flugsicherung, DFS)

Über anforderungsanalytische Verfahren wie z. B. die ‚Methode der kritischen Ereignisse' (Critical Incident Technique, CIT) nach *Flanagan* (1954) ist es möglich, erfolgsrelevante Situationen detailliert zu erfassen und angemessenes von unangemessenem Verhalten in diesen Situationen abzugrenzen. Zu berücksichtigen ist, daß die Antwort auf situative Fragen nicht das tatsächliche Verhalten widerspiegelt, sondern nur eine Verhaltensintention.

Mehrebenenmodell effizienter Beurteilung und Potentialeinschätzung

Für eine umfassende und systematische Potentialbeurteilung wird ein drei Ebenenmodell vorgeschlagen (vgl. *Schuler/Prochaska*, 1992). Diese drei Beurteilungsebenen bilden ein hierarchisches System, in dem die höheren Ebenen stets die niedrigere beinhalten sollte. Die Potentialbeurteilung (Ebene 3) überbrückt die größte zeitliche Spanne, indem Fähigkeiten eingeschätzt und künftige Leistung prognostiziert wird. Potentialaussagen beruhen in einem großen Ausmaß auf der gegenwärtigen Leistung (Ebene 2). Potentialurteile der alltäglichen Verhaltensbeurteilung finden auf Ebene 1 in Form eines „Day-to-day" Feedbacks statt. Abbildung 54 gibt einen Überblick über die drei Beurteilungsebenen, ihre Funktion und die Verfahrensweisen.

Ebene	Funktion	Verfahrensweise
1. Ebene **Day-to-day-Feedback**	Verhaltenssteuerung Lernen	Gespräch Unterstützung geben
2. Ebene **Leistungsbeurteilung**	Leistungseinschätzung Zielsetzung	Systematische Beurteilung
3. Ebene **Potentialbeurteilung**	Fähigkeitseinschätzung Prognose	Eignungsdiagnose Assessment Center

Abb. 54: Die drei Ebenen der Beurteilung
(nach *Schuler/Prochaska*, 1992, S. 178)

Während auf der ersten Ebene des Beurteilens noch auf systematische Beurteilungsverfahren verzichtet werden kann, sollten die Einzelbeobachtungen auf der zweiten Ebene durch systematische Beurteilungsinstrumente zusammengefaßt werden. Die prognostische Funktion der dritten Ebene macht den Einsatz von Instrumenten erforderlich, Fähigkeiten und andere erfolgsrelevante Eigenschaften zu diagnostizieren. Alle Methoden sollten in den sozialen Kontext des Unternehmens eingebettet und mitarbeitergerecht gestaltet sein, um die Akzeptanz und den Nutzen solcher Maßnahmen zu erhöhen.

2.2.2 Praxisbeispiel zur Potentialermittlung und -förderung von Führungsnachwuchskräften

Neben den genannten Vorgehensweisen gibt es eine Reihe weiterer Ansätze, die in Unternehmen eingesetzt werden. Auf ein bemerkenswertes Programm zur Ermittlung und Förderung des Führungsnachwuchses bei einem Unternehmen der Automobilindustrie soll im folgenden näher eingegangen werden (vgl. auch *Lott*, 1992; *Aumüller*, 1992).

Für das Unternehmen spielt die Potentialerfassung insbesondere bei der Auswahl und Entwicklung von Führungsnachwuchskräften eine zentrale Rolle. Das „Entwicklungsprogramm Facharbeiter (EFA)" *(Mercedes Benz*, 1995) wurde primär mit dem Ziel formuliert, potentielle Meister-Nachwuchskandidaten zu erkennen und zu fördern. Die systematische Auswahl und Entwicklung von Facharbeitern für die Führungsnachfolge gliedert sich innerhalb des EFA in drei Hauptphasen, die einen mehrjährigen Prozeß implizieren:

1. Orientierungsphase,
2. Auswahl- und Planungsphase und
3. Spezialisierungsphase.

1. Orientierungsphase

Die Orientierungsphase besteht aus 4 Bausteinen, die von den Kandidaten systematisch zu durchlaufen sind. Auf den Aufbau und die Ziele der 4 Bausteine *Vorinformation, Selbst- und Fremdeinschätzung, Einstiegsberatung* sowie *Lernpaßdurchlauf* wird im folgenden eingegangen.

In einem ersten Schritt werden in der Orientierungsphase die interessierten Facharbeiter durch Informationsveranstaltungen über Hintergründe und Aufbau des Entwicklungsprogramms aufgeklärt *(Vorinformation)*.

Im nächsten Schritt soll sich der Facharbeiter primär mit der eigenen Person, seinen Interessen und Wünschen, seinen Stärken und Schwächen auseinandersetzen. Zu diesem Zwecke beschäftigt er sich mit seinem bisherigen beruflichen Entwicklungsweg, seinen Motiven, Fähigkeiten und Fertigkeiten. Neben dem Selbstbild eigener Stärken und Schwächen formuliert der Facharbeiter auch seine Anforderungen für eine betriebliche Wunschposition (Anforderungsbild). Der Facharbeiter sollte zur Ergänzung seines Selbstbilds auch vom Vorgesetzten eingeschätzt werden. Als Hilfsmittel für die Auseinandersetzung mit dem Selbst- oder Fremdbild sowie für die Beschreibung der Anforderungen einer Zielposition steht ein Fragebogen zur Verfügung. Den Schwerpunkt dieses Instruments bilden zehn Anforderungskriterien, die – konzernweit gültig – für die Führung im betrieblichen Bereich festgeschrieben sind:

1. *Selbständigkeit,*
2. *Belastbarkeit,*
3. *Arbeitstechniken und administrative Fähigkeiten,*
4. *fachliche Qualifikationen,*
5. *Zusammenarbeit,*
6. *komplexes Denken/Problemlösekompetenz,*
7. *Motivation und Initiative,*
8. *Lernverhalten,*
9. *Kommunikation (Kontaktverhalten)* sowie
10. *Führungsverhalten.*

Im Rahmen der Selbsteinschätzung gibt der Mitarbeiter an, in welchem Ausmaß er über die erforderlichen Merkmale verfügt. Derselbe Fragebogen kann zusätzlich verschiedenen Personen vorgelegt werden, von denen sich der Mitarbeiter eine Fremdeinschätzung wünscht. Abbildung 55 gibt einen Überblick über die Operationalisierungen und die verwendeten Skalen. Die Anforderungen der angestrebten Zielposition werden auch hinsichtlich der zehn Kriterien auf einem separaten Fragebogen beschrieben. Bei der Anforderungsbeschreibung werden die Kriterien nach dem Ausmaß eingestuft, in dem sie für den Arbeitsplatz bzw. die Arbeitsaufgabe erforderlich sind.

Hat sich der Mitarbeiter mit seinem Selbstbild und den betrieblichen Anforderungen auseinandergesetzt und Fremdbilder von Vorgesetzten eingeholt, so werden in einem Gespräch im Rahmen der Einstiegsberatung die Unterschiede zwischen Fremd- und Selbstbild mit den Vorgesetzten besprochen. In diesem Rahmen werden auch die individuellen Vorstellungen des Facharbeiters mit der betrieblichen Bedarfslage verglichen. Zu diesem Zwecke können die Selbst-/ Fremd- und Anforderungseinschätzungen auf eine Profildarstellung übertragen werden (siehe Abb. 55). In Form einer Spinnen- bzw. Netzdarstellung wird das Profil der Kompetenzen des Mitarbeiters und das Profil der Tätigkeitsanforderungen graphisch veranschaulicht. Durch einen Abgleich der Profile des Selbst-/Fremdbilds und der Anforderungen der Zielposition kann der Lernbedarf des Mitarbeiters identifiziert werden. Die Diskrepanz zwischen Anforderungen der Zielposition und der Ausprägung der zehn Anforderungskriterien bei den Mitarbeitern macht es möglich, detaillierte Vereinbarungen über die weiteren Entwicklungs- und Lernziele zu erarbeiten und gezielte Entwicklungsmaßnahmen einzusetzen.

Auf der Basis der in der Einstiegsberatung vereinbarten Lernziele werden in Form eines *Lernpaßdurchlaufs* individuelle Qualifizierungsmaßnahmen formuliert. Für die Erreichung seiner Lernziele

Einzelne Anforderungskriterien

| *Selbstständigkeit* | muß ich noch lernen | kann ich gut → |

ist z.b. daran zu erkennen, daß ein/e Mitarbeiter/in
– unaufgefordert Aufgaben übernimmt
– nicht auf einen Anstoß von außen wartet
– Aufgabenfelder erweitert
– Kompetenzen ausschöpft
– Entscheidungen trifft
– selbständig Probleme löst
– selbständig arbeitet

| *Belastbarkeit* | muß ich noch lernen | kann ich gut → |

ist z.b. daran zu erkennen, daß ein/e Mitarbeiter/in
– auch unter schwierigen Bedingungen Ordnung aufrecht erhält
– die eigene Meinung auch in unangenehmen Situationen vertritt
– in Drucksituationen Ruhe und Übersicht behält
– unter erschwerten Bedingungen Qualität erbringt
– in Konfliktsituationen Kollegen berät/beruhigt
– auch bei mehrmaligem Nachfragen bereitwillig eine Antwort gibt

Anforderungspinne

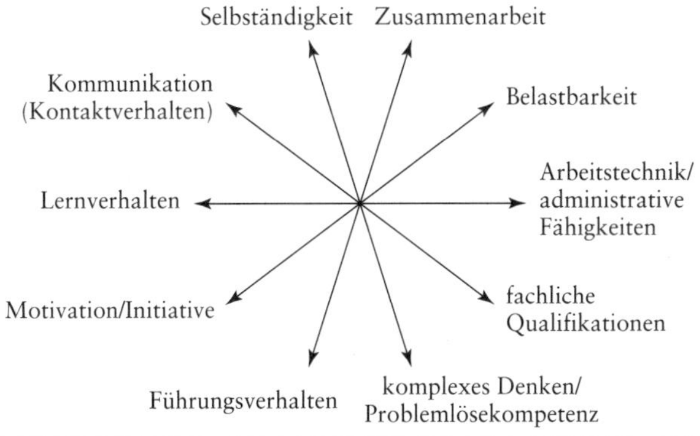

Selbständigkeit Zusammenarbeit
Kommunikation (Kontaktverhalten) Belastbarkeit
Lernverhalten Arbeitstechnik/ administrative Fähigkeiten
Motivation/Initiative fachliche Qualifikationen
Führungsverhalten komplexes Denken/ Problemlösekompetenz

Abb. 55: Auszug aus dem Fragebogen zur Selbst- und Fremdeinschätzung (aus *Mercedes Benz AG*, 1995)

stehen dem Mitarbeiter verschiedene interne und externe Entwicklungsfelder zur Verfügung. Die Qualifizierungsmaßnahmen im Arbeitsfeld betreffen vor allem die Übernahme neuer Aufgaben oder Funktionen in Form von Arbeitsplatzwechsel, Sonderaufgaben, Vertreterfunktionen oder Nebenfunktionen. Die externen Bildungsmaßnahmen umfassen eine Meister- oder Technikerausbildung. Die internen und externen Lernfelder werden auf die persönlichen Stär-

ken, Schwächen, Lernziele und Entwicklungswünsche sowie auf die
betrieblichen Anforderungen abgestimmt. Die Ergebnisse in den unterschiedlichen Lernfeldern werden in einem Lernpaß z.b. über weitere Fremdbilder, Teilnahmebescheinigungen oder Zeugnisse dokumentiert. Je nach individuellem Stand und Fortschritt in den verschiedenen Lernfeldern, die zur Qualifizierung des Mitarbeiters eingesetzt werden, ist die Orientierungsphase mit einer Dauer von fünf
bis sieben Jahren zu veranschlagen.

2. Auswahl- und Planungsphase

Haben die Mitarbeiter die Hürden der Orientierungsphase überwunden, so wird in der Auswahl- und Planungsphase eine bedarfso-
rientierte Zuordnung geeigneter Mitarbeiter zu offenen Stellen vorgenommen. Diese Phase besteht aus den vier Bausteinen *Vorauswahl, Führungskräftebörse, Gespräche zur Präzisierung und Rückmeldung* sowie *Pool für kurzfristige Bedarfe.*

Im Rahmen der *Vorauswahl* wird über regelmäßige Gespräche zwischen Personal- und Fachbereichen der Bedarf geklärt. Im Anschluß
an die Bedarfsklärungsgespräche findet eine formale Vorauswahl
derjenigen Mitarbeiter statt, die im Rahmen ihres Lernpaßdurchlaufs die Mindestanforderungen erfüllen und Interesse an einer Position als betriebliche Führungskraft bekunden.

Die *Führungskräftebörse* stellt das zentrale Instrument zur Auswahl
von Führungsnachwuchskräften dar (vgl. Infobox 25). Die Börse ist
ein Diskussionsforum, das aus mehreren Führungskräften verschiedener Fachbereiche des Werkes zusammengesetzt ist (z.b. Entwick-
lungsbereich, Produktionsbereich, Servicebereich). Die Fachbereiche
und der Personalbereich kommen im Rahmen der Börse zusammen,
um ein gemeinsames Bild über die Potentiale der Mitarbeiter, ihren
Stärken und Schwächen zu entwickeln. Die Mitglieder der Börse erarbeiten gemeinsam Vorschläge, die eine Stellenbesetzung mit ‚pas-
senden' Mitarbeitern ermöglicht. Jeder über ihre Anforderungen beschriebenen Stelle wird in Form von Vorschlagslisten eine Anzahl
von Mitarbeitern zugeordnet. Darüber hinaus formulieren die
Führungskräfte weitere Lernhinweise und -ziele, die die Mitarbeiter
weiterführend auf bestimmte Positionen vorbereiten sollen.

Den dritten Baustein der Auswahl- und Planungsphase bilden die
Präzisierungs- und Rückmeldegespräche. In Präzisierungsge-
sprächen wird aus den Mitarbeitern, die aufgrund der Börse vorge-
schlagen werden, der für eine bestimmte Zielposition Geeignete aus-
gewählt. Dieses geschieht in persönlichen Gesprächen, in denen sich
Fachbereiche und Mitarbeiter kennenlernen. Das Ergebnis und der
Entscheidungshintergrund wird den Mitarbeitern in persönlichen
Rückmeldegesprächen erläutert.

Infobox 25: Grundgedanken der „Führungskräftebörse" (nach *Aumüller*, 1992)
Die Etablierung der Führungskräftebörse war geleitet von dem grundsätzlichen Gedanken, die Rolle der Vorgesetzten neu zu definieren. Die Auswahl und Entwicklung der Mitarbeiter sollte nicht nur im Verantwortungsbereich des Personalbereichs liegen, sondern auch Teil der Führungsaufgaben des Vorgesetzten sein. Dem direkten Vorgesetzten sollte mehr Personalverantwortung übertragen werden. Die Arbeits- und Machtteilung zwischen Linienvorgesetzten und Personalbereich und deren Umgang miteinander wurde folglich in diesem Zusammenhang neu überdacht.
Diese Neuorientierung im Rahmen des EFA wird verständlich, wenn man zurückblickt auf die früher zur Potentialbeurteilung eingesetzte Methode. Zur Diagnose des Führungsnachwuchspotentials wurden seit den 70er Jahren Assessment Center eingesetzt. Der Vorgesetzte hatte im Rahmen des Assessment Center-Vorgehens nur Einfluß auf die Benennung der Mitarbeiter ihrer Fachbereiche, die ihrer Ansicht nach Potential für die Wahrnehmung von Führungsaufgaben hatten. Aber erst das Ergebnis der Teilnahme an einem Assessment Center bestimmte in der Regel über die Auswahl und Förderung einer potentiellen Führungsnachwuchskraft. Grund für Auseinandersetzungen lieferte häufig die Frage, wessen Entscheidung letztendlich gilt. Objektivierungsgründe sprechen zwar für das Assessment Center; das Vorgehen selbst impliziert aber „ein Mißtrauensmodell im Umgang mit dem Vorgesetzten" *(Aumüller*, 1992, S. 16). Die Vorgesetztenbeurteilung des Mitarbeiters wird im Rahmen des Assessment Centers überprüft und relativiert.
Um diesem Mißtrauensmodell zu begegnen, sollte die Rolle des Vorgesetzten bei der Personalentwicklung umformuliert werden. Dem Vorgesetzten sollte mehr Entscheidungs- und Entwicklungsverantwortung zugeschrieben werden *(Aumüller*, 1992). Bestimmte Aspekte des Assessment Centers sollten beibehalten werden, um die Beurteilung der Mitarbeiter zu objektivieren. Um dies zu realisieren, wurde in Form der ‚Börse' ein Diskussionsforum geschaffen, in dem der Vorgesetzte seine Sichtweise des Mitarbeiters überprüfen kann. Die Auswahlentscheidung wird auf den Führungskreis einer größeren Organisationseinheit des Werkes (Börse) übertragen. Die Führungskräfte mehrerer Fachbereiche klären das Potential der Mitarbeiter. Die Potentialbeurteilung wird in mehreren Schritten sukzessive präzisiert und durch die Beteiligung mehrerer Personen objektiviert.

> Der neue Auswahlmodus mit dem Kernstück Führungskräfte-
> börse stellt eine Vielzahl neuer Herausforderungen an den Vor-
> gesetzten. Der fachliche Vorgesetzte wird durch die Übertragung
> von Auswahl- und Entwicklungsverantwortung zum Personal-
> entwickler. Seine Einschätzung gewinnt an Gewicht und sollte
> deshalb sorgfältig begründet sein. Die Diskussion und der Ab-
> gleich mit mehreren Vorgesetzten erfordert ein hohes Ausmaß
> an sozialer und kommunikativer Kompetenz.

Um auf kurzfristigen Bedarf reagieren zu können, werden diejenigen
Mitarbeiter, die Potential erkennen lassen und breit einsetzbar sind,
in einem *Pool für kurzfristige Bedarfe* zusammengefaßt. Aus diesem
Pool werden Stellenbesetzungen vorgenommen, die nicht planbar
sind (z.b. wegen Krankheit oder Fluktuation). Für alle Mitarbeiter
mit Potential werden weitere Lernziele formuliert, die eine Weiterentwicklung und die Übernahme von Führungspositionen ermöglichen sollen.

Spezialisierungsphase

Die Spezialisierungsphase dient dazu, die ausgewählten Mitarbeiter
auf der Grundlage der formulierten Lernziele gezielt auf ihre
zukünftige Position vorzubereiten. Die Spezialisierungsphase besteht
aus den zwei möglichst parallelen Bausteinen der *lernzielorientierten
Erfahrungseinsätze* und des *begleitenden Förderkreises*.

Über *Erfahrungseinsätze* in verschiedenen Lernbereichen wird der
Mitarbeiter auf seine zukünftige Aufgabe vorbereitet. In der Regel
geht man von zwei Erfahrungseinsätzen mit ca. sechs Monaten Dauer aus, wobei einer der Einsätze eine Vertreterfunktion beinhalten
sollte. Die Erfahrungseinsätze werden durch den *Förderkreis* beglei-
tet. Der Förderkreis soll den Mitarbeiter insbesondere in der Über-
gangsphase unterstützen und seine Kompetenzen erweitern. Als Förderkreis bezeichnet man eine konstante Lerngruppe, zusammengesetzt aus Mitarbeitern, die im Rahmen der Auswahl- und Planungsphase benannt wurden. Die Förderkreisarbeit soll helfen, die Sozial-
und Methodenkompetenz auszubauen, und orientiert sich an den
persönlichen Lernzielen der Teilnehmer. Schwerpunkt der Arbeitstagungen sind daher die Bearbeitung und Reflexion von Arbeitssituationen, die in Form von Praxisthemen von den Teilnehmern selbst
eingebracht werden. Zwischen den Arbeitstagungen bearbeiten klei-
nere Lerngruppen in projekthafter Form verschiedene aktuelle betriebliche Aufgabenstellungen. Betreut wird die Förderkreisgruppe
von erfahrenen Begleitern, die den Praxisbezug ebenso wie die Verfolgung der persönlichen Entwicklungsziele sicherstellen sollen.

3 Förderung beruflicher Handlungskompetenz

'Kompetent handelnde Mitarbeiter', diese Zielgröße personaler Förderung kann nur durch die konsequente Nutzung der unterschiedlichen Formen betrieblichen Lernens realisiert werden. Innovative und entwicklungsförderliche Konzepte und Gestaltungsansätze liegen vor (vgl. *Sonntag*, 1992; *Friede/Sonntag*, 1993; *Greif/Kurtz* 1996) und „warten" auf ihre Umsetzung in die tägliche Bildungsarbeit. In den weiteren Ausführungen werden aus den im 3. Kapitel (Abschnitt 2.4) aufgeführten Ansätzen zur Gestaltung betrieblicher Lernprozesse erprobte oder in der Erprobung befindliche Maßnahmen exemplarisch dargestellt. Sie beziehen sich im wesentlichen auf die bisher vernachlässigte operative Ebene und das untere und mittlere technische Management. Vorwiegend über Mitarbeiter dieser Hierarchiestufen sind die anspruchsvollen Managementkonzeptionen und neuen Fertigungs- und Organisationsstrukturen wandlungsfähiger und effizienter Unternehmen letztendlich realisierbar.

Berichtet wird über

– Denktrainings zur Bewältigung komplexer betrieblicher Aufgabenstellungen:
  • Studie 1: Planungsleistungen und zielgerichtetes Arbeitshandeln (vgl. *Sonntag/Schaper*, 1988);
  • Studie 2: Strategielernen für diagnostische Tätigkeiten (vgl. *Sonntag/Schaper*, 1993);
  • Studie 3: Computergestütztes mediales Strategielernen (vgl. *Sonntag/Lohbeck*, 1995);
– Maßnahmen zur Förderung gruppenorientierten Verhaltens durch Teamentwicklung und handlungstheoretisch begründete Trainings:
  • Studie 1: Förderung sozialer Handlungskompetenz (vgl. *Udris*, 1993);
  • Studie 2: Teamentwicklungstrainings (vgl. *Comelli*, 1993);
– einen Ansatz zur Integration von Lern- und Arbeitsprozessen (vgl. *Bracht/Sonntag*, 1996).

3.1 Denktrainings bei komplexen betrieblichen Aufgaben

3.1.1 Studie 1: Planungsleistungen und zielgerichtetes Arbeitshandeln

Im folgenden wird über ein kognitives Training mit heuristischen Regeln berichtet, das im Rahmen eines Forschungsprojektes zur Verbesserung der methodisch-didaktischen Ausgestaltung der Facharbeiterausbildung in Zusammenarbeit mit der Bildungsabteilung des

VW-Werkes Kassel entwickelt und erprobt wurde (vgl. ausführlich *Sonntag/Schaper*, 1988).

Angestrebt war die gezielte Förderung von Planungs- und Orientierungsleistungen, von systematischem und fehlerreduziertem Handeln sowie selbständigem Problemlösen bei der Bewältigung steuerungstechnischer Aufgabenstellungen (Aufbau einer pneumatischen Schaltung). Für die Entwicklung und Erprobung der Trainingsmethode wurde die Abfolge

1. Schritt: Aufgabenanalyse und Ermittlung leistungsbestimmender Teiltätigkeiten
2. Schritt: Gestaltung und Vermittlung der heuristischen Regeln
3. Schritt: Überprüfung der Wirksamkeit der Trainingsmethode

gewählt:

1. Schritt: Aufgabenanalyse und Ermittlung leistungsbestimmender Teiltätigkeiten

Der Anwendung kognitiver Trainingsverfahren hat eine detaillierte Aufgabenanalyse vorauszugehen, durch die leistungsbestimmende Teiltätigkeiten (Tätigkeiten, die kritisch sind für eine erfolgreiche Aufgabenbewältigung) bestimmt werden. Solche Methoden der Lernbedarfsanalyse wurden im vorangegangenen Abschnitt dargestellt.

Im konkreten Fall wurde eine systematische Aufgabenanalyse für den Aufbau einer pneumatischen Schaltung durchgeführt. Leitende Fragestellungen waren:

– Gibt es eine generell gültige und optimale Vorgehensweise bei der Aufgabenbewältigung?
– Welche Teiltätigkeiten sind darin enthalten, wie und in welcher Reihenfolge müssen sie ausgeführt werden, damit die Aufgabe mit hoher Wahrscheinlichkeit erfolgreich abgeschlossen werden kann?

Die Ergebnisse lassen sich in einem Ablaufdiagramm abbilden und stellen die Grundlage für die nachfolgende Expertenbefragung dar: Ausbilder sollten leistungsbestimmende Teiltätigkeiten und damit verbundene Handlungsdefizite benennen, die im Hinblick auf die optimale Vorgehensweise verbesserungswürdig waren und pädagogischer Intervention bedurften (vgl. Abb. 56).

Basierend auf der Kenntnis solcher, relativ störanfälligen leistungsbestimmenden Teiltätigkeiten konnten nun gezielt Maßnahmen abgeleitet werden, die den Denk- und Handlungsprozeß bei der Aufgabenlösung unterstützen und im Sinne optimaler Problemlösungen ausrichten sollen.

• **Systematische und vollständige Erfassung der gestellten Aufgabe und ihrer Lösungsbedingungen**
Häufig werden bestimmte nicht so geläufige Steuerungsanforderungen vergessen oder Randbedingungen (z.b. Not-Aus-Kreis) der Steuerung nicht beachtet.

• **Entwerfen des Schaltplans**
Es ist häufig anzutreffen, daß das Entwerfen des Schaltplans vollkommen vernachlässigt wird.

• **Festlegen einer Arbeitsschrittfolge für das Aufbauen der Schaltung**
Auch das Festlegen der Arbeitsschritte geschieht oft ohne systematische Planung und willkürlich.

• **Begleitendes Kontrollieren des Arbeitshandelns während des Aufbauens der Schaltung**
Das begleitende Kontrollieren des Arbeitshandelns wird sehr häufig vernachlässigt und kann aufgrund mangelnder Planung und Vorbereitung der Schaltung auch nur ungenügend ausgeführt werden.

• **Systematische Funktionsüberprüfung der aufgebauten Schaltung**
Bei der Funktionsüberprüfung wird häufig vergessen, Rand- oder Sonderbedingungen der Schaltung zu überprüfen.

• **Systematische, hypothesenbildende und -überprüfende Fehlersuche**
Die Fehlersuche wird meist vollkommen unsystematisch in Form eines planlosen Herumprobierens vorgenommen.

Abb. 56: Verbesserungswürdige leistungskritische Teiltätigkeiten beim Schaltungsaufbau

2. Schritt: Gestaltung und Vermittlung der heuristischen Regeln
Pädagogisch unterstützende Maßnahmen waren im konkreten Fall die Vorgabe von heuristischen Regeln, die zwar auf Lösungsprinzipien und Strategien hinweisen, aber dem Lernenden noch Raum zur Selbstgestaltung der Lernprozesse lassen (vgl. 3. Kapitel, Abschnitt 2.4.1). Formulierungskriterien waren:

– der **Allgemeinheitsgrad**: in Abhängigkeit von der Aufgabenschwierigkeit sind mehr allgemeine (z.B. „Mache Dir ein Bild von der Schaltung") oder mehr spezifische Anweisungen (z.b. „Entwerfe ein Weg-Zeit-Diagramm") zu formulieren;

– die **Zielgruppenspezifität**: die Regeln sind auf die sprachlichen, intellektuellen und fachlichen Voraussetzungen der Zielgruppe auszurichten;

– der **Aufforderungs- und Bewältigungscharakter**: die Regeln sollen ebenso zur Selbstverstärkung und Selbstmotivierung anleiten (z. B. „Geschafft! Systematisches Planen bewährt sich") wie sie bei Frustration und Mißerfolg unterstützen sollen (z. B. „Bleib ruhig, wenn es nicht gleich klappt").

Nach der Formulierung der Regeln war ein besonderer Übungsprozeß für das regelgeleitete Vorgehen bei der Aufgabenbewältigung erforderlich. In Anlehnung an *Galperin* (1967) und *Meichenbaum/ Goodman* (1971) wurde folgendes didaktische Konzept bei der Vermittlung heuristischer Regeln zugrunde gelegt:

1. *Schaffung einer Orientierungsgrundlage*: Ziel dieser Phase ist es, dem Lernenden Sinn und Zweck der Regeln zu erläutern und somit den Einsichtsprozeß für die Benutzung der Regeln zu fördern.
2. *Vorgabe eines Modells*: In dieser Phase gilt es, den Arbeits- oder Problemlöseablauf mit Hilfe des Regelwerks beispielhaft zu veranschaulichen. Es kommt vor allem darauf an, den Lernenden konkret Möglichkeiten der Bewältigung von Schwierigkeiten vorzuführen.
3. *Eigenständige und wiederholte Übung und Anwendung*: Bewährt hat sich hier eine Übungsform, bei der zwei Lernende mit verteilten Rollen eine Aufgabe zusammen bearbeiten. Einer der Auszubildenden übernimmt die Steuerung der Aufgabenbearbeitung, indem er dem anderen Arbeits- und Denkanweisungen in Form von Regeln gibt und ihn bei Fehlern oder Schwierigkeiten befragt und Hinweise gibt, was man weiter tun könnte. Bei weiteren Aufgaben werden die Rollen getauscht. Werden die Regeln schließlich genügend beherrscht und sorgfältig bei den Anwendungsfällen benutzt, kann die Regelanwendung und -beherrschung verkürzt und routinisiert werden.

3. Schritt: Überprüfung der Wirksamkeit des kognitiven Trainings

Bei trainingspsychologischen Untersuchungen geht man in der Regel so vor, daß vorab formulierte Untersuchungsannahmen (Hypothesen) über die zu erwartenden Leistungen anhand bestimmter Beobachtungskennwerte oder Indikatoren beurteilt werden. Im konkreten Fall wurden durch das Denktraining Verbesserungen im Arbeits- und Problemlösungsverhalten angestrebt. Hypothesen und Untersuchungskriterien zeigt Abbildung 57.

Um die in den Hypothesen genannten Aspekte zu operationalisieren, waren von den Teilnehmern einer Kontrollgruppe und der Trainingsgruppe praktische Aufgabenstellungen in einem Pretest (vor dem kognitiven Training) und einem Posttest (nach dem Training) zu bewältigen. Es handelte sich um anspruchsvolle steuerungstech-

Hypothese 1: Mit heuristischen Regeln Lernende führen umfassendere Vorbereitungs- und Planungstätigkeiten **vor** dem Arbeitshandeln durch.

Untersuchungskriterium: Zeitlicher Umfang der Orientierungs- und Planungstätigkeiten

Hypothese 2: Mit heuristischen Regeln Lernende zeigen ein zielgerichteteres und systematischeres Vorgehen beim Arbeitshandeln.

Untersuchungskriterium: Anzahl der Korrekturhandlungen; Anzahl der Abweichungen vom logisch-systematischen Aufbau.

Hypothese 3: Mit heuristischen Regeln Lernende führen umfassendere Kontroll- und Orientierungtätigkeiten *während* des ausführenden Arbeitshandelns durch.

Untersuchungskriterium: Benutzen des Schaltplans **während** des Aufbaus.

Hypothese 4: Mit heuristischen Regeln Lernende machen weniger Fehler beim Arbeitshandeln.

Untersuchungskriterium: Anzahl der fehlerhaften Handlungen.

Hypothese 5: Mit heuristischen Regeln Lernende lösen steuerungstechnische Aufgaben selbständiger.

Untersuchungskriterium: Ausmaß geforderter Hilfen.

Abb. 57: Hypothesen und Untersuchungskriterien zur Wirksamkeitsüberprüfung

nische Aufgabenstellungen („Zweihandschaltung mit Selbsthaltung und zeitabhängiger Rücksteuerung"). Mit Hilfe eines Beobachtungssystems wurden die Teilnehmer bei der Vorbereitung und dem Aufbau der Schaltung nach den formulierten Effizienzkriterien beobachtet und beurteilt. Die bei dieser Studie erzielten Ergebnisse zeigt nachfolgende Tabelle (Abb. 58).

Die Ergebnisse lassen sich wie folgt zusammenfassen:

- Durch das Training mit heuristischen Regeln wird eine Ausweitung und Verbesserung des Vorbereitens und Planens der Arbeit erreicht. Ein wesentlicher Gesichtspunkt dabei ist, daß das zeichnerische Planen der aufzubauenden Schaltung (in Form von Skizzen) vermehrt und verbessert ausgeführt wird. Es wird als sinnvoll erlebt und daher eher in das praktische Arbeitshandeln integriert. Hypothese 1 kann daher im wesentlichen als bestätigt gelten.

- Durch das Training wird ein zielgerichteteres und strukturierteres praktisches Arbeitshandeln erlernt. Das Aufbauen der Schaltung wird systematischer durchgeführt. Bei der Orientierung und Kon-

Beobachtungskriterien		Untersuchungswerte				Signifikanz-prüfung der Posttest-unterschiede KG - TG
		KG (n=11)		TG (n=11)		
		Prä	Post	Prä	Post	
Zeitlicher Umfang der Orientie-rungs- und Planungstätigkeiten	Md	5.1	5.1	0.4	9.0	n.s.
	QA	7.1	8.4	0.4	6.3	
Anzahl der Korrekturhandlungen	Md	5.0	7.0	3.0	2.0	s.
	QA	9.0	9.0	5.0	5.0	
Anzahl der Abweichungen vom logisch-systematischen Aufbau	Md	1.0	3.0	2.0	0.0	s.
	QA	2-.0	6.0	4.0	2.0	
Benutzen des Schaltplans wäh-rend des Aufbauens (Anzahl)	Md	1.0	3.0	0.0	5.0	n.s.
	QA	4.0	5.0	1.0	6.0	
Anzahl der fehlerhaften Handlungen	Md	3.0	7.0	3.0	2.0	s.
	QA	9.0	13.0	7.0	4.0	
Ausmaß der selbständigen Pro-blembewältigung in (%)	MW	-	84.3	-	93.4	n.s
	SD	-	18.1	-	7.6	
Legende						
Md = Median	MW = arithm. Mittel		s. = signif. (p≤0.05)		KG = Kontrollgruppe	
QA = Quartilabstand	SD = Standardabweichung		n.s. = nicht signifikant		TG = Trainingsgruppe	

Abb. 58: Wertetabelle der Versuchsergebnisse bei der praktischen Aufgabenstellung

trolle während des Aufbauens kann die sorgfältige Planung wirkungsvoll umgesetzt und benutzt werden. Diese Befunde weisen damit auf die Gültigkeit der Hypothesen 2 und 3 hin.

• Auch die Effektivität des Arbeitshandelns wird deutlich gesteigert. Es werden weniger Fehler gemacht, da durch das zielgerichtetere und besser geplante Arbeitshandeln weniger probierende oder falsche Handlungen vollzogen werden. Dieses Ergebnis stützt insbesondere Hypothese 4.

• Eine bedeutsame Verbesserung einer selbständigen Problembewältigung von steuerungstechnischen Aufgabenstellungen konnte allerdings nicht schlüssig nachgewiesen werden. Hierzu bedarf es vermutlich eines breiter angelegten Trainingsansatzes. Zur Hypothese 5 sind daher weitere Untersuchungen nötig.

Als Fazit dieser Studie kann insgesamt festgestellt werden, daß das Denktraining mit regelgeleitetem Vorgehen die Lernenden zur Strukturierung komplexer beruflicher Aufgaben und zur Ableitung differenzierter und effektiver Handlungsmuster anleitet und zu einer mehr selbstgeleiteten Vorgehensweise motiviert.

Das Trainingskonzept enthielt auch motivationsförderliche Komponenten. Insbesondere bei Teilnehmern mit einem mittleren Leistungsniveau konnte eine zusätzliche Sicherheit und erfolgsorientierte Herangehensweise an die Aufgabenstellungen durch die Vermittlung von Problemlösefähigkeiten entwickelt werden. Es konnte beobachtet werden, daß diese mehr Spaß am Bewältigen der steuerungstechnischen Aufgaben entwickelten und nicht mehr so schnell aufgaben, wenn sie an Lösungsbarrieren gerieten.

Neben erheblichen neuen Anforderungen an die Lernenden verlangen die kognitiven Trainingsverfahren auch von den Ausbildern erhöhte pädagogische Fachkompetenz sowie Umstellungs- und Umlernbereitschaft, um diese Lernmethoden wirkungsvoll anwenden zu können.

3.1.2 Studie 2: Strategielernen für diagnostische Tätigkeiten

Die Studie entstand vor dem Hintergrund steigender Anforderungen an das Anlagen- und Instandhaltungspersonal (vgl. auch 2. Kapitel, Abschnitt 3). Zu seinen Aufgaben gehört u.a. die Fehlersuche und -behebung bei aufgetretenen Störungen an den flexibel automatisierten Produktionsanlagen. Hierbei handelt es sich um komplexe Aufgabenstellungen, da die hohe Vernetztheit der Anlagenelemente und -funktionen sowie die Intransparenz der steuerungstechnischen Prozesse die Störungssuche erheblich verkompliziert. Das zukünftige Anlagenpersonal benötigt somit Fähigkeiten, die die strategische Beherrschung des technischen Wissens bei komplexen diagnostischen Anwendungssituationen umfassen.

Vor diesem Hintergrund wurden zwei Trainingsvarianten in Form von

- strategieleitenden Vorgehensregeln (Variante wie in Studie 1) und
- Selbstreflexionstechniken

entwickelt und auf ihre Wirksamkeit hin erprobt. Die Studie wurde wiederum unter Beteiligung der Bildungsabteilung und ausgewählter Produktionsbereiche eines Automobilunternehmens durchgeführt.

Entwicklung der Trainingskonzepte

Im Vorfeld der Trainingsgestaltung wurde eine umfangreiche **Lernbedarfsanalyse** hinsichtlich der strategie- und wissensbezogenen Anforderungen bei der Störungsdiagnose in realen Fertigungssystemen durchgeführt (vgl. Abschnitt 2.1.4, Abb. 44). Es wurden sowohl die technisch-organisatorischen Strukturen der Instandhaltung im Produktionsbereich beschrieben, die Anforderungsprofile der für Instandhaltungsaufgaben verantwortlichen Anlagenführer und Instandhalter erhoben, eine Sammlung und Klassifikation relevanter Störungen nach psychologischen Komplexitätskriterien vorgenommen und Strategie- und Wissensanalysen bei ausgewählten Störungsklassen durchgeführt. Die Ergebnisse der Lernbedarfsanalyse stellten die Grundlage für die Entwicklung des Trainings dar. Die weiteren Entwicklungsschritte des Trainings zeigt Abbildung 59.

1. Auswahl von Störungen und eines Übungskontextes zur Entwicklung von Trainingsaufgaben
2. Sequenzierung der Diagnoseaufgaben bezüglich ihrer Schwierigkeit
3. Entwicklung des Strategietrainings mit Vorgehensregeln
   - Analyse der strategischen Anforderungen bei den Diagnoseaufgaben
   - Ableitung und Formulierung von strategieleitenden Vorgehensregeln
   - Entwurf eines Trainingskonzepts zur Vermittlung und Anwendung der Regeln
4. Entwicklung des Selbstreflexionstrainings
   - Formulierung von Instruktionen/Fragen zur Selbstreflexion
   - Formulierung von Instruktionen/Fragen zur gruppenorientierten Reflexion

Abb. 59: Entwicklungsschritte des Strategietrainings

1. Auswahl des Übungskontextes

In einem ersten Schritt waren **Störungen** und ein **Übungskontext** auszuwählen, die die in der betrieblichen Realität auftretenden Diagnoseanforderungen in prototypischer Form repräsentieren. Zur Ermittlung solcher Prototypen wurden Instandhalter befragt. Dabei sollten sie anhand von operationalisierten Kriterien, die sich auf Komplexitätsmerkmale von Störungen beziehen (wie bspw. die Intransparenz oder Informationsvielfalt bei der Fehlersuche), typische Störfälle aus ihrem Arbeitsbereich benennen und charakterisieren.

Aus dieser Sammlung wurde im nächsten Schritt eine **repräsentative Auswahl** von Aufgaben im Sinne von Störungen getroffen, an denen sich eine Grundstruktur diagnostischen Handelns vermitteln läßt. In Zusammenarbeit mit Ausbildern wurden dafür 14 Störungen bestimmt. Als **Übungskontext** wurde eine SPS-Simulationsvorrichtung (SPS = Speicherprogrammierbare Steuerung) mit elektropneumatischer Aktorik für Programmier- und Diagnoseübungen ausgewählt, da sich hier die diagnostischen Anforderungen optimal realisieren lassen.

2. Sequenzierung der Übungsaufgaben

Damit der Lernprozeß zur Ausbildung verallgemeinerbarer Handlungs- und Problemlösekompetenzen optimal verläuft, sollte eine gestufte Heranführung an zunehmend komplexere Störungssachverhalte erfolgen. Hierzu stuften die Ausbilder jede der 14 Störungen in bezug auf Schwierigkeiten der Fehlersuche und verschiedene Kriterien der Störungskomplexität ein. Nach Ausschluß von vier inkonsistenten Fällen konnte anhand dieser Einschätzungen eine **Aufgabenreihenfolge** (Sequenzierung) im Sinne einer stufenweisen Erhöhung der Komplexitäts- und Schwierigkeitsanforderungen festgelegt werden. Insgesamt wurden so zehn Störungen für das Diagnosetraining bestimmt.

3. Gestaltung der Vorgehensregeln

Durch die Anwendung und Internalisierung von Vorgehensregeln bei der Störungssuche soll der Lernende befähigt werden, komplexe Diagnoseprozeduren selbständig zu planen und auszuführen. Die Regeln haben dabei vor allem die Funktion, auf aufgabengerechte Strategien und Lösungsprinzipien hinzuweisen.

Die Formulierung der Regeln leitet sich aus den strategischen Denk- und Handlungsanforderungen bei der Fehlersuche ab. Hierzu wurde eine **rationale Aufgabenanalyse** durchgeführt, mit der die invarianten und verallgemeinerbaren Informationsverarbeitungsschritte der diagnostischen Prozeduren bestimmt wurden. Die Struktur der strategischen Anforderungen bei der Fehlersuche an SPS-gesteuerten Anlagen bzw. Vorrichtungen gibt Abbildung 60 wieder.

Die Regeln nehmen außerdem Bezug auf Vorgehens- und Strategiedefizite der Lernenden, indem sie Anleitungen zu kognitiven Operationen geben, die weitestgehend vernachlässigt bzw. nicht ausreichend beherrscht wurden. Diese Defizite wurden bei der Zielgruppe in vorbereitenden Beobachtungsstudien ermittelt (vgl. auch Studie 1). Einen Ausschnitt aus dem Regelschema zeigt Abbildung 61.

Zur Vermittlung eines an den Regeln orientierten strategischen Vorgehens reicht es erfahrungsgemäß nicht aus, die Regeln den Lernenden nur in einer schriftlichen Version vorzugeben. Zum Erlernen einer komplexen Vorgehensstrategie ist vielmehr ein **gesonderter Instruktions- und Übungsprozeß** erforderlich, der in Anlehnung an *Friedrich/Mandl* (1992) folgende Schritte beinhaltet:

- Sensibilisierung für den Umgang mit Strategien, z. B. indem erste praktische Diagnoseversuche gemeinsam in der Gruppe reflektiert werden;
- Erwerb von Wissen über die Strategie, z. B. durch Beobachtungslernen und Kartensortiertechniken (sog. deklarative Phase);
- Überführung des Strategiewissens in eine kognitive Prozedur durch praktische Übungen an prototypischen Diagnoseaufgaben (sog. prozedurale Phase);
- Feinabstimmung und Routinisierung der Strategieanwendung durch Übungen an variierenden und komplexen Störungsfällen.

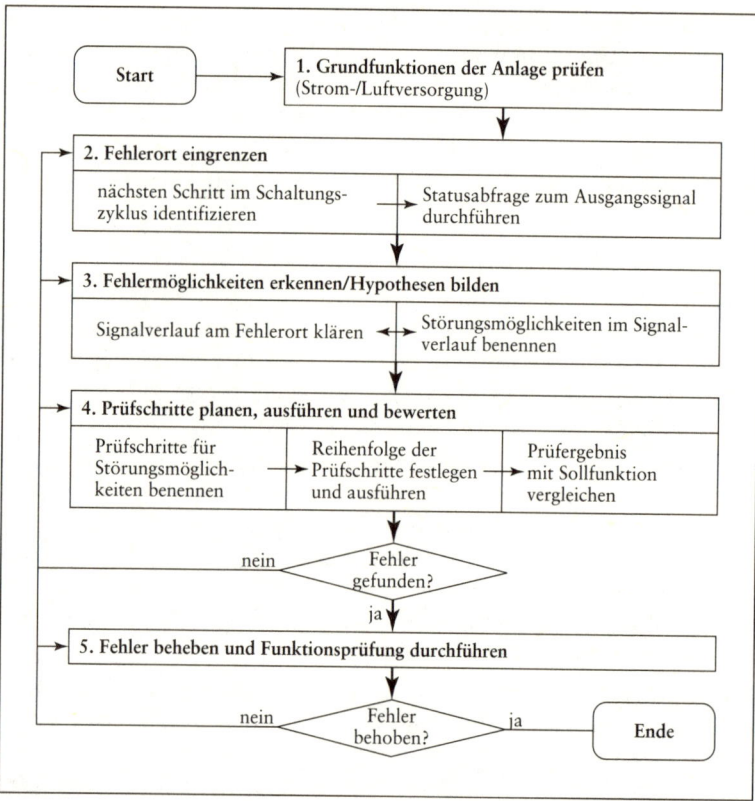

Abb. 60: Diagnostische Prozedur und Strategie an einer SPS-gesteuerten Simulationsvorrichtung

2. Fehlerort eingrenzen

- Mache Dir den Schaltungsablauf klar und ermittle den nächstfolgenden Schritt!
  Beachte dabei, daß bestimmte Schaltstellungen der Zylinder mehrfach im Zyklus auftreten!
- Prüfe im Status, ob das Ausgangssignal für den nächsten Schritt gebildet wird!

3. Fehlermöglichkeiten erkennen

- Mache Dir den Signalverlauf am Fehlerort klar!
- Notiere, wo die Störung liegen könnte!
  Gibt es noch weitere Möglichkeiten?

Abb. 61: Ausschnitt aus den Vorgehensregeln zur Störungsdiagnose

Diese Art der Vermittlung wurde für das Diagnosetraining mit Vorgehensregeln entsprechend konkretisiert und umgesetzt.

4. Gestaltung des Selbstreflexionstrainings

Als nächstes wurde das Diagnosetraining auf der Basis von Selbstreflexionstechniken entwickelt. Bei dieser Art des indirekten Trainings werden die Auszubildenden angeleitet, ihre strategischen Fähigkeiten bei der Fehlersuche **selbständig** zu entwickeln. Der Lernende erhält dazu Anweisungen, seinen Denkprozeß und seine Lösungsbemühungen beim Lösen komplexer Probleme zu reflektieren. Gewöhnlich erfolgt dies am Ende einer Aufgabe oder durch Unterbrechungen des Lösungsprozesses an kritischen Punkten (z. B. wenn die Störungsursache nicht gefunden wird). Der Selbstreflexionsprozeß wird dabei durch Fragen angeleitet, die dem Problemlöser helfen sollen, sein Denken und Handeln wahrzunehmen, zu bewerten und zu modifizieren. Im konkreten Fall waren fünf Fragen nach Beendigung der Fehlersuche zur **individuellen Selbstreflexion** zu beantworten (vgl. Abb. 62).

Leitfragen zur Selbstreflexion

1. Welche(n) Fehler habe ich vermutet?
2. Warum?
3. Wie bin ich vorgegangen, um ihn zu finden?
4. Was habe ich gut gemacht? Was habe ich schlecht gemacht?
5. Was kann ich beim nächsten Mal besser machen?

Leitfragen zur gruppenbezogenen Reflexion

1. Beschreibe bitte charakteristische Vorgehensweisen bei der Fehlersuche. Worin unterscheiden sie sich?
2. Welche Vorgehensweisen bzw. Teile davon sind störungsübergreifend? Welche sind störungsspezifisch?
3. Gibt es eine optimale Vorgehensweise?

Abb. 62: Leitfragen zum reflexiven Vorgehen

Zur Intensivierung des Selbstreflexionsprozesses wurden die Lernenden außerdem aufgefordert, ihr Vorgehen in Stichworten schriftlich wiederzugeben. Am Ende der Übungssitzungen kamen sie dann zusammen, um ihre diagnostischen Strategien den anderen Teilnehmern vorzustellen und zu erklären. Dabei wurden sie im Rahmen einer **gruppenbezogenen Reflexion** gebeten, ihre Vorgehensweisen anhand von drei zentralen Fragen zu diskutieren (vgl. Abb. 62).

Unter Zuhilfenahme der *Meta-Plan-Methode* entwickelten die Lernenden auf diese Weise gültige Vorgehensweisen zur Diagnose der Störungen. Die Ausbilder hatten dabei nur moderierende Funktion.

Untersuchungsplan und -durchführung

Die Wirksamkeit der beiden Strategietrainings wurde in einem **quasi-experimentellen Kontrollgruppenversuch** überprüft. Dabei wurden die Leistungen der Experimentalgruppen mit herkömmlich Ausgebildeten verglichen.

Als **Untersuchungshypothese** wurde formuliert, daß Lernende mit Strategietraining effektiver und systematischer bei der Fehlersuche vorgehen als die herkömmlich trainierten Auszubildenden. Zur Prüfung der Hypothese wurden die Teilnehmer bei eher praktischen Diagnoseaufgaben bezüglich folgender Kriterien beobachtet:

1. Die Lösungszeit bis zum Finden der Fehlerursache: max. wurden 30 Min. Zeit für die Aufgabe gegeben;
2. die Anzahl der ausgeführten Prüfschritte im Verlauf der Fehlersuche;
3. die Anzahl der irrelevanten Prüfschritte, die durch eine Bewertung der protokollierten Prüfschritte ermittelt wurden.

Der **Untersuchungsplan** sah folgendermaßen aus:

Durchgeführt wurde die Untersuchung im Rahmen eines Lehrgangs zur SPS-Steuerungstechnik, der über vier Wochen verlief. Bei allen Untersuchungsgruppen handelte es sich um auszubildende Industriemechaniker der Richtung Produktionstechnik und Betriebstechnik. Nach Ablauf der ersten Lehrgangshälfte wurde ein **Pretest** anhand einer praktischen Diagnoseaufgabe an einer elektropneumatischen Steuerung durchgeführt. Dann erfolgte die **Trainingsphase**. Bei einer Kontrollgruppe wurden wie üblich keine gesonderten Aufgaben zur Fehlersuche angeboten, sondern nur die zufällig auftretenden Störungen an den Schaltungen bearbeitet. Eine weitere Kontrollgruppe erhielt eine Art Übungstraining, d.h., sie bearbeiteten alle für das Training entwickelten Diagnoseaufgaben, erhielten aber keine strategiebezogenen Instruktionen zum Vorgehen. Da sich die Leistungen dieser beiden Gruppen im Pre- und Posttest nicht wesentlich unterschieden, wurden sie für die weitere Auswertung zu einer Gruppe zusammengefaßt.

Die **Experimentalgruppen** erhielten jeweils unterschiedliche Strategietrainings. In einem Fall mit Vorgehensregeln, im anderen Fall mit Selbstreflexionstechniken. Alle Trainings (incl. dem Übungstraining) wurden in drei Sitzungen abgehalten, die jeweils vier Stunden dauerten. Zum Abschluß der Lehrgänge wurde mit allen Teilnehmern ein Posttest durchgeführt.

Ergebnisse der Trainingsstudie

Zur Auswertung der Gruppenunterschiede wurde für die Posttestergebnisse eine multivariate Varianzanalyse (MANOVA) gerechnet, in der jeweils die Pretestresultate als Kovariablen berücksichtigt wurden. Betrachtet man den Pillais-Index für den Posttest, so ist festzustellen, daß die Gruppen sich hinsichtlich der Trainingsmethode und der Prüfkriterien unterscheiden. Dies spricht für einen **generellen Trainingseffekt**, der durch univariate Auswertungen und hypothesenbezogene Einzelvergleiche weiter untersucht werden kann (vgl. Abb. 63).

Multivariater Signifikanztest (MANOVA):
Pillais   (Value = .47; Approx. F = 3.83; Sig. von F = 0.002)*

	KG		EG 1		EG 2			Einzelvergleich	
	MW	SD	MW	SD	MW	SD	F – Test	KG-EG1	KG-EG2
Bearbeitungszeit (Min.)	17.9	10.9	12.5	11.2	14.2	9.7	n.s.	n.s.	n.s.
Anzahl der Prüfhandlungen	23.1	12.7	12.8	10.1	14.6	6.0	*	*	*
Anzahl irrelevanter Prüfschritte	16.8	11.0	6.0	6.1	6.9	4.4	*	*	*
Stichprobenumfang	N = 22		N = 11		N = 11		N = 44	N = 33	N = 33

Legende:	KG	= Kontrollgruppe		MW	= arithmet. Mittel
	EG 1	= Experimentalgruppe		SD	= Standardabweichung
		mit regelgeleitetem Training		*	= signifikant (p≥0.05)
	EG 2	= Experimentalgruppe		n.s.	= nicht signifikant
		mit Selbstreflexionstraining			

Abb. 63: Ergebnisse des Posttests (Diagnoseaufgabe an einer elektropneumatischen Steuerung)

Der Vergleich der Kontrollgruppe mit den Experimentalgruppen bei der Bearbeitungszeit zeigt keine bedeutsamen Unterschiede, obwohl die Leistungen beider Experimentalgruppen im Mittel besser sind. Signifikante Unterschiede sind aber bezüglich der **Anzahl der Prüfhandlungen** und der **Anzahl irrelevanter Prüfschritte** festzustellen. Dies gilt sowohl für den Vergleich des Regeltrainings mit der Kontrollgruppe als auch für den des Selbstreflexionstrainings. Bezüglich des Prüfkriteriums Bearbeitungszeit konnte nur eine leichte, aber keine signifikante Verbesserung des Diagnoseverhaltens erzielt werden. Zurückgeführt werden kann dies auf die **begrenzte Trainingszeit**, d.h., 10 Stunden Strategietraining scheinen in diesem

Fall nicht ausreichend zu sein, um sich ein routiniertes strategisches Verhalten anzueignen. Dieses Resultat korrespondiert mit Ergebnissen aus anderen Trainingsstudien zur Vermittlung von Denk- und Lernstrategien. Deutlich reduziert werden konnte aber die Anzahl der Prüfhandlungen und die Anzahl der irrelevanten Prüfschritte. Dieses Ergebnis spricht für ein **verbessertes systematisches Vorgehen** bei der Fehlersuche. Es zeigt vor allem, daß die Lernenden befähigt werden konnten, eine Störung in der Anfangsphase der Diagnose auf einen definierten Suchraum einzugrenzen. Dies ist eine wesentliche strategische Anforderung bei der Fehlersuche in flexibel automatisierten Fertigungssystemen.

Zusammenfassend läßt sich feststellen, daß sowohl strategische Vorgehensregeln, als auch Selbstreflexionstechniken wirkungsvolle Methoden sind, um aufgabengerechte Strategien zur Störungsdiagnose zu vermitteln.

3.1.3 Studie 3: Computergestütztes mediales Strategielernen

Auch diese Studie dient der Kompetenzförderung für anspruchsvolle Diagnosetätigkeiten in der Produktion. Beschrieben wird die Entwicklung und Evaluation eines Computer Based Trainings (CBT). Gegenstand des CBT ist die Simulation eines komplexen Produktionsprozesses auf PC-Basis, bei dem Störungen in einer Produktionsanlage veranschaulicht und durch Eingriffsmöglichkeiten diagnostizierbar und behebbar werden. Ziel war die Verwendung der Simulation als mediales Vehikel, das technische Probleme darstellen kann und über die Interaktion mit dem Lerner Rückmeldung über den Erfolg des Problemlöseversuchs ermöglicht.

Hier bietet der Computer eine pädagogisch und ökonomisch sinnvolle Alternative zur Simulation von Störungen an realen Anlagen. Thematisch bezieht sich die Studie somit auf Ansätze des computerunterstützten Lernens (vgl. Kapitel 3, Abschnitt 2.4.1). Zunächst wird über die software-ergonomische Entwicklung des Lernprogramms, daran anschließend über die Wirksamkeitsüberprüfung berichtet.

Software-ergonomische Entwicklung des Lernprogramms

Der Konstruktionsprozeß des CBT ist an die Software-Entwicklungsstrategie des „Prototyping" angelehnt. In dem zyklisch und iterativ verlaufenden Entwicklungsprozeß (vgl. Abb. 64) werden die Prototypen des Programms von Benutzern bewertet und auf dieser Grundlage überarbeitet. Wesentlich ist dabei die frühzeitige Beteiligung der potentiellen Benutzer. Der Entwicklungsprozeß läßt sich in der folgenden Grafik darstellen und wird als Orientierungsrahmen für die nachfolgenden Ausführungen verwendet.

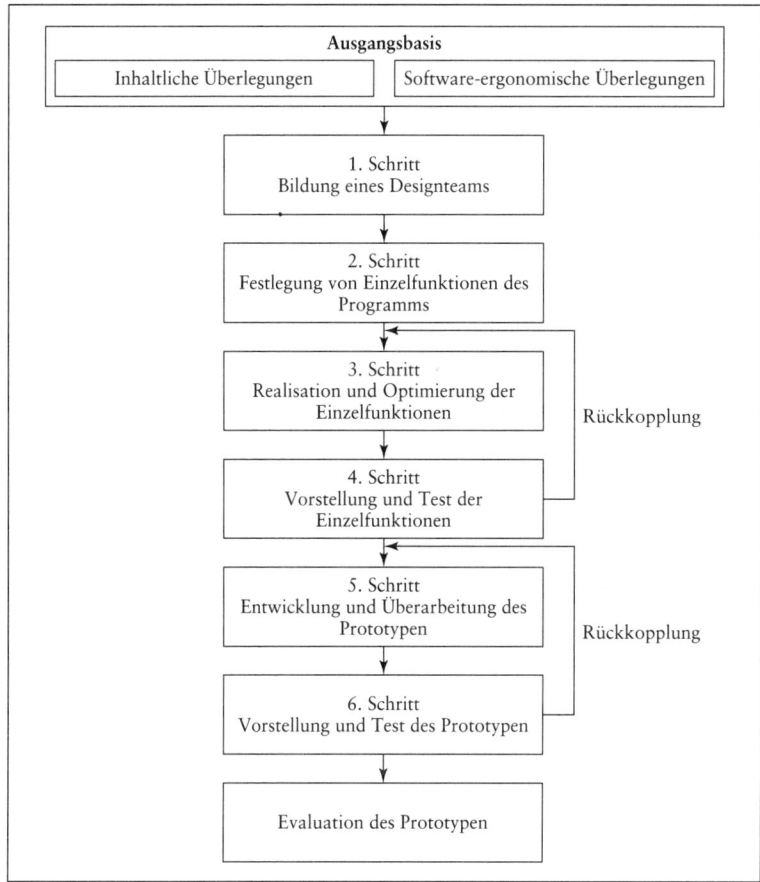

Abb. 64: Software-Entwicklungsstrategie „Prototyping" des Lernprogramms

Inhaltliche und software-ergonomische Überlegungen

Gegenstand der Simulation ist eine flexible Fertigungszelle (eine zweistufige Einpreßvorrichtung mit einer Transportvorrichtung und einer speicherprogrammierbaren Steuerung/SPS). Für den Einsatz der Simulation in der Ausbildung für zukünftige Instandhalter waren folgende essentielle Rahmenbedingungen, abgeleitet aus vorangegangenen Analysen der Störungsdiagnose und Ausbildungssituation zu berücksichtigen:

– Grafische (Gesamtanlage, Teilkomponenten, Weg-Schritt-Diagramm) und verbale (Meßwerte, Instruktionen, Hilfestellungen, Statusabfragen) Informationen müssen darstellbar und miteinander kombinierbar sein.

– Die Informationen müssen vom Benutzer abfragbar sein (interaktive, benutzergesteuerte Simulation).

– Zur Störungsdiagnose müssen Meßoperationen (Druck, Volt) anwählbar und an definierten Punkten des Systems durchführbar sein.

– Die Prüfvorgänge sollten, wie die Navigation im gesamten Programm, mausgesteuert erfolgen.

– Zur Störungsbeseitigung müssen Komponenten des Systems austauschbar (reparierbar) sein.

– Varianten der Simulation, insbesondere die Implementierung von Störungen und den damit verbundenen Änderungen des Systems, müssen ökonomisch erzeugt werden können.

– Eine ausreichende Anzahl technologisch verschiedenartiger (pneumatische, hydraulische und elektrische) und nach Schwierigkeitsgrad variierender Störungen muß erzeugt werden können.

– Das Programm muß auf 386/16 Rechnern mit 40 MB Festspeicherkapazität lauffähig sein.

Nach diesen inhaltlichen Überlegungen wurden fünf software-ergonomische Prinzipien der Dialog-Gestaltung formuliert:

– **Aufgabenangemessenheit**: die Interaktion mit dem System sollte vom Benutzer problemlos durchgeführt werden können;

– **Erwartungskonformität**: dies meint die Entsprechung der Erwartungen des Benutzers mit den Systemreaktionen;

– **Steuerbarkeit**: Sie umfaßt die Beeinflussung von Auswahl und Reihenfolge möglicher Handlungen, sowie Art, Umfang und Geschwindigkeit der Ein- und Ausgaben;

– **Selbstbeschreibungsfähigkeit**: sie ist gewährleistet, wenn jeder einzelne Dialogschritt unmittelbar verständlich ist bzw. entsprechende Erläuterungen abrufbar sind;

– **Fehlerrobustheit**: angesprochen ist die Absicherung gegen Systemabstürze bzw. undefinierte Systemzustände;

– **Deutlichkeit der Darstellung**: Sie wird im wesentlichen über die leichte Identifizierbarkeit der verwendeten Symbole und die Herstellung von Kompatibilitäten realisiert.

Die Umsetzung o.g. Zielsetzungen und Beachtung der Gestaltungskriterien erfolgte in den weiteren Phasen des Designprozesses.

Bildung eines Designteams

Zur Umsetzung der beschriebenen Zielsetzungen und Kriterien wurde ein Designteam gebildet, das sich aus fünf Personen mit unterschiedlichen fachlichen Kompetenzen zusammensetzte. Zum Designteam gehörten drei Ausbilder (Meister), die im wesentlichen eine fachlich-beratende Funktion innehatten. Außerdem sollten sie die

Interessen und Voraussetzungen der Zielgruppe sowie die organisatorischen Rahmenbedingungen berücksichtigen und im Designteam vertreten. Ein Psychologe vertrat den Bereich der didaktischen und software-ergonomischen Gestaltung und übernahm die Moderation der in verschiedenen Abständen stattfindenden Sitzungen des Designteams. Schließlich war ein Programmierer für die Umsetzung der erarbeiteten Vorstellungen unter Berücksichtigung der Möglichkeiten und Grenzen des ausgewählten Autorensystems (Toolbook der Fa. Asymetrix) zuständig.

Festlegung von Einzelfunktionen des Programms

In diesem Schritt entschied das Designteam, welche Funktionen und Möglichkeiten das Lernprogramm beinhalten sollte. Hierbei sollten möglichst alle Handlungen, die an der realen Anlage zur Analyse und Beseitigung einer Störung möglich und notwendig waren, auch in der Computersimulation berücksichtigt werden. Für einen im Programm simulierten Endschalter der realen Anlage bedeutete dies beispielsweise, daß er, wie der reale Endschalter auch, gemessen, sichtgeprüft und ausgetauscht werden kann.

Als wesentliche Prüfoperationen stehen somit Sicht-, Druck- und Spannungsprüfungen an allen relevanten Anschlüssen zur Verfügung. Darüber hinaus wurde der Umfang und die Art der vorzusehenden tutoriellen Komponenten (Erläuterungstexte, Online-Hilfen etc.) der Computersimulation festgelegt. Das Ergebnis dieser Phase war eine Liste isolierter Einzelfunktionen, die zur Simulation der Anlage sowie zur Überprüfung und Reparatur von Anlagenkomponenten und deren Erläuterung innerhalb des CBTs zur Verfügung stehen sollte.

Realisation und Optimierung der Einzelfunktionen

In dieser Phase wurde auf der Grundlage des vorherigen Schrittes eine Simulation der realen Anlage entwickelt. Abbildung 65 zeigt die Programmdarstellung der Gesamtanlage in der Vorderansicht und Draufsicht. Durch Betätigung der „Starttaste" kann eine Animationssequenz aufgerufen werden, die einen kompletten Anlagenablauf simuliert, bei dem Erläuterungen zu den einzelnen Bewegungen, Baugruppen und den angefahrenen Initiatoren gegeben werden. Nach Aufruf einer Anlagenkomponente über das Menü wird diese Komponente bildschirmfüllend dargestellt. Dem Benutzer werden bestimmte Prüf- und Korrekturhandlungen unmittelbar zur Verfügung gestellt. Hierzu wurden die verschiedenen technologischen bzw. räumlichen Teilsysteme auf dem Computer in Form von „Funktionszeichnungen" nachgebildet. Diese Zeichnungen wurden danach mit Skripten bzw. Programmen hinterlegt, die ein funktions-

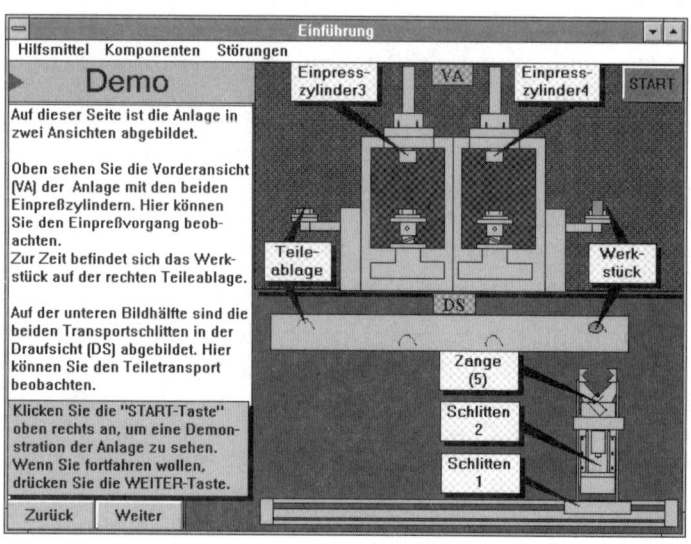

Abb. 65: Ansichten der simulierten Gesamtanlage im Lernprogramm

gerechtes Handeln in den einzelnen Teilsystemen der Simulation ermöglichen. Abbildung 66 zeigt als Beispiel für ein solches Teilsystem
die Programmdarstellung der pneumatischen Zange.

Die Zange hat an der realen Anlage die Aufgabe, ein Werkstück zu
greifen. Die Stellung der Zange (auf oder zu) wird über die Endschalter (SE5V und SE5R) an die SPS-Steuerung der Anlage gemel-
det. Die einzelnen Bauteile in dieser Programmdarstellung, wie z. B.
die Endschalter, sind mit Funktionen hinterlegt, die ein Anklicken
mit der Maus ermöglichen und daraufhin verschiedene Prüfoperationen – als virtuelle Taste – (links neben der Zange) auf dem Mo-
nitor erscheinen lassen. Rückmeldemechanismen über Ergebnisse
von Prüfhandlungen (z.B. „Spannung messen") werden ebenfalls
grafisch über die Einblendung eines Spannungsprüfers dargestellt,
bei Korrekturhandlungen (z. B. „Bauteil austauschen") wird eine
entsprechende verbale Rückmeldung bzw. Bestätigung der Handlungsausführung durch das Programm gegeben (z. B. „Bauteil wurde ausgetauscht").

Vorstellung und Test der Einzelfunktionen

In einer anschließenden Untersuchungsphase wurden die Einzelfunktionen dem Designteam vorgestellt. Anhand von Arbeitsaufga-

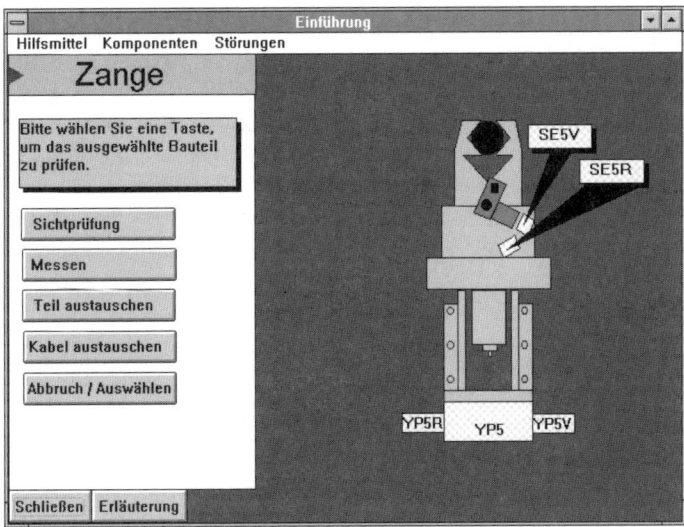

Abb. 66: Darstellung der Zange im Lernprogramm

ben wurden die Einzelfunktionen (Menübefehle, virtuelle Tasten, Erläuterungen, Prüfmöglichkeiten usw.) auf ihre konkrete Funktionsfähigkeit sowie angemessene Gestaltung überprüft und Verbesserungsvorschläge für eine Überarbeitung gemacht. Die häufig notwendigen Überarbeitungen wurden dem Designteam erneut zur Überprüfung vorgelegt. Diese Rückkoppelungen wurden wiederholt, bis aus der Sicht des Designteams jede Einzelfunktion des Prototypen optimiert war. Hierbei war festzustellen, daß sich die Ansprüche an das Programm von der prinzipiellen Realisierbarkeit einer Funktion hin zu deren software-ergonomischer Gestaltung verlagerten.

Entwicklung und Überarbeitung des Prototypen

Bei der Entwicklung bzw. Überarbeitung des Prototypen wurden die optimierten Einzelfunktionen zu einem ersten funktionsfähigen Prototypen integriert. Die Ansprüche an diesen Prototypen waren höher als an die verschiedenen Entwürfe. Während es bei diesen hauptsächlich darauf ankam, einzelne Funktionen exemplarisch zu entwickeln und im Designteam zu analysieren, mußten beim Prototyp alle Funktionen durchgängig realisiert werden.

Vorstellung und Test des Prototypen

Der entwickelte Prototyp wurde anschließend dem Designteam vorgestellt und anhand mehrerer Arbeitsaufgaben getestet. Dabei stand die Funktionsfähigkeit und Bedienbarkeit des Gesamtprogramms hinsichtlich definierter software-ergonomischer Kriterien und nicht der technischen Einzelfunktion im Vordergrund. Analog zum vierten Schritt wurde auch hier eine Rückkopplung integriert, bei welcher der Prototyp kritisch hinterfragt und optimiert wurde, bis von seiten des Designteams keine Verbesserungsmöglichkeiten für den Prototypen mehr gesehen wurden.

Evaluation

Zur **Evaluation** des hauptsächlich im Labor entwickelten Prototypen wurde dieser von potentiellen Benutzern empirisch bewertet. Zentral bei der Evaluation des Prototypen war die Kritik an seiner Gestaltung, an der Verständlichkeit und Ausführlichkeit der Informationen sowie am realisierten Abstraktionsniveau. Im Idealfall sollte beim fertigen Lernprogramm kein Interaktionsproblem mehr bestehen, damit sich der Lernende ausschließlich dem Sachproblem (also der Störungsdiagnose) widmen kann.

Die Evaluation wurde in Form von Einzelversuchen realisiert, nach deren Durchführung aufgrund der Kritik der Versuchspersonen eine Überarbeitung des Prototypen erfolgte. Hierzu war es notwendig, die Gestaltungshinweise der Versuchspersonen so konkret wie möglich aufzunehmen und umzusetzen. Dementsprechend wurden in einer explorativen Lernphase Teilfunktionen des Programms erläutert und vom Benutzer anhand eines Beispiels erprobt. Dabei sollte der Benutzer Bedürfnisse, Probleme und Verbesserungsvorschläge unmittelbar äußern.

Am Ende dieses Entwicklungsprozesses stand ein lauffähiges, benutzer- und bedienungsfreundliches Lernprogramm, das, sowohl inhaltlich als auch software-ergonomisch optimiert, im Rahmen eines Störungsdiagnosetrainings eingesetzt werden konnte.

Überprüfung der Wirksamkeit des CBT

Das entwickelte computergesteuerte Lernprogramm wurde in einem betrieblichen Lehrgang zur Vermittlung diagnostischer und strategischer Kompetenzen für zukünftige Instandhalter integriert. Dabei wechselten sich nach der Vermittlung steuerungstechnischer und strategischer Grundlagen Phasen simulierter (am PC) und realer (an der Anlage) Störungsdiagnosen ab. Zur Überprüfung der Wirksamkeit wurde die Hypothese formuliert, daß Lernende, die mit dem CBT üben, Störungsdiagnosen effizienter durchführen, als solche, die ohne CBT unterrichtet wurden. Um diese zentrale Hypothese zu

beantworten, wurde wiederum ein quasi-experimentelles Kontroll-
gruppendesign (analog der Studien 1 und 2) zugrundegelegt. In der
Posttestaufgabe wurden zum Lehrgangsende jedem Teilnehmer zwei
Störungen an realen Anlagen zur individuellen Bearbeitung vorgege-
ben. Für Diagnose und Behebung standen jeweils 30 Min. zur Verfügung. Operationalisiert wurde die Diagnosekompetenz mittels der
Kriterien „Anzahl behobener Störungen", „Benötigte Zeit", „Anzahl verwendeter Hilfsmittel", „Anzahl durchgeführter Prüfhandlungen". Abbildung 67 gibt die Ergebnisse des Posttests wieder.

	Hauptkriterium	Effizienzkriterien			
	Störung behoben	Lösungszeit	Hilfsmittel	Prüfhandlungen	Handlungen Gesamt
Trainingsform	Anzahl	MW (SD)	MW (SD)	MW (SD)	MW (SD)
mit CBT	12 von 16	12.9 (6.5)	11.4 (6.0)	6.9 (3.8)	18.3 (8.6)
ohne CBT	6 von 15	17.8 (7.4)	16.3 (6.4)	9.7 (4.1)	26.0 (8.3)
Prüfgröße signifikant	$\chi2$ (1,N=31)=3 ja(p<.05)	$t(18)=1.39$ nein	$t(31)=2.22$ ja (p< 0.1)	$t(31)=1.9$ ja (p<.05)	$t(31)=2.54$ ja (p<.01)

Legende: $\chi2$ = Chi-Quadrat Test   MW = Mittelwert
           t = t-Test   SD = Standardabweichung

Abb. 67: Ergebnisse des Posttests

Die Ergebnisse belegen eine Überlegenheit der CBT-Gruppe. Diese
Teilnehmer finden häufiger die Störungen und benötigen dazu eine
signifikant geringere Anzahl an Handlungen, was sich auch auf die
Anzahl der verwendeten Hilfsmittel als auch auf die Anzahl der
durchgeführten Prüfhandlungen niederschlug. Es ist somit gelungen,
durch computergestütztes mediales Lernen Diagnosekompetenz bei
technischen Störungen zu fördern.

3.2 Verbesserung gruppenorientierten Verhaltens

Wie im ersten Kapitel aufgezeigt (vgl. Abschnitt 3), kann fachliche
Expertise nicht mehr als das alleinige, dominante und erfolgsver-
sprechende Kriterium zur Bewältigung aktueller und zukünftiger
Aufgaben angesehen werden. Zunehmend werden von qualifizierten
Mitarbeitern soziale Fertigkeiten erwartet. Aktives Zuhören, offenes
und direktes Kommunizieren, sensitives Handeln in Konfliktsituationen gehören ebenso dazu wie Feedback annehmen oder Feedback
konstruktiv zurückmelden oder zu kooperieren und zu unterstützen.

Um soziale Fertigkeiten zu entwickeln, wird üblicherweise versucht, Wissen und Vorstellungen über relevante Bewußtseinsprozesse und Verhaltensqualitäten zu vermitteln. Die Umsetzung dieser Wissensinhalte wird dann in den meisten Fällen an und in konkreten Interaktionssituationen trainiert. Wichtige Bausteine von Trainings zur Entwicklung sozialer Kompetenz sind dabei:

– Instruktionen über Kommunikationsinhalte und -medien, Wirkungen von Gestik, Mimik, Körperhaltung und Sprache (vgl. *Argyle/Trower*, 1981);
– Präsentation von Situationen, in denen sozial kompetente bzw. inkompetente „Modelle" agieren (vgl. *Bandura*, 1979);
– Übungen zur Selbsterfahrung, realitätsangemessenen Wahrnehmung und Entwicklung alternativer Verhaltensstrategien in sozialen Situationen (z.B. durch Rollenspiele) (vgl. *Meichenbaum*, 1979).

Die allgemeinen Zielsetzungen derartiger Trainingsmaßnahmen sollen einerseits das Gespür für die soziale Situation (soziale Sensibilität) steigern und zugleich die Fähigkeit erhöhen, flexibel (d.h. mit Verhaltensalternativen) auf die genannte Situation zu reagieren.

Im folgenden wird über die Durchführung zweier Fördermaßnahmen zur gezielten Intervention bei Arbeitsgruppen berichtet.

3.2.1 Beispiel 1: Förderung sozialer Handlungskompetenz

Entwicklung des Trainings

Untersuchungsgegenstand dieses von *Orendi*, *Pabst* und *Udris* (1986) durchgeführten Projektes waren Interaktionsprozesse von Gruppenmitgliedern bei der Bewältigung ihrer Arbeitssituation sowie Lernprozesse, die im Zusammenhang mit der Integration neuer Gruppenmitglieder in bestehende Arbeitsgruppen auftraten (vgl. auch *Udris*, 1993).

Die Autoren definierten „Soziale Handlungskompetenz" wie folgt: *„Soziale Handlungskompetenz ist die Fähigkeit (und die Bereitschaft) einer Person oder einer Gruppe von Personen, ein inneres, kognitives Abbild einer sozialen Situation hinsichtlich ihrer Anforderungen, sowie von sich selbst in dieser Situation herzustellen, daraus abgeleitet (allein oder gemeinsam mit anderen) Ziele zu entwerfen und zu formulieren, situations- und zielangemessenes Handeln zu planen, durchzuführen und zu bewerten und schließlich über diesen Prozeß zu reflektieren und zu kommunizieren"* (*Orendi/Pabst/ Udris*, 1986, S. 8).

Die mit dem Trainingskonzept angestrebten potentiellen Veränderungen beziehen sich auf folgende Einzelmerkmale:

- *Wahrnehmung*: eine differenzierte kognitive Repräsentation sozialer Arbeitssituationen;
- *Zielsetzung*: mehr Bereitschaft und Fähigkeit, die sozialen Arbeitsbedingungen zu verbessern und arbeits- und kooperationsbezogene Ziele zu entwickeln;
- *Strategie*: die Fähigkeit zur Auswahl von Strategien zur Zielerreichung, die realistisch, zielnah und von den anderen Gruppenmitgliedern akzeptiert sind;
- *Handeln*: die Fähigkeit, Strategien in konkretes Handeln umzusetzen und Ziele zu realisieren und ihre Realisierung zu bewerten;
- *Erfolgskontrolle*: die Fähigkeit, eigene Vorgehensweisen und Interaktionen zu diskutieren und zu reflektieren (und zur Evaluation des individuellen und kollektiven Handelns);
- *Kommunikation*: eine Verbesserung der kommunikativen Fertigkeiten durch metakommunikative Übungen und Ableitung von Kommunikationsregeln;
- die Fähigkeit, auf jene *Bedingungen* Einfluß zu nehmen, die die Kooperation und Kommunikation im alltäglichen Arbeitsablauf fördern oder hemmen;
- eine erfolgreiche *kollektive* Anforderungsbewältigung, einschließlich effizienter Konfliktregelung, kollektiver Problemlösung und Entscheidungsfindung;
- verstärkte gegenseitige Hilfe und *soziale Unterstützung* in schwierigen Situationen;
- die Erleichterung der Integration von Neulingen.

Der Trainingsaufbau folgt dem aus Ansätzen der kognitiven Verhaltenstherapie (*Meichenbaum*, 1979) und handlungstheoretischen Lernkonzepten abgeleiteten Lernschritten und Trainingsprinzipien:

1. Die Trainingsteilnehmer analysieren Probleme selbst und legen die Ziele fest;
2. Aufarbeitung der Emotionen und Kognitionen im Zusammenhang mit den geplanten Veränderungsprozessen;
3. Förderung der Selbstbeobachtung im Hinblick auf eine Differenzierung der Selbst- und Fremdwahrnehmung interpersonalen Verhaltens;
4. Planung von Veränderungen schwieriger Alltagssituationen im Hinblick auf neue Situationen;
5. Identifikation von Problemen durch die Analyse und Differenzierung relevanter sozialer Situationen in der Arbeit;
6. Bewußtmachen und Formulieren von Zielen und Handlungsplänen;
7. Entwicklung alternativer Lösungen und Auswahl situationsangemessener Verhaltensmuster;

8. Verhaltenseinübung und Überprüfung dieser Verhaltensmuster in der alltäglichen Praxis;
9. Evaluation und eventuelle Modifikation in nachfolgenden Trainingseinheiten.

Grundlage und Ausgangspunkt der einzelnen Maßnahmen sind die **konkreten Alltagserfahrungen** in der Arbeitssituation der Teilnehmer. Am Beginn des Trainings stehen demnach eine ausführliche Analyse der sozialen Arbeitsbedingungen (Istzustand) durch die Teilnehmer selbst, um darauf aufbauend gemeinsam Handlungsziele (Sollzustand) ableiten und entwickeln zu können in Richtung einer Veränderung der Zusammenarbeit der Gruppe. Zu analysierende und zu bewertende Arbeitsbedingungen waren

(1) Kooperations- und Kommunikationsdeterminanten (hemmende und fördernde Bedingungen),
(2) kollektive Anforderungsbewältigung (Erfordernisse und Möglichkeiten),
(3) soziale Unterstützung in der Gruppe und
(4) Integration von Neulingen.

Durchführung

Das Training wurde in vier dreistündigen Sitzungen in wöchentlichem Abstand durchgeführt. Die **Trainingsbausteine** (insgesamt 20) sind in ihrer Struktur, nicht jedoch in der inhaltlichen Ausgestaltung für alle Gruppen gleich. Die in Abbildung 68 beschriebenen Bausteine werden in fast allen Kursen eingesetzt.

Außerdem finden Techniken der nachfolgenden Art Anwendung:

– Zusammenfassungen der protokollierten Ergebnisse der letzten Sitzung liegen schriftlich vor, werden gemeinsam gelesen und zur Diskussion gestellt.
– Jeweils am Ende einer Kurssitzung füllen die Teilnehmer Verlaufsfragebögen („Wie fanden Sie den Kurs heute?") aus, die der Kursleiter auswertet und in der nachfolgenden Sitzung präsentiert und zur Diskussion stellt.
– Zur Sammlung von Aussagen werden diese von den einzelnen Teilnehmern auf Karten notiert, von den Kursleitern thematisch sortiert und auf ein Plakat geklebt (Meta-Plan).
– Anhand von Videosequenzen werden Diskussionsverläufe analysiert, um der Gruppe die Entwicklung von Konflikten oder deren Regelung zu verdeutlichen.

Überprüfung

Zur **Evaluation** des Trainings hatten *Orendi/Pabst/Udris* (1986) Daten aus drei Perspektiven herangezogen. Bewertungen aus der Sicht

- *„Ein ganz normaler Arbeitstag"*:
  Die Arbeitsgruppe beschreibt ihre Arbeitsaufgaben im Überblick mit dem Ziel, bestehende und genutzte Kooperations- und Kommunikationsmöglichkeiten aufzudecken.
- *„Merkmale einer guten Zusammenarbeit"*:
  Die Teilnehmer machen eine Istanalyse anhand vorgegebener Merkmale und Antwortkategorien (z.b. Gesprächsmöglichkeiten während der Arbeit) und konkretisieren ihre Antworten anhand von Beispielen.
- *„Wunschzustand der Zusammenarbeit"*:
  Sollanalyse nach den gleichen Merkmalen. Gemeinsame und unterschiedliche Vorstellungen in der Gruppe werden herausgestellt, um Ziele der Zusammenarbeit festzulegen.
- *„Hindernisse für eine gute Zusammenarbeit"*:
  Erkennen und Sammeln der Hindernisse, die einer erwünschten verbesserten Zusammenarbeit entgegenstehen, um die Arbeitsbedingungen zu konkretisieren und differenzieren.
- *„Neulinge in der Gruppe"*:
  Ziel des Bausteins ist, Verständnis für die Situation der Neulinge herbeizuführen und ihre Integration zu erleichtern.
- *„Regeln für Gruppendiskussionen"*: Ziele und Regeln für eine erfolgreiche Gruppendiskussion werden gesammelt und erarbeitet.
- *„Konflikte besser verstehen"*: Konflikte werden anhand eines Fallbeispiels in ihren Ursachen und Verläufen auf die eigene Gruppensituation übertragen, um sie besser zu verstehen.
- *„Konfliktbewältigung"*: Anhand des Fallbeispiels werden Ziele und Strategien der Konfliktbewältigung entwickelt und die Erkenntnisse auf die eigene Gruppensituation übertragen.
- *„Wunschkonzert"*: Die Gruppe formuliert ihre Erwartungen an jedes Gruppenmitglied, um die Kooperationsbedürfnisse innerhalb der Gruppe zu verdeutlichen und Ansätze zur gegenseitigen Unterstützung zu entwickeln.
- *„Lob und Kritik"*: Vor allem Neulinge werden durch Rückmeldungen bei der Integration unterstützt, Vorgehensregeln für Rückmeldungen werden erarbeitet und eingeübt.

Abb. 68: Trainingsmodule zur Förderung sozialer Handlungskompetenz
(aus: *Orendi/Pabst/Udris*, 1986)

der Kursteilnehmer, der teilnehmenden Interaktionspartner (Kursleiter) und außenstehender Beobachter (z.B. Vorgesetzte, Videoauswertende) wurden auf ihre Divergenzen und Konvergenzen hin überprüft. Konkret standen Angaben aus den folgenden Quellen und Zeiträumen zur Verfügung (vgl. Abb. 69).

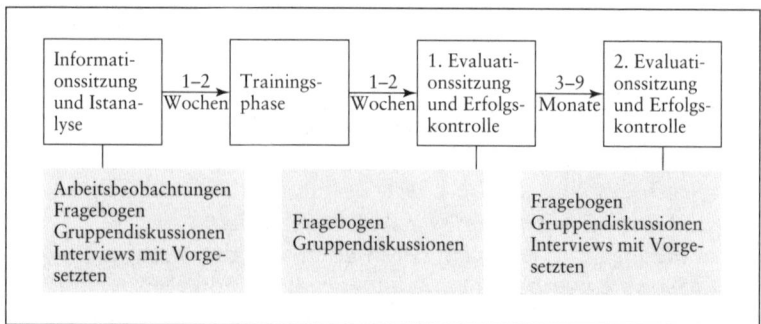

Abb. 69: Evaluationsdesign des Trainings zur Förderung der sozialen Handlungskompetenz (nach *Orendi/Pabst/Udris*, 1986)

Die Tätigkeitsabläufe, wer mit wem zusammenarbeitet, und die Interaktionen mit anderen Abteilungen wurden vor Trainingsbeginn direkt beobachtet. Die Fragebogen erfaßten ebenfalls Merkmale der Arbeitstätigkeit, der Kooperation und Kommunikation, die sozialen Bedingungen, die praktizierte Problembewältigung, Ansprüche, Selbstkonzept und Arbeitszufriedenheit. In den Gruppendiskussion wurden Fragen, wie „Was ist/war mir wichtig am Kurs?" oder „Welche Ziele wurden noch nicht erreicht?" behandelt. Vorgesetzte beantworteten Fragen zum Arbeitsauftrag und zu bestehenden Regelungen, sie nannten Beispiele für erfreuliche und schwierige Situationen. Nach jeder einzelnen Kurssitzung machten die Teilnehmer Angaben zu ihrer subjektiven Veränderungseinschätzung („Ich kann in schwierigen Situationen meine Meinung besser begründen." „Die Gruppe arbeitet besser zusammen, wenn die Arbeit belastend wird."), die zu Beginn der nächsten Kurssitzung ausgewertet vorgelegt wurden. Ebenso gehörten Videoanalysen von Trainingssequenzen zu den fortlaufenden Evaluationsinstrumenten.

Aus den qualitativen und quantitativen Analysen, teilweise in Form von Vorher-Nachher-Vergleichen der Selbstaussagen der Gruppenmitglieder ergab sich nach *Udris* (1993) das folgende Bild: Aus eigener Sicht, sowie in den Augen der Kursleiter und außenstehenden Beobachter waren die Teilnehmer unmittelbar nach dem Kurs und mehrere Monate später sozial kompetenter. Im einzelnen hatte sich das Selbstwertgefühl der Teilnehmer während des Kurses verbessert, sie beschrieben sich als leistungs- und kontaktfähiger. Die Zufriedenheit mit der Zusammenarbeit war angestiegen, allerdings ebenso die Ansprüche an gute Zusammenarbeit. Die Teilnehmer beteiligten sich stärker an Gruppendiskussionen, diskutierten differenzierter und beachteten Gesprächsregeln dabei genauer. Zum Teil wurden Konflikte schon während des Kurses geregelt. Auch erlebte sich die Mehrheit der Neulinge im Anschluß an den Kurs als integrierter, soziale Schranken konnten abgebaut werden.

3.2.2 Beispiel 2: Teamentwicklungstraining

Teamentwicklungstrainings zielen im allgemeinen darauf ab, (neugebildete) Teams in ihrer Leistungsfähigkeit zu optimieren. Zum einen geht es um die präventive Versorgung von neu zusammengestellten Organisationseinheiten mit dem für kooperative Arbeit notwendigen Rüstzeug, um eine optimale Startbasis zu gewährleisten. Zum anderen lassen bei schon länger bestehenden Teams Störungssymptome, wie ineffektive Besprechungen, unzureichende Kommunikation, Häufung von Mißverständnissen, ungenügende Einbeziehung der Mitarbeiter in Entscheidungsprozesse, schwindende Identifikation mit den Zielen, Mangel an Engagement bei den Teammitgliedern, Resignation und Leistungsabfall Schulungsbedarf sichtbar werden.

Unter Teamentwicklungstraining wird nicht eine spezielle Intervention verstanden, sondern der Begriff faßt eine Fülle einzelner Maßnahmen (Interventionen) zusammen, die zur Realisation der folgenden **Ziele** eingesetzt werden (vgl. *Comelli*, 1994):

– Verbesserung der Kommunikation untereinander (beziehungsstabilisierende und konfliktvermeidende Kommunikation, wie Feedback-Techniken, aktives Zuhören);
– Erlernen und Erwerb von Arbeitstechniken, die sich besonders für Teamarbeit eignen (z.b. Meta-Plan);
– Erlernen von Systematiken und Vorgehensweisen für Teamarbeit (z.B. Problemlösetechniken);
– Klärung der Gesamtzielsetzungen und Ableitung bzw. Vereinbarung entsprechender Teilziele;
– Klärung der einzelnen Rollen bzw. Aushandeln der gegenseitigen Rollenerwartungen;
– Vertiefung des Verständnisses für die ablaufenden Gruppenprozesse (Gruppendynamik);
– Entwickeln der Fähigkeit, gruppendynamische Prozesse wahrzunehmen und zu steuern;

- Klärung und Verbesserung von Beziehungen zwischen Teammitgliedern;
- Aufbau von Vertrauen zwischen den handelnden Personen und Stärkung der Bereitschaft, sich gegenseitig zuzuarbeiten und/oder zu stützen;
- Finden von effektiven Wegen, bestehende Probleme auf der Sach- wie auf der Beziehungsebene zu bewältigen;
- Klärung und Ausräumung von Konflikten innerhalb des Teams oder zwischen Gruppen;
- Entwicklung der Fähigkeit, Konflikte positiv (statt destruktiv) zu nutzen und Stärkung des Bewußtseins über das gegenseitige Aufeinander-angewiesen-sein;
- Definition des Selbstverständnisses des Teams und/oder Klärung der eigenen Teamposition im Umgang mit anderen.
- Verbesserung der Fähigkeit des Teams, mit anderen Arbeitsgruppen innerhalb der Organisation zusammenzuarbeiten.

Bei der Durchführung und Konzeption eines Teamentwicklungstrainings unterscheidet *Comelli* (1993) vier Phasen (vgl. Abb. 70):

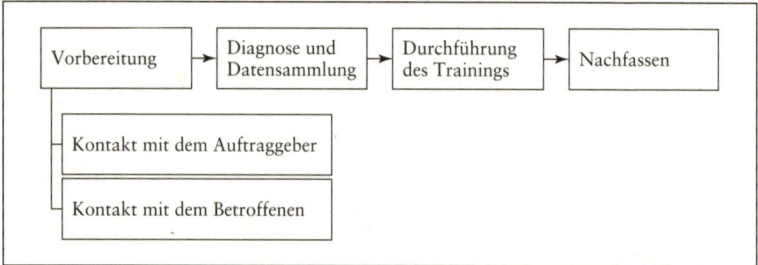

Abb. 70: Phasen des Teamentwicklungstrainings (aus *Comelli*, 1993)

Vorbereitungsphase

Bei der Kontaktaufnahme mit dem **Auftraggeber** sind Mißverständnisse bezüglich der Problemlage, der Zielsetzungen, der Vorgehensweise und der gegenseitigen Erwartungen und Rollen möglichst auszuschließen. Auch sind die zeitliche Perspektive und andere Rahmenbedingungen zu vereinbaren; diese werden am besten schriftlich dokumentiert. Eine ähnliche Klärung muß auch mit den unmittelbar **Betroffenen** herbeigeführt werden. Falls nicht alle Gruppenmitglieder einverstanden sein sollten, kann man vereinbaren, sich auf Inhalte zu beschränken, denen alle Teilnehmer zustimmen. In jedem Fall sollten alle Beteiligten, Vorgesetzte und Gruppenmitglieder bereit sein, das Projekt zu unterstützen. Dabei wird jedem an jeder

Stelle des Prozesses das Recht eingeräumt, bestimmte Vorgehensweisen oder Themen abzulehnen.

Diagnosephase

Konkrete Schulungsempfehlungen sind nur dann möglich, wenn ein umfassendes und exaktes Verständnis der Problemlage vorhanden ist. In der **Diagnosephase** werden zu diesem Zweck Ist- und Sollzustand, vermutete Ursachen und Vorgeschichten von Problemen, die Beziehungen der Mitglieder untereinander und zum Vorgesetzten und deren Entwicklung, Stärken und Schwächen der Gruppe und ihre Stellung in der Gesamtorganisation ermittelt.

Die Gruppenmitglieder sollen lernen, im betrieblichen Alltag selbständig zu diagnostizieren und zu intervenieren. Ein Standardinstrument zur Diagnose der alltäglichen Arbeitssituation ist die *Prozeßanalyse*, wobei der Arbeits- oder Kommunikationsprozeß analysiert und optimiert werden soll. Anleitende Fragen zur arbeitsbegleitenden Prozeßanalyse können beispielsweise sein:

– Was können wir beim nächsten Mal besser machen?
– Wie war das Verhältnis der Gruppenmitglieder untereinander? Fühlte ich mich wohl und warum (warum nicht)?
– Fühlte ich mich frei, meine Meinung zu äußern?
– Sind wir ziel- und prozedurbewußt vorgegangen? Wo gab es Störungen und warum?

Prozeßanalysen setzen **metakommunikative Fertigkeiten** voraus, d.h., die Fähigkeit über die eigene Kommunikation zu kommunizieren und sich damit selbst zum Gegenstand der Betrachtung zu machen. Eine besondere Herausforderung liegt darin, zwischen Prozessen über der Oberfläche (hör- und sichtbare Kommunikation) und unter der Oberfläche (Gefühle, Normendruck, Abhängigkeit, Einstellungen und Beziehungen) zu differenzieren. Beide beeinflussen das Klima und bestimmen die Dynamik der Situation.

Problemkataloge sind Sammlungen von Einzelproblemen, die nach Problemfeldern geordnet und mit verschiedenen Gewichten versehen sind. *Spontanabfragen* eignen sich als diagnostische Meßfühler. Dabei wird jeder Teilnehmer z.B. beim „Blitzlicht" gebeten, kurz seine momentane Befindlichkeit zu beschreiben oder kurz zu formulieren was er/sie gerade denkt. Beliebte Spontanabfragen zu Beginn eines Trainings sind etwa solche, zu den Erwartungen oder Befürchtungen der Teilnehmer. Am Ende eines Trainings finden häufig Feedback-Abfragen (Was hat mir etwas gebracht? Was hat mich gestört?) statt. Die Reaktionen der Teilnehmer auf Spontanabfragen dienen der Klärung der Situation.

Weiterhin kann man kurze vorgefertigte *Diagnosebögen* mit einigen
Aussagen austeilen (z.b. „Mein Chef hört sich Ideen und Anregungen aufmerksam an."; „Mein Chef kritisiert mich fair und sach-
lich."; Ich fühle mich wohl in der Gruppe."), auf denen der einzelne
den Grad seiner Zustimmung zu den Aussagen kennzeichnet.

Schneller und ebenso anonym lassen *Stimmungsbarometer* die Hal-
tung der Gruppe erkennen. Zu einer Aussage (z.B. „Es stört mich,
daß der Vorgesetzte dabei ist." oder „Hier wird zu viel unter den
Teppich gekehrt.") beschriftet jeder Teilnehmer eine Karte mit „--",
für „dem stimme ich überhaupt nicht zu", mit „-" für „dem stimme
ich nicht zu", „0" für „ich stimme weder zu noch lehne ich ab", „+"
für „dem stimme ich zu" oder „++" für „dem stimme ich völlig zu".
Das Ergebnis des Stimmungsbarometers kann sofort ausgewertet,
präsentiert und besprochen werden. Prozesse unter der Oberfläche
sind mit dieser Methode leichter zugänglich.

Eine behutsamere Methode ist die „stille Post". Dabei ist den Teilnehmern zu jedem Zeitpunkt erlaubt, sich verdeckt per Zettel mit
dem Trainer in Verbindung zu setzen. Ob und wann dieser die Bot-
schaft des Teilnehmers in die Gruppe hineinträgt, bleibt dem Trainer
überlassen.

Neben *Karikaturen und Texten* zur sozialen Gruppen- oder Be-
triebssituation können auch sogenannte *Kraftfeldanalysen* dazu beitragen, die vorliegende Rollenverteilung und Konfliktstrukturen bewußt und transparent zu machen. Hierzu werden Einflüsse und Hal-
tungen auf „Landkarten" mit den verschiedenen Betriebseinheiten
und Verbindungspfeilen (oder -blitzen) gemeinsam rekonstruiert
und aufgezeichnet.

Trainingsdurchführung

Bei der **Durchführung des Trainings** finden grundsätzliche Abstim-
mungen und Diskussionen sowie Präsentationen, Besprechungen
von Ergebnissen der Teilgruppen und allgemeine Wissensvermitt-
lungen im Gesamtplenum statt. Mit einzelnen Problemlöseprozessen
oder gruppendynamischen Übungen befassen sich die Teilnehmer in
Kleingruppen.

Inhaltliche Schwerpunkte des Teamentwicklungstrainings sind immer
akute oder künftige Probleme der täglichen Zusammenarbeit, bei
denen Arbeitstechniken, soziale Fähigkeiten und Spielregeln und die
Diagnose und Beeinflussung sozialer Prozesse entwickelt und eingeübt werden.

Selbst hochmotivierten Teams fehlt es oft an einem Repertoire von
Arbeitstechniken für eine effiziente Zusammenarbeit. Problemlöse-
und Entscheidungstechniken, Techniken der Ideenfindung und Prä-

sentation sowie der Umgang mit Arbeitsmitteln (wie Meta-Plan oder Flip-Chart) ebnen Wege für systematisches und ökonomisches Arbeiten mit einer transparenten Rollenverteilung.

Die Rückmeldungen im Rahmen der Prozeßanalysen helfen, Fehler und Defizite im *Sozialverhalten* aufzudecken und bessere Verhaltensalternativen aufzuzeigen (und einzuüben). Mit den gemeinsam vereinbarten *Spielregeln* (allseits sichtbar auf einem Flip-Chart im Arbeitsraum angebracht) wird eine gemeinsame und verläßliche Umgangsbasis hergestellt, die dem Einzelnen darüber Sicherheit gibt, welches Verhalten die Gruppe von ihm erwartet. Auch das Verhalten der anderen, die sich ebenfalls an den Normen orientieren, ist kalkulierbar. Zur Teamfähigkeit gehört auch, ein guter sensibler *Diagnostiker* zu sein, d.h., soziale Prozesse (auch die unter der Oberfläche) wahrzunehmen, zu bewerten und daraus Handlungskonsequenzen abzuleiten. Dazu sind gruppenpsychologische Kenntnisse und Erfahrungen notwendig. Mit Hilfe der Prozeßanalysen wird ein Bewußtsein für die Vorgänge geschaffen, gruppendynamische Übungen vermitteln Möglichkeiten zu ihrer *Beeinflussung*. Insbesondere sollten die Risiken und Konsequenzen mehrfacher Rollenzuteilung auf eine Person (konfligierende Aufgaben), die gruppendynamischen Auswirkungen von Erfolgserlebnissen (Gruppeneuphorie bis Realitätsverlust), die sogenannte Risikoverschiebung (mehr Risikobereitschaft innerhalb einer Gruppensituation) und Beeinflussungsprozesse (durch Status, Abhängigkeit oder Konformitätsdruck) bekannt sein. Nachdem diese Phänomene erläutert wurden, lernen die Mitglieder sie wahrzunehmen und mit ihnen umzugehen.

„Nachfassen"

Comelli (1993) empfiehlt, frühestens nach einem, spätestens aber nach drei Monaten „nachzufassen". Dazu treffen sich die Teilnehmer an einem Workshoptag, um mitzuteilen, was und wieviel von den Trainingsinhalten in der betrieblichen Praxis realisiert wurde und was aus welchen Gründen nicht umgesetzt wurde. Alleine die Tatsache, daß Rückfragen zu erwarten sind, hat eine aktivierende Wirkung und unterstützt den Transfer der im Training erworbenen Fertigkeiten. Ein verpflichtender Effekt kann auch durch eine Spontanabfrage zu den Vorsätzen der einzelnen Teilnehmer zum Trainingsabschluß zustande kommen.

Im übrigen ist nach dem Nachfassen der Zeitpunkt gekommen, an dem der Trainer sich vom Geschehen zurückzieht und die Gruppe das Gelernte aus eigener Kraft nutzen sollte, vorausgesetzt die Vorgesetzten erhalten die Rahmenbedingungen für eine erfolgreiche Zusammenarbeit aufrecht. Ohnehin ist die volle und glaubwürdige Zustimmung der Vorgesetzten eine unverzichtbare Voraussetzung für den langfristigen Lernerfolg, ebenso wie die Einhaltung der zu Beginn gemachten Zusagen an die Teilnehmer einschließlich aller Regelungen zur Vertraulichkeit der Äußerungen. Bei der Forderung nach einer offenen und direkten Kommunikation beim Training sozialer Fertigkeiten sind sie unverzichtbare Rahmenbedingungen.

3.3 Integration von Lern- und Arbeitsprozessen

Unter Verwendung unterschiedlicher Lernarrangements und Förderkonzepte zum individuellen und gruppenbezogenen Lernen wird im folgenden ein Ansatz zur Eingliederung des Facharbeiternachwuchses kurz vorgestellt.

Zielsetzung dieses vom Bundesministerium für Bildung und Forschung geförderten Modellversuchs ist die schrittweise Annäherung und letztendliche Integration von Lern- und Arbeitsprozessen (vgl. *Bracht/Sonntag*, 1996). Erreicht werden soll dies durch die didaktisch-methodische Ausgestaltung eines betrieblichen Lernortsystems und der Optimierung des Übergangs von der Berufsausbildung zum Betriebseinsatz. Ausgehend von Lernorten im Bereich des Bildungswesens bis hin zum Lernort Arbeitsplatz wird eine berufliche Entwicklung des Facharbeiternachwuchses angestrebt, die durch (zunehmend) selbständiges Planen, Handeln und Reflektieren (bspw. der eigenen Entwicklungsfortschritte) charakterisiert ist. In diesem Prozeß der selbständigen Entwicklung der Handlungsfähigkeit erlebt und begreift sich der Facharbeiternachwuchs (Auszubildende und Jungfacharbeiter) als aktive Teilnehmer im Lernprozess, in dem Strategien für Lernen und Arbeiten entwickelt werden, die die Lösung komplexer authentischer Problemstellungen ermöglichen.

Abbildung 71 verdeutlicht Konzept und inhaltliche Struktur des Forschungsprojektes zur Erprobung unterschiedlicher Lernortsysteme und Lernarrangements.

Das betriebliche Lernortsystem besteht aus fünf Lernorten, wobei

– das **Qualifizierungszentrum** in der Lehrwerkstatt zunächst wesentlich zur Vermittlung grundlegender fachlicher Fertigkeiten und Kenntnisse sowie Fähigkeiten beiträgt;
– in **Technikzentren**, als separierte, dem Bildungswesen unterstellte Einheiten im Fertigungsbereich, der Facharbeiternachwuchs an produktorientiertes Lernen und Arbeiten herangeführt wird;
– in **Fachwerkstätten**, angesiedelt im Instandhaltungsbereich oder Servicezentren, in Zusammenarbeit mit erfahrenen Fachkräften betriebliche Situationen analysiert, beurteilt und so ein allmähliches situationsgerechtes Handeln entwickelt wird;

Maßnahmen \ Lernorte	Lehrwerkstatt			Arbeitsplatz	
	Qualifizie-rungs-zentrum	Technik-zentrum	Fachwerk-stätten	Qualifizie-rungsstütz-punkte	Arbeits-systeme
PE • Training/CBT • coaching • cognitive apprenticeship					
OE • Gestaltung von persönlichkeits-förderlichen Arbeitsstrukturen					

Abb. 71: Lernorte und Maßnahmen zur Personal- und Organisationsentwicklung (PE/OE) im betrieblichen Lernortsystem

- in **Qualifizierungsstützpunkten** (sog. Lerninseln), die potentiellen Facharbeiter unter Betreuung von Ausbildungsbeauftragten (Meister) bereits Aufgaben im direkten Produktionsbereich übernehmen, um einen möglichst fließenden Übergang in die berufliche Tätigkeit zu erreichen;
- an den einzelnen **Arbeitsplätzen** Lernprozesse initiiert werden, die sich verstärkt an aktuellen und künftigen technischen, arbeitsorganisatorischen und sozialen Erfordernissen moderner Arbeitssysteme orientieren.

Die an den jeweiligen Lernorten durchzuführenden Maßnahmen der Personal- und Organisationsentwicklung stellen einzeln oder in Kombination instruktions- und arbeitspsychologische Methoden dar, wie sie weiter oben als Training, cognitive apprenticeship, Coaching oder arbeitsstrukturale Ansätze beschrieben wurden. Das mögliche Ausmaß der Gestaltungs- und Wirkungsmöglichkeiten der einzelnen OE- und PE-Maßnahmen in den jeweiligen Lernorten verdeutlichen die verjüngenden Felder in Abbildung 71.

Eine zentrale Rolle in diesem Ansatz spielt das **Lehrpersonal** an den einzelnen Lernorten: Ausbilder, Meister oder Ausbildungsbeauftragte. Neben der Wissens- und Erfahrungsvermittlung gilt es den Facharbeiternachwuchs zu betreuen, zu beraten und zu coachen sowie selbständiges Handeln und Karriereentwicklung zu fördern. Betrachtet man das traditionelle Rollenverständnis und den bisherigen arbeitspädagogischen Auftrag, so wird deutlich, daß gerade für die Lehrkräfte Entwicklungsprogramme dringend erforderlich und zu erproben sind. Erst dann ist eine Umsetzung der anspruchsvollen Maßnahmen arbeitsplatzbezogenen Lernens möglich. In einem vierjährigen Modellversuch wird dieser Ansatz zusammen mit einem Automobilunternehmen erprobt.

4 Qualitätssicherung durchgeführter Fördermaßnahmen

4.1 Erfolgskontrolle und Evaluation als Voraussetzung wirksamen Lernens

Lernen im Unternehmen kann nur so erfolgreich sein, wie die eingeleiteten Maßnahmen überprüft, bewertet und gegebenenfalls modifiziert werden, d.h. in dem Ausmaß, in dem Qualität gesichert wird. Solchermaßen professionelles Handeln wird – vergleicht man andere Unternehmensbereiche (bspw. die Produktion) – in der Aus- und Weiterbildung noch immer vernachlässigt. Mit der Konsequenz, daß Anspruch und Wirklichkeit betrieblicher Bildungsarbeit weiterhin auseinanderklaffen, Fehlinvestitionen in Trainer und Lernprogramme getätigt werden, Frustrationen bei den Lernenden durch Über- oder Unterforderung erzeugt werden, gewünschte Verhaltensweisen und Kompetenzen nicht in den betrieblichen Alltag transferiert und Selbst- und Fremdtäuschung über die Wirkung der Fördermaßnahmen produziert werden.

Für eine systematische Evaluation sprechen somit eine Reihe guter Gründe:

– Legitimation und Nachweis, daß die beabsichtigten Ziele tatsächlich erreicht werden;
– die didaktisch-methodische Gestaltung der Fördermaßnahme wird optimiert;
– die Lernfähigkeit der Trainer und Dozenten wird bewertet;
– Lern- und Transfererfolg der Maßnahmen werden überprüft und
– die Verteilung der Ressourcen für Fördermaßnahmen erfolgt nach Effizienzkriterien.

Die Qualitätssicherung zur Bewertung der Wirkung und des Nutzens von Fördermaßnahmen nützt den Teilnehmern dieser Maßnahmen, den Trainern, der Unternehmensleitung und der betrieblichen Aus- und Weiterbildungsabteilung.

Zunächst werden die Phasen der Evaluation vorgestellt, dann methodische Aspekte des Designs und der Erhebungsinstrumente an Beispielen diskutiert. Ein Ansatz zur Qualitätssicherung der gesamten betrieblichen Bildungsarbeit beschließt das Kapitel.

4.2 Die Phasen der Qualitätssicherung

Im folgenden werden in Anlehnung an *Reinmann-Rothmeier/ Mandl/Prenzel* (1994) die drei Hauptphasen (Phase der Vorbereitung, formative und summative Phase) einer professionellen Qualitätssicherung ausführlicher beschrieben (vgl. Abb. 72).

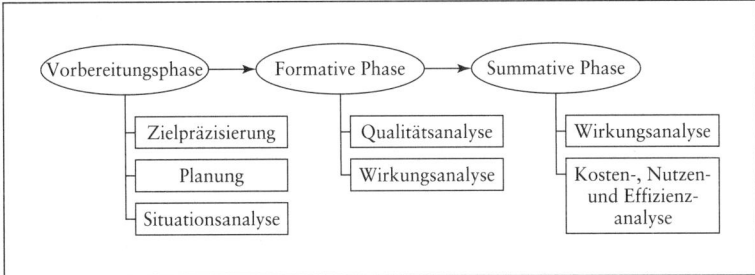

Abb. 72: Die Phasen einer professionellen Qualitätssicherung (in Anlehnung an *Reinmann-Rothmeier* et al., 1994)

4.2.1 Vorbereitung der Evaluation

In der Vorbereitungsphase werden die Bildungsziele definiert, die inhaltliche und organisatorische Planung des Projekts beschlossen und die Rahmenbedingungen geklärt.

Die entscheidende Aufgabe bei der Präzisierung der Ziele ist, sie so *konkret* zu bestimmen, daß sie überprüft, also operationalisiert werden können. Kriterien werden vereinbart, anhand derer entschieden werden kann, ob die angestrebten Ziele als erreicht gelten oder nicht. Die Kriterien enthalten den konkreten Inhalt der Ziele und den erwünschten Ausprägungsgrad der Zielerreichung (z.B. jeder Teilnehmer sollte 80 % der Aufgaben des Lernerfolgstests selbständig lösen).

Hierbei sind drei Kategorien von Zielen zu unterscheiden: Unmittelbare Trainingsziele beziehen sich auf den *Lernerfolg* als solchen. Die Lernziele legen genau fest, welche Wissens-, Fertigkeits- oder Einstellungsveränderungen von den Teilnehmern erwartet werden. *Transferziele* sind Veränderungen, die sich am Arbeitsplatz bei der konkreten Arbeitstätigkeit bemerkbar machen sollen. Außerdem wird üblicherweise auch ein Beitrag des Trainings zu den *Unternehmenszielen* erwartet, zum Beispiel zur Wettbewerbsfähigkeit des Unternehmens oder zur Zufriedenheit der Mitarbeiter.

Anregungen für Zielvorstellungen können aus Befragungen von Experten, Stelleninhabern, Vorgesetzten und der Unternehmensleitung, aus Beobachtungen am Arbeitsplatz und aus Dokumentenanalysen (Trainingsunterlagen oder Dokumente zur Unternehmenspolitik) abgeleitet werden (vgl. hierzu auch ausführlich den Abschnitt 2.1 zur Bedarfsermittlung in diesem Kapitel).

Nachdem die Ziele und Kriterien zusammen mit dem Auftraggeber erarbeitet und beschlossen worden sind, können die Ziele in eine hierarchische Ordnung gebracht werden, so daß bei mehreren unter Umständen gegenläufigen Zielen bekannt ist, an welchem der Ziele das Vorgehen im Zweifelsfall auszurichten ist. Mehrere Kriterien werden in Abhängigkeit von ihrer Bedeutung als Indikatoren für die Zielerreichung unterschiedlich gewichtet.

Als Ordnungsinstrument zur Bewertung unterschiedlicher Ziele und ihrer Beziehungen zueinander eignen sich Zielbeziehungsmatrizen (vgl. *Vester*, 1991). Mit einer solchen Matrix werden Wechselwirkungen zwischen Zielen reflektiert und festgehalten. Sämtliche Ziele sind als Zeilen *und* als Spalten aufgelistet, wobei in jedem Feld die Größe des Einflusses des Zeilenziels auf das Spaltenziel durch eine 0 für „kein Einfluß oder minimaler Einfluß" bis zu einer 3 für „starker Einfluß" eingetragen wird. Durch Addition der Zeilenwerte kann ein Maß für das Einflußpotential jedes Ziels auf die anderen Ziele (Aktivsumme) berechnet werden. Die Summe der Spaltenwerte andererseits läßt erkennen, wie stark das Ziel auf Veränderungen in anderen Zielbereichen reagiert (Passivsumme). Mit diesem Schema können aktive, reaktive, kritische und neutrale Ziele voneinander unterschieden werden. Aktive Ziele sind solche, die zwar auf andere Einfluß nehmen, selbst aber keinen wesentlichen Einflüssen durch die Verfolgung anderer Ziele ausgesetzt sind. Reaktive Ziele wirken sich unwesentlich auf die Erreichung anderer Ziele aus, reagieren jedoch stark auf deren Veränderungen. Kritische Ziele üben großen Einfluß auf andere Bereiche aus und sind selbst durch andere beeinflußt, weswegen sich Wirkungen in verschiedenen Zielbereichen gegenseitig hochschaukeln können. Neutrale Ziele sind am unproblematischsten und können am ehesten isoliert verfolgt werden. Zielbeziehungsmatrizen können entscheidend zur Transparenz der Situation beitragen und damit sinnvolle Vorgehensweisen aufzeigen und die Akteure vor Überraschungen im weiteren Verlauf der Evaluation bewahren.

Neben den konsensfähigen Vereinbarungen und Feststellungen wird empfohlen, auch in dieser Phase schon das **Evaluationsmodell**, die Konzeption und die Durchführung des gesamten Projekts zu besprechen. Das Evaluationsmodell umfaßt alle Aspekte des Vorhabens von der Festlegung der Stichprobe und der Teilnehmer, an denen die Zielerreichung überprüft werden soll, über die Instrumente, die dazu eingesetzt werden, das Untersuchungsdesign und den Ablauf der Informationssammlung, die Datenauswertung und die angedachten statistischen Verfahren bis hin zur Planung und organisatorischen Vorbereitung der Berichterstattung über die Schritte und Ergebnisse des Evaluationsgeschehens.

Rechtliche, zeitliche, finanzielle und personelle Rahmenbedingungen zur Realisierung des Evaluationsmodells sind weitere Bestandteile der Situationsanalyse in der vorbereitenden Phase der Qualitätssicherung.

4.2.2 Formative Phase

Zweck der formativen Evaluation ist die fortlaufende Optimierung des Vorgehens noch während des Verlaufs der Maßnahme. Zur prozeßbegleitenden Qualitätssicherung zählen insbesondere zwei Themenfelder, die Analyse der Qualität und der Wirkungen der eingeleiteten Maßnahme (vgl. *Reinmann-Rothmeier/Mandl/Prenzel*, 1994).

Bei der **Qualitätsanalyse** wird die Schulungsmaßnahme von Experten nach inhaltlichen, didaktischen und medienspezifischen Aspekten bewertet. *Inhaltlich* interessiert dabei, ob die ausgewählten Inhalte in ihrer Breite, Tiefe und Korrektheit dazu geeignet sind, die Trainingsziele zu erreichen. *Didaktische* Fragen beziehen sich auf die Art der Einbindung der Maßnahme in den gesamten Lernprozeß und auf die Angemessenheit der didaktischen Grundorientierung (problemorientiert/handlungsorientiert), sowie auf die Güte ihrer Realisierung und die Eignung der verwendeten Gestaltungstechniken. Der Einsatz von *Medien* kann verschiedenen Funktionen zugedacht sein, wie z.B. Motivierung, Hinführung zum Thema, Informationsvermittlung, Übung, Vertiefung und Wiederholung oder Erfolgskontrolle (vgl. bspw. Abschnitt 2.4.3 „Computergestützte mediale Ansätze" im 3. Kapitel). Zu überprüfen ist, ob der Einsatz der Medien effektiv und aufeinander abgestimmt ist, d.h., ob die Medien dem jeweiligen Inhalt angepaßt sind und ob sie zu didaktisch angemessenen Zeitpunkten eingesetzt werden. Des weiteren sind software-ergonomische Prüfkriterien, wie Aufgabenangemessenheit, Leserlichkeit, Verständlichkeit, Gliederung und Stimulationsgehalt der Texte, Filme, Tonbänder und Computerprogramme entscheidend (vgl. *Sonntag/Lohbeck*, 1995, und Abschnitt 3.1.3 in diesem Kapitel).

Die **Wirkungsanalyse** gliedert sich in vier Teilaspekte. Um die *Akzeptanz* der Maßnahmen durch die Teilnehmer zu begutachten, werden ihre Reaktionen auf Inhalt, Gestaltung und Übermittlung beobachtet und erfragt. Kritische Themen können Über- oder Unterforderung der Teilnehmer, die Erfüllung bzw. Nichterfüllung ihrer Erwartungen, sowie eventuelle Änderungsvorschläge sein. Im Fragebogen zur Selbsteinschätzung beruflicher Kompetenzen (SBK) von *Sonntag/Schäfer-Rauser* (1993) wird die Akzeptanz der Teilnehmer bezüglich der Befragung zum Beispiel mit der folgenden Skala abgefragt (Abb. 73):

	stimmt sehr	stimmt	stimmt etwas	stimmt eher nicht	stimmt nicht	stimmt überhaupt nicht
1. Ich habe solche oder ähnliche Fragen schon mal ausgefüllt.	1	2	3	4	5	6
2. Ich akzeptiere die Fragen so wie sie sind.	1	2	3	4	5	6
3. Die Fragen gehen zu wenig auf die tatsächlichen Fähigkeiten ein.	1	2	3	4	5	6
4. Die Fragen haben mich zu sehr angestrengt.	1	2	3	4	5	6
5. Die Befragung habe ich insgesamt negativ erlebt.	1	2	3	4	5	6
6. Die Fragen waren mir ausgesprochen peinlich.	1	2	3	4	5	6
7. Das Ausfüllen des Fragebogens hat mir Spaß gemacht.	1	2	3	4	5	6
8. Ich hatte keine Bedenken, offen zu antworten.	1	2	3	4	5	6
9. Ich hatte schon negative Erfahrungen mit solchen Befragungen.	1	2	3	4	5	6
10. Ich habe die Befragung insgesamt als positiv erlebt.	1	2	3	4	5	6
11. Solche Befragungen sollte man abschaffen.	1	2	3	4	5	6
12. Bei der Beantwortung der Fragen habe ich mir viel Mühe gegeben.	1	2	3	4	5	6
13. Die ganze Befragungssituation ist für mich unklar.	1	2	3	4	5	6
14. Die Fragen gaben mir Gelegenheit, meine persönlichen Meinungen zum Ausdruck zu bringen.	1	2	3	4	5	6
15. Ich habe die Fragen kritisch und ehrlich beantwortet.	1	2	3	4	5	6

Abb. 73: Beispiel eines Akzeptanzfragebogens (aus dem SBK *Sonntag/Schäfer-Rauser*, 1993)

Die *Lehrprozeßanalyse* betrachtet die Art und Weise, in der die Inhalte vermittelt und von den Teilnehmern aufgenommen und verarbeitet werden. Ein systematisches Verfahren hierfür stellt die **Interaktionsanalyse** dar. Das verbale und nonverbale Verhalten von kommunizierenden Personen wird dabei nach vorher festgelegten Kriterien aufgezeichnet und nach der Auftretenshäufigkeit, der Gesamtdauer, der mittleren Dauer usw. einzelner Verhaltensmerkmale quantifiziert. *Kluge* (1994) hat mit dieser Methode im Rahmen ihrer Studie zum suggestopädischen Lernen im Betrieb lernfördernde (z.b. positive Suggestionen) und lernhemmende (z.b. mißbilligende Äußerungen) Verhaltensbedingungen in Trainingssituationen sowie deren Veränderung im Verlauf des Trainings identifiziert (vgl. auch *Kluge/Sonntag*, 1994). Das Kategoriensystem zur systematischen Beobachtung von Lehrverhalten richtet das Augenmerk auf

- Feedback zur Person (z.b. „äußert Sympathie", „zeigt Ungeduld"),
- Rückmeldungen zur Leistung („lobt", „korrigiert"),
- Rückmeldungen zum Verhalten („zeigt Interesse", „tadelt"),
- Feedforward („fordert auf, Ideen zu testen", „gibt nicht beantwortete Fragen zurück") und auf
- die fachliche Informationsvermittlung („doziert ohne Hilfsmittel", „führt persönliche Erlebnisse an", „bedient sich sachlicher Analogien", „läßt zusammenfassen", „läßt Erkenntnisse übertragen") und
- Suggestionen („äußert hohe Erwartungen", „äußert negative Erwartung", „äußert Vertrauen").

Was die Teilnehmer gelernt haben, und ob die Lernziele erreicht worden sind, ist Thema der *Lernerfolgsanalyse* und wird mit Tests, Beobachtungen, Befragungen, Arbeitsproben und Simulationen ermittelt. In *Transferanalysen* geht es schließlich darum, ob das Gelernte am Arbeitsplatz auch Anwendung findet. Hierzu eignen sich neben Selbst- und Fremdbeobachtung und Befragung auch die Analyse objektivierbarer Daten, wie Fehlerraten oder Arbeitsproben.

4.2.3 Summative Phase

Die oben beschriebenen **Wirkungsanalysen** zur Akzeptanz, zum Lehr-/Lernprozeß, zum Lernerfolg und Transfer gehen nach Abschluß der Maßnahmen in die summative Bewertung ein und tragen dort zur Optimierung zukünftiger Förderprogramme bei. Wirkungsanalysen, die ausschließlich Lern- und Transfererfolg überprüfen sind üblicherweise Gegenstand der summativen Evaluation. Sie müssen entsprechenden methodischen Standards (vgl. nächster Abschnitt) genügen.

Kosten-Nutzen-Analysen schätzen die Höhe des Nutzens im Vergleich zu den aufgewendeten Kosten. Der Nutzen wird mit Hilfe der zu Beginn festgelegten Bewertungskriterien und der kritischen Werte für den monetären Vergleich quantifiziert. Bei der Nutzenbemessung ist auch das Zeitintervall zu bedenken, in dem der Nutzen erwartet werden kann. Leistungssteigerungen, verbesserte Arbeitsqualität und höhere Arbeitszufriedenheit können beispielsweise schon unmittelbar nach der Maßnahme spürbar werden. Der Nutzen durch Kosteneinsparungen, Zeiteinsparungen und erhöhte Konkurrenzfähigkeit macht sich aber, wenn überhaupt, erst mittelfristig bemerkbar. Langfristig nutzbringend können ein verbessertes Arbeitsklima, sinkende Personalfluktuation oder die Förderung der Unternehmens- und Lernkultur sein. Die eindeutige Zuordnung und Bestimmung eines nutzbringenden Effektes auf langfristige Auswirkungen ist allerdings kaum leistbar.

Niebergall und *Schulz* (1996) schlagen als Entscheidungshilfe für die Nutzenoptimierung Conjoint-Analysen vor. Präferenzwerte (Gewichtungen) für die verschiedenen Bewertungskriterien werden bei diesem Verfahren über die Abhängigkeit der Gesamtbewertung einer Alternative von den jeweiligen Bestimmungsgrößen (Dimensionen) ermittelt. Verschiedene Berechnungsmodelle für Kosten-Nutzen-Analysen erläutert *Kearsley* (1982).

Effizienzanalysen haben die Optimierung der Verteilung finanzieller, personeller und zeitlicher Mittel zum Gegenstand. Dabei geht es vor allem um den Beitrag, den das Training zu den Unternehmenszielen leistet, wie beispielsweise die positive Beeinflussung der Lernkultur, Entlastungen der Lehrkapazität oder innovative Entwicklungen.

4.3 Methodische Aspekte

4.3.1 Das Untersuchungsdesign

Zur Messung von Veränderungen, vorwiegend bei summativer (ergebnisorientierter) Evaluation, müssen Bedingungen konstruiert werden, die die Effekte der Maßnahme auch tatsächlich nachweisen. Zu diesem Zweck werden in der Feldforschung meist quasi-experimentelle Untersuchungsdesigns eingesetzt, da experimentelle Pläne wegen der Notwendigkeit von vergleichbaren Gruppen kaum realisierbar sind.

Das Grundmodell einer Veränderungsmessung besteht in einem Vergleich der Meßwerte vor und nach dem Trainingsgeschehen.

Um zu entscheiden, ob die gefundenen Veränderungen auch tatsächlich auf die Fördermaßnahme zurückzuführen sind, können die Daten denen einer ansonsten ähnlichen Kontrollgruppe, die nicht an dem Training (oder an einem andern) teilgenommen hat, gegenübergestellt werden.

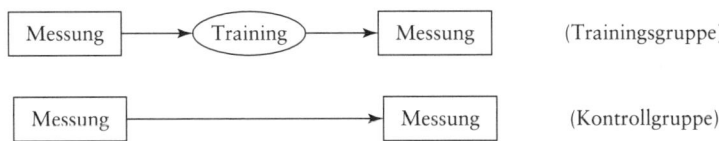

Veränderungen zwischen den Messungen zum ersten und zweiten Erhebungszeitpunkt, die bei der trainierten Gruppe größer sind als bei der untrainierten, gehen dann auf die Maßnahme zurück. Um jedoch auszuschließen, daß sich die Leistungen (bzw. die Einstellungen oder das Verhalten) der Kontrollgruppe wegen Nebeneffekten der Trainingsmaßnahme, z.b. aufgrund sozial-klimatischer Veränderungen, oder positiven Effekten der Arbeitsmotivation (Bewußtsein darüber, daß ihre Leistungen beachtet werden) verbessert haben, besteht in einem experimentellen Versuchsplan die Möglichkeit, eine zweite Kontrollgruppe mit Placebo-Training hinzuzunehmen. „Placebo" würde in diesem Zusammenhang bedeuten, daß Techniken zur Erreichung der festgelegten Trainingsziele nur scheinbar eingesetzt werden, tatsächlich aber keine systematische Maßnahme zur Anwendung kommt. Unter Realbedingungen ist eine solche Vorgehensweise allerdings aus ökonomischen und ethischen Gesichtspunkten nicht angemessen.

Wechselwirkungen zwischen der „Vorher-Messung" und dem Training (Einfluß der Trainingserwartung auf die Testergebnisse vor Trainingsbeginn), können anhand einer zweiten Trainingsgruppe mit nur einer Messung nach Abschluß der Maßnahmen identifiziert werden.

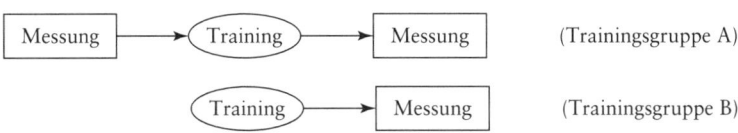

Bestehen zwischen den Abschlußdaten der beiden Trainingsgruppen keine auffälligen Unterschiede, so ist mit einer derartigen Wechselwirkung nicht zu rechnen.

Zeitreihendesigns ermöglichen die Beobachtung von Entwicklungs-
prozessen im längeren Verlauf dadurch, daß mehrere Messungen sowohl vor wie nach dem Training durchgeführt werden.

Als Beispiel einer summativen Evaluation für ein kognitives Training
in zwei Varianten (mit heuristischen Regeln und mit Selbstreflexionstechniken) dient das folgende Design (vgl. Abb. 74). Überprüft
wurde die Hypothese, ob Auszubildende mit Strategietraining effektiver und systematischer bei der Fehlersuche vorgehen als herkömmlich trainierte Auszubildende (vgl. Abschnitt 3.1.2). Als Prüfkriterien für diese Annahme wurden die für die Lösung steuerungstechnischer Probleme aufgewandte Zeit, die Anzahl der Prüfschritte
und die Anzahl der irrelevanten Prüfschritte herangezogen.

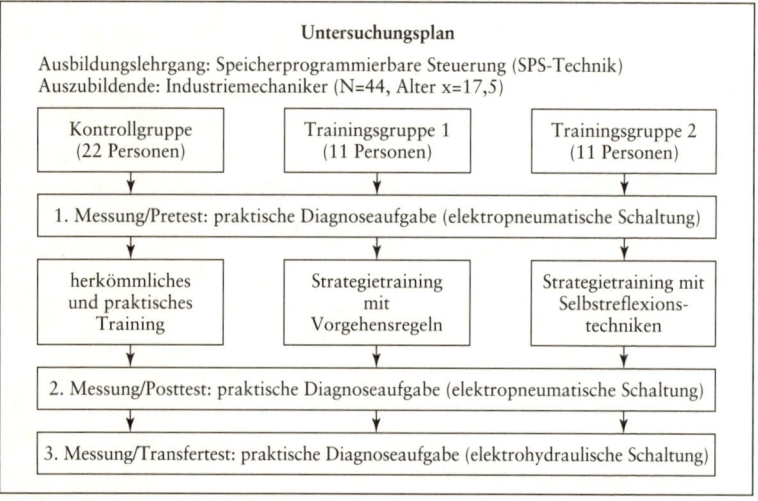

Abb. 74: Untersuchungsplan zur Evaluation eines Strategietrainings für komplexe berufliche Aufgaben (aus *Sonntag/Schaper*, 1993).

Aber auch im Rahmen der *prozeßbegleitenden* (formativen) Evaluation sind quasi-experimentelle Kontrollgruppenuntersuchungen mit
kleinen Stichproben denkbar. Wegen des damit verbundenen hohen
Aufwandes, sind hier jedoch meist weniger statistisch abgesicherte
Verfahren vorzuziehen, zumal beschreibendere qualitative Ergebnisse dem Anliegen der formativen Evaluation ohnehin näher kommen,
da dort Anregungen für Verbesserungen im Mittelpunkt stehen.

Ein Beispiel für **qualitative Methoden** ist die Inhaltsanalyse freier Berichte. Dabei handelt es sich um eine regelgeleitete inhaltsanalytische

Auswertungstechnik verbaler Daten, die zum Ziel hat, die aus der Fragestellung abgeleitete inhaltliche Struktur aus dem Material „herauszufiltern". Diese Struktur wird in Form eines Kategoriensystems an das Material herangetragen, mit dem alle Textbestandteile, auf die die Kategorien zutreffen, aus dem Datenmaterial systematisch extrahiert werden. In weiteren Auswertungsschritten können dann quantitative Verfahren auf die extrahierte Struktur angewandt werden. *Schaper* (1995) bediente sich der Inhaltsanalyse, um Unterschiede des strategischen Vorgehens von Könnern und Durchschnittskräften bei der Störungsdiagnose zu erforschen (vgl. auch Abschnitt 2.1.4). Zur inhaltlichen Strukturierung der Daten wurde nach einem Ablaufmodell von *Mayring* (1988) vorgegangen, das folgende Schritte beinhaltet:

Zunächst wurden in dem Störungsbeispiel die Analyseeinheiten definiert. Dazu gehört die Festlegung der

– Kodiereinheiten: Das sind die kleinsten auszuwertenden Textbestandteile (z.B. ein Satz);
– Kontexteinheiten: Sie legen den größten auszuwertenden Textbestandteil fest (z.b. eine Störung);
– Auswertungseinheiten, die angeben, welche Textteile jeweils nacheinander auszuwerten sind.

Dann werden die inhaltlichen Hauptkategorien festgelegt. Im Beispiel sind das

– Diagnosehandlungen (wahrnehmen, fragen, prüfen),
– Phasen der Fehlersuche (Fehlereingrenzung, -behebung, Wiederinbetriebnahme),
– Hypothesenbildung über die Störungszusammenhänge (richtige, falsche, spezifische, unspezifische) und
– fehlerhafte Diagnosehandlungen (irrelevante Handlungen, Bedarf nach Hilfestellungen).

Anschließend wird das Kategoriensystem aufgestellt, die Kategorien werden genau definiert und mit Beispielen veranschaulicht. Kodierregeln lassen erkennen, welcher Kategorie eine Aussage im Zweifelsfall zuzuordnen ist.

Mit einem derartigen Vorgehen können die Aussagen der Teilnehmer unterschiedlichen Expertisegrades sehr detailliert verglichen werden, um entscheidende Unterschiede in ihrer Denkweise zu ermitteln und in Trainingsziele umzusetzen.

Weitère Hinweise zur Designplanung finden sich z.B. in den Darstellungen von *Goldstein* (1986), *Weinert* (1987) oder *Thierau/Stangel-Meseke/Wottawa* (1992).

4.3.2 Die Erhebungsinstrumente

Als Instrumente zur Datensammlung für die prozeßbezogene Kontrolle bieten sich eine Reihe bekannter Methoden an wie Beobachtungen, Einzel- und Gruppengespräche mit Teilnehmern, Interaktionsanalysen und kurze Tests. Für die **ergebnisbezogene** Kontrolle sind vor allem objektive Tests, Planspiele, Strukturlegetechniken, Leistungsdaten/Kennziffern und Personalbeurteilungen, aber auch Fallstudien und Interviews geeignet.

Im folgenden werden die Möglichkeiten einiger grundlegender Erhebungstechniken (vgl. Abb. 75) ausführlicher behandelt.

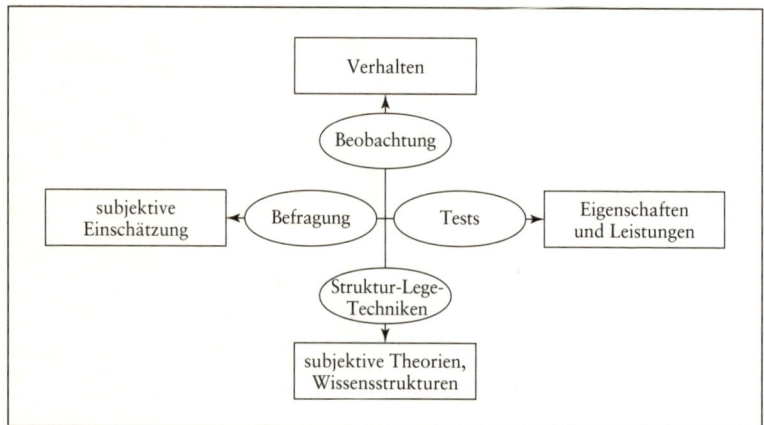

Abb. 75: Erhebungsmethoden zur Evaluation und ihr Gegenstand

Mit **Beobachtungen** sind in diesem Zusammenhang planmäßige, d.h. zielgerichtete Wahrnehmungen gemeint, wobei mit dieser Methode nur das Verhalten, nicht aber das Erleben von Personen erfaßt werden kann. Die **beobachtende Analyse** kann verschieden stark strukturiert sein. Genaue Vorgaben, zu den Aspekten der Beobachtung, zum Zeitpunkt oder Zeitintervall und zu den Beobachtungszielen sind bei Transfer- und Lernerfolgsanalysen sinnvoll. Für Beobachtungen in den explorativen Phasen der Evaluation (z.B. bei der Zieldefinition) erfüllen auch weniger strukturierte Formen mit nur allgemeinen Richtlinien ihre Funktion. Nimmt der Beobachter selbst am Geschehen teil (teilnehmende Beobachtung), so treten zum Erhebungsauftrag noch Rollenverpflichtungen hinzu. Bei der Beobachtung des Arbeitsablaufes bspw. für die Zielpräzisierung nimmt der Beobachter eine passiv-rezeptive Perspektive ein (nicht-teilnehmend), wodurch er seine Aufmerksamkeit umfassender auf den Gegenstand richten kann. Zu beachten ist, daß bei strukturierten Beobachtungen nicht zu viele Kriterien gleichzeitig berücksichtigt werden können. Um Interpretationsschwierigkeiten bezüglich der inhaltlichen Kategorien zu vermeiden, sollten sie anhand von Beispielen verdeutlicht werden. Das Beobachtete direkt im Anschluß zu protokollieren kann Erinnerungsfehler vermeiden helfen. Auch besteht die Gefahr, daß die Daten durch Erwartungs- und Einstellungsfehler verzerrt werden. Eine vorgeschaltete Einübungsphase sorgt für einen sicheren Umgang mit dem Verfahren.

Die **Befragung** ist ein einseitiger Dialog, der die subjektive Einschätzung der Probanden erhebt (das Abfragen von sachlichem Wissen ist hier nicht gemeint). Mündliche Befragungen (Interviews) können ebenso wie Beobachtungen verschieden stark strukturiert sein. Die Fragestellungen und der Ablauf des Interviews sind mehr oder weniger genau festgelegt. Je weniger standardisiert die Befragung ist, desto explorativer ist sie und desto flexibler ist ihre Handhabung. Der Auswertungsaufwand steigt mit sinkender Standardisierung, weswegen freie Interviews nur bei kleinen Stichproben ökonomisch sinnvoll erscheinen. Anstelle eines vollstrukturierten Interviews ist es jedoch ratsamer die Befragung schriftlich durchzuführen. Antwortalternativen können z.b. als Alternativfragen mit ja-nein-Antworten gestaltet sein, als Antwortauswahl (z.b. nützlich, brauchbar oder unsinnig), oder als mehrstufige Einschätzskalen mit zwei Polen (z.b. dynamisch bis statisch). Befragungen werden vor allem bei der Zielpräzisierung (Experten- oder Teilnehmerbefragung), für die subjektive Einschätzung des Lernerfolgs und des Transfers (durch Lernende oder Dritte), und zur Beurteilung der Akzeptanz der Schulungsmaßnahmen eingesetzt. Bei mündlichen und schriftlichen Befragungen sollten nicht zu viele Fragen formuliert werden, die Fragen sollen verständlich sein und keine Antworten suggerieren.

Sonntag und *Schäfer-Rauser* haben 1993 für Evaluationsvorhaben einen Fragebogen zur Selbsteinschätzung beruflicher Kompetenzen (SBK) entwickelt, um die Informationsquelle, die der konkreten Arbeitstätigkeit am nächsten steht – also die Meinung des Mitarbeiters über sich selbst – systematisch nutzbar zu machen. Mit Hilfe des standardisierten Bogens beurteilt der Mitarbeiter seine Fach-, Methoden- und Sozialkompetenz. Inhaltliche Struktur und Beispielitems gibt Abbildung 76 wieder.

Fachkompetenz	Methodenkompetenz	Sozialkompetenz
Fertigkeiten	**Denken und Problemlösen**	**Kommunikation**
• berufspraktische Fertigkeiten • Handhabung von Arbeitsgeräten • Genauigkeit, Sorgfalt und Geschicklichkeit bei der Arbeitsausführung	• abstraktes Denken • Diagnostizieren, Fehlersuche • Problemlösen, Fehlerbeseitigung • Informationsbeschaffung • Planung, Kontrolle, Bewertung	• Kontaktfähigkeit • um Unterstützung/Hilfe fragen können • Vertreten des eigenen Standpunktes, Meinungsäußerung • Informationsweitergabe
z.b. „Ich brauche ziemlich lange, bis ich neue Handgriffe so gut drauf habe, daß sie einwandfrei sitzen."	z.b. „Es fällt mir schwer, das Wesentliche einer Sache zu erkennen."	z.b. „Wenn ich anderen Personen etwas mitteile, achte ich darauf, daß ich mich so ausdrücke, daß sie mich gut verstehen."
Kenntnisse	**Kreativität**	**Kooperation**
• berufsspezifische Kenntnisse • Wissen über Arbeitsabläufe, Geräte und Maschinen, Arbeitsmittel • Fachtermini • Kenntnis der Arbeitsschutzmaßnahmen	• Kreativität, Einfallsreichtum • Flexibilität • Interesse, Neues auszuprobieren	• Fähigkeit zur Zusammen- u. Gruppenarbeit • aktive Mitarbeit und Durchsetzungsfähigkeit in Gruppen • Konfliktfähigkeit • Hilfsbereitschaft, Kollegialität
z.b. „Ich weiß, bei welchen Arbeiten es sehr gefährlich oder teuer werden kann, wenn etwas falsch gemacht wird."	z.b. „Ich probiere in meiner Arbeit gerne neue Ideen aus, um zu sehen, ob sich die Arbeit dadurch verbessern läßt."	z.b. „Ich arbeite gerne mit mehreren zusammen, weil man sich gegenseitig ergänzen kann."
	Lernfähigkeit	
	• Allgemeine Lernfähigkeit • Gedächtnis, Merkfähigkeit • Arbeits- und Lerntechniken • Auffassungsgabe	
	z.b. „Ich kann mir nur für kurze Zeit etwas merken."	

Abb. 76: Inhaltliche Struktur und Beispielitems des SBK (vgl. *Sonntag/Schäfer-Rauser,* 1993)

Mit **Struktur-Lege-Techniken** können individuelle Wissensstrukturen rekonstruiert und abgebildet werden. Ihr Einsatz als Evaluationsinstrument im Rahmen der Lernerfolgsüberprüfung wird in neueren Arbeiten diskutiert (vgl. *Sonntag/Stegmaier,* 1996). Wissensinhalte (Konzepte) und deren Relationen werden dadurch ermittelt, daß die Inhalte zunächst auf Kärtchen notiert, und später mit symbolischen Verknüpfungsregeln zueinander in Beziehung gesetzt werden. Durch eine derartige Veranschaulichung und Reflexion der subjektiven Theorien einer Person werden sie für die Erfassung zugänglich. Ein entscheidender Vorteil bei der Lernerfolgsüberprüfung durch Struktur-Lege-Verfahren liegt darin, daß sowohl Funktionswissen, sowie Diagnose- und Interventionskompetenz mit einem solchen Regelwerk abbildbar sind. Um die Strukturen zu legen, muß der Lernende außer dem reinen Funktionsverständnis auch Ursache-Wirkungs-Zusammenhänge verschiedener Systemzustände kennen. Aus solchen hypothetischen Überlegungen heraus können Maßnahmen zur Veränderung bestimmter Systemmerkmale abgeleitet werden. Zudem lassen sich durch das differenzierte Relationensystem Kompetenzdefizite präziser lokalisieren. Die Anwendung des Verfahrens setzt jedoch ein hohes Maß an Abstraktionsfähigkeit, Verbalisierungs- und Kommunikationskompetenz bei den Teilnehmern voraus.

Tests dienen der Messung von Eigenschaften und Leistungen. Einen Überblick über situative Verfahren, denen ein anwendungsorientierter Anspruch zugrunde liegt, gibt *Sarges* (1990). Einige Beispiele seien hier kurz aufgeführt:

– **Postkorbübungen** stellen die Aufgabe, schriftliche Unterlagen, wie Briefe, Termine und Nachrichten ohne Rückfragen und in vorgegebenem Zeitraum zu bearbeiten. Das Vorgehen des Teilnehmers wird beobachtet und festgehalten und später hinsichtlich bestimmter Dimensionen, wie Flexibilität, Planung und Kreativität bei der Bearbeitung analysiert.
– **Arbeitsproben** sind Ausschnitte realer Arbeitstätigkeiten. Im Gegensatz zu den vorwiegend kognitiven Anforderungen der Postkorbübungen werden bei Arbeitsproben eher manuelle Fertigkeiten transparent.
– Durch **Vorträge** und **Präsentationen** zu einem beliebigen Thema werden Kommunikationsfähigkeit, Entscheidungfähigkeit, Einfühlungsvermögen in eine Zuhörerschaft und der sprachliche Ausdruck des Mitarbeiters auf die Probe gestellt.
– **Gruppendiskussionen** vermitteln einen Eindruck der kognitiven und sozialen Fertigkeiten der Mitglieder. Mit Hilfe von Rollenspielen können dabei relevante Situationen simuliert werden.

– Bei der **Bearbeitung von Fallstudien** kann ein Proband seine Problemlösefertigkeiten exemplarisch demonstrieren, in dem er eine reale Problemsituation analysiert, Lösungen erarbeitet, eine Entscheidung begründet und darauf aufbauend Aktionspläne erstellt.

– **Planspiele** und **Computersimulationen** ermöglichen die Problembewältigung durch einen direkten Eingriff in komplexe Geschehensabläufe.

Die genannten Verfahren sind neben der Lernerfolgs- und Transferkontrolle auch als Lehrmethode selbst einsetzbar. Im Kontext von Evaluationsprogrammen sind Tests nicht als Auswahl- oder Bewertungsinstrumente in einem absoluten Sinne zu verstehen, sie haben hier rein informierende und veränderungsorientierte (Hinweise auf Fehler und Mängel der Maßnahmen) Funktionen. Aus diesem Grund sind kriteriumsorientierte Interpretationen (die Kriterien wurden in der Vorbereitungsphase festgelegt) normorientierten Verfahren vorzuziehen. Je anwendungsorientierter (situativer) der Test, und je größer die Bandbreite seiner Aufgabenschwierigkeit, desto aussagekräftiger sind seine Ergebnisse.

4.4 Qualitätssicherung betrieblicher Bildungsarbeit

Nicht einzelne Fördermaßnahmen und Entwicklungsarbeiten, sondern das Bildungsmanagement in seiner Gesamtheit, seine Intentionen, Maßnahmen, Strukturen und Ressourcen stehen im Mittelpunkt dieser Art von Qualitätssicherung. Es gilt zu bewerten, ob und inwieweit den veränderten Umfeldbedingungen Rechnung getragen werden kann und die normativen Setzungen der Unternehmensleitung überhaupt wirksam in die Bildungspraxis umgesetzt werden können: Anspruch und Wirklichkeit der betrieblichen Bildungsarbeit stehen auf dem Prüfstand.

Die Durchführung einer solchen Evaluation ist sehr komplex und vielschichtig. In Abhängigkeit von den Aufgabenfeldern (wie Bedarfsermittlung, Planung und Lernzielfindung, Schulung und Erfolgskontrolle sowie Umsetzung und Lerntransfer) und Kriterien zu deren Analyse (wie inhaltliche Orientierung, methodisch-didaktische Ausgestaltung, organisatorische Stellung und Institutionalisierung) lassen sich in einer Matrix handlungsleitende Fragestellungen und Untersuchungsbereiche (1.1– 4.3) ableiten, wie sie in Abbildung 77 aufgeführt sind.

Dieser Ansatz wurde zur Bewertung der Wirksamkeit und Qualität industrieller Aus- und Weiterbildung in der Schweiz zugrundegelegt und in Fallstudien bei Produktionsbetrieben der chemischen und textilverarbeitenden Industrie umgesetzt (vgl. *Schöni/Wicki/Sonn-*

Tätigkeits-bereiche	Inhaltliche Orientierung	Methodisch-didaktisches Vorgehen	Organisatorische Stellung
1. Bedarfs-ermittlung: Anforderungen und Qualifizierungsziele	1.1 Inhalte der Bildungs-bedarfsanalyse: Auf welche Aspekte/ Akteure wird geachtet (Anforderungen, Bedürfnisse, Ziele)? Kriterium: *Bedarfs- und Bedürfnisorientierung*	1.2 Praxis der Bildungsbe-darfsermittlung: Wie werden Anforderungen, Qualifizierungsbe-dürfnisse und -ziele ermittelt? Kriterium: *Breite der Ab-stützung und Beteiligung*	1.3 Stellenwert der Bildungs-arbeit in der Firma: Be-deutung in der Firmenor-ganisation, in der Unter-nehmenskultur (Leitbild, Lernkultur)? Kriterium: *organisatori-scher/strategischer Stel-lenwert*
2. Schulungs-planung und Lernziel-formulierung	2.1 Inhalte und Ziele der Bildungsplanung: Welche Qualifikationen werden als Lernziele für Schulungsmaßnahmen geplant? Kriterium: *Bedarfs- und Bedürfnisorientierung*	2.2 Methodik der Bildungs-planung: Wie wird die Schulung geplant? Werden MA be-teiligt? Existiert eine Lernzielformulierung? Kriterium: *Zielgruppeno-rientierung/Beteiligung*	2.3 Organisatorischer Rah-men der Planung: Welche Vorkehrungen werden geplant, um Teilnahme und Lernerfolg zu ge-währleisten? Kriterium: *Lernförderli-cher Rahmen*
3. Schulung und Erfolgs-kontrolle	3.1 Inhalte der Schulung und Ausbildung: Welche Qualifikationen werden den Mitarbeitern faktisch vermittelt? Kriterium: *Bedarfs-/ Bedürfnis-/Zielorientie-rung*	3.2 Methodik der Schulung und Ausbildung: Wie werden Qualifikatio-nen vermittelt? Wie ist die Qualifikation der Ausbilder/innen? Kriterium: *Zielgruppen-orientierung/Pädagogi-sche Qualifikation*	3.3 Organisatorischer Rah-men der Schulung: Wie werden Ablauf und Erfolg der Bildungsmaß-nahme sichergestellt? Kriterium: *Koordination Bildung/Produktion*
4. Umsetzung und Lern-transfer	4.1 Inhalte der Umsetzung/ des Transfers: Welche der vermittelten Qualifikatio-nen werden tatsächlich am Arbeitsplatz genutzt? Kriterium: *Qualifikatori-scher Nutzwert*	4.2 Methodik des Qualifika-tionstransfers: Wie wird der Transfer vorbereitet, begleitet und auf Dauer unterstützt? Kriterium: *Potentialori-entierung/Nachhaltigkeit*	4.3 Organisatorische Unter-stützung der Umsetzung: Erlaubt der organisatori-sche Rahmen eine be-darfsgerechte, nachhalti-ge Umsetzung? Kriterium: *Koordination der Umsetzung*

Abb. 77: Fragestellungen und Untersuchungsbereiche eines Evaluationsansatzes der betrieblichen Bildungsarbeit (aus *Schöni/Wicki/Sonntag*, 1996)

tag, 1996). Einbezogen in die Untersuchung wurden alle Aktivitäten der Bildungsarbeit, sämtliche Formen der Schulung in den betref-fenden Produktionsbereichen und alle an der Bildungsarbeit betei-ligten Personengruppen.

Als übergeordnetes Evaluations- und Analysekriterium wurde be-rufliche Handlungskompetenz definiert, wobei der Begriff sich nicht

auf berufliches Fachwissen und berufspraktische Fertigkeiten (Fachkompetenz) begrenzt, sondern auch Lern-, Planungs- und Problemlösefertigkeiten (Methodenkompetenz), soziale Fähigkeiten wie
Kommunikation und Kooperation und schließlich auch personale
Kompetenzen wie etwa das Selbstkonzept beruflicher Fähigkeiten
mit einschließt (vgl. Abschnitt 2.1, 3. Kapitel).

Die betriebliche Bildungsarbeit wurde nun daraufhin untersucht, inwiefern berufliche Handlungskompetenzen von der Bildungsarbeit
tatsächlich ermittelt, geplant, vermittelt und umgesetzt werden. Die
Analyse konzentrierte sich dabei auf zwei Bereiche, auf das **Arbeitssystem** und auf das **Bildungswesen**. Die Analyse des Arbeitssystems
stellt den Bezugsrahmen, in dem Ausbildungsbedarf besteht und an
dem die Wirkung der Bildungsarbeit bemessen werden soll. Die
Analyse des Bildungswesens untersucht mit welchen Mitteln und
wie wirksam die Bildungsarbeit den Bildungsbedarf deckt.

In diesem Zusammenhang ist nicht der individuelle Lernerfolg gemeint, sondern die Angemessenheit der Bildungsarbeit nach inhaltlichen (Bedarfs- und Bedürfnisorientierung, Zielorientierung), methodischen (Zielgruppenorientierung und Beteiligung, pädagogische
Qualifikation der Lehrpersonen) oder organisatorischen (etwa strategischer Stellenwert der Lernkultur in der Unternehmensphilosophie, Lernförderlichkeit des Rahmens, Koordination der Bildung
und Produktion) Kriterien.

Für jedes Feld der oben aufgeführten Evaluationsmatrix wurden
theoretisch bedeutsame Dimensionen identifiziert und in Form von
Indikatoren und ausformulierten Fragen operationalisiert. Abbildung 78 liefert eine Übersicht über die in den jeweiligen Evaluati-
onsfeldern eingesetzten Erhebungsinstrumente.

Als Erhebungsinstrument für die Analyse des Arbeitssystems, der
Aufgaben und Anforderungen lag der LPI (Leitfaden zur qualitativen Personalplanung bei technisch-organisatorischen Innovationen)
von *Sonntag/Heun/Schaper* (1989) vor, bestehend aus drei Verfah-
rensteilen (vgl. Abschnitt 2.1.3 in diesem Kapitel). Der LPI/V (Leitfaden Merkmale des Arbeitssystems) ist an den für das Arbeitssystem zuständigen Vorgesetzten gerichtet und thematisiert technische
Aspekte, Aspekte der Arbeitsorganisation, Personal- und Qualifika-
tionsfragen. Zur Befragung von Stelleninhabern ist der LPI/S (Leitfaden Analyse der Aufgaben und Anforderungen) konstruiert. Und
der LPI/P (Leitfaden Entwicklungstrends und Planung) enthält Fragen zur Entwicklung der Technik und Arbeitsorganisation, zu Aus-
bildungszielen und zu Erwartungen, die an die Bildungsarbeit bestehen, als Anleitung für das Gespräch mit Produktions- und Pla-
nungsverantwortlichen.

Erhebungsinstrumente	Evaluations-feld	Gesprächs-dauer
1. **Leitfaden Merkmale des Arbeitssystems (LPI/V):** Technik, Arbeitsorganisation, Personal, Qualifikation. Gespräch mit dem Meister	1.1	2 bis 2,5 Stunden
2. **Leitfaden Analyse der Aufgaben und Anforderungen (LPI/S):** Aufgaben und Anforderungen an die Funktionsgruppen. Gespräch mit den Stelleninhaber/innen	1.1	2 Stunden
3. **Leitfaden Selbsteinschätzung (modifizierter SBK):** Selbsteinschätzung, Bildungsbiografie und -bedürfnisse. Gespräch mit den Stelleninhaber/innen	1.1	0,5 Stunden
4. **Leitfaden Entwicklungstrends und Planung (LPI/P):** Entwicklung von Technik und Arbeitsorganisation, Ausbildungsziele und Erwartungen an die Bildungsarbeit Gespräch mit Betriebs- oder Produktionsleiter/in	1.1	3 bis 4 Stunden
5. **Leitfaden Praxis der Bildungsarbeit (BILD):** Gespräch mit Bildungsverantwortlichen und Ausbildern/Ausbilderinnen über Bildungsbedarfsermittlung und Verankerung in der Firma, Bildungsplanung, Bildungsmaßnahmen und ihre Überprüfung, Umsetzung und Qualifikationstransfer	1.1 - 1.3 2.1 - 2.3 3.1 - 3.3 4.1 - 4.3	3 bis 4 Stunden

Abb. 78: Verwendete Untersuchungsinstrumente in den einzelnen Untersuchungsfeldern (aus *Schöni/Wicki/Sonntag*, 1996)

Der SELB (Leitfaden Selbsteinschätzung) ist am weiter vorne beschriebenen SBK (vgl. *Sonntag/Schäfer-Rauser*, 1993) angelehnt, und ist als Hilfsmittel für die Analyse der Ausbildungsbedürfnisse und für die Einschätzung der eigenen Fähigkeiten durch die Mitarbeiter gedacht. Inhalte des Bogens sind Selbsteinschätzungen, Angaben zur Bildungsbiographie und zu den Bildungsbedürfnissen.

Für die Analyse und Evaluation der Bildungsarbeit in allen Tätigkeitsbereichen wurde von *Schöni* und *Wicki* (1995) „BILD", ein Leitfaden zur Praxis der Bildungsarbeit entwickelt. Mit seiner Hilfe können Interviews mit Bildungsverantwortlichen und Aus- und Weiterbildern zum Bildungsbedarf, zur Bildungsplanung, zu Maßnahmen und ihrer Überprüfung, und zum Qualifikationstransfer durchgeführt werden.

Der hier berichtete Untersuchungsansatz zur Qualitätssicherung betrieblicher Bildungsarbeit hat explorativen Charakter. Die Methodik der Untersuchung, die formulierten Evaluationskriterien und Analysedimensionen und schließlich die eingesetzten bzw. teilweise neuentwickelten Erhebungsinstrumente müssen in weiteren Studien selbst evaluiert und gegebenenfalls modifiziert werden. Dennoch konnten mit Hilfe des gewählten Untersuchungsansatzes die komplexen Wirkungsmechanismen betrieblicher Bildungsarbeit und deren Qualität klar aufgezeigt und Diskrepanzen zwischen Anspruch und Wirklichkeit des Lernens im Unternehmen festgestellt werden.

4.5 Zusammenfassung

Die Sicherung der Qualität und fortlaufende Optimierung betrieblicher Fördermaßnahmen, die mit erheblichem finanziellem, personellem und zeitlichem Aufwand verbunden sind, sollte ein selbstverständlicher Anspruch der beteiligten Akteure sein, insbesondere der Trainer und der Auftraggeber bzw. der Unternehmensleitung. Alleine der Erfolg, also das rechtzeitige Verfügen über das mit der Maßnahme intendierte Verhalten oder Wissen in der konkreten Arbeitssituation muß Gütemaßstab der betrieblichen Bildungsarbeit sein. Sicherlich stellt dies methodische Herausforderungen dar, wie beispielsweise Erfolge exakt zu quantifizieren, Evaluationskriterien festzulegen und entsprechende Instrumente zu erarbeiten. Den Mühen systematischer und nachvollziehbarer Überprüfungen des Erfolges steht die trügerische Sicherheit gegenüber, eine „wahrscheinlich gute Maßnahme" finanziert (auf Seiten der Unternehmensleitung) oder durchgeführt (auf Seiten des Trainers) oder erhalten zu haben (auf Seiten der Teilnehmer). Selbst- und Fremdtäuschung in diesem hierfür prädestinierten Bereich betrieblicher Personalarbeit lassen sich durch Evaluationen erheblich reduzieren.

Für eine Verbesserung und Verbreiterung des Wirkungsgrades der Maßnahmen sind auch handlungsorientierte Modelle zu propagieren, die die Einbindung der Betroffenen in den gesamten Ablauf berücksichtigen. Bei solchen Modellen kommt der konsensfähigen Definition der Evaluationsziele und Bewertungskriterien, sowie der inhaltlichen und organisatorischen Planung des Projekts zusammen mit **allen** an der Maßnahme beteiligten Personen eine besondere Bedeutung zu. Die fortlaufende Informationsweitergabe über den Stand der Studie und die permanente Handlungskontrolle unter Beachtung von Revisionsmöglichkeiten sind weitere zentrale Aspekte dieses Ansatzes. Zur permanenten Handlungskontrolle gehören insbesondere eine ausgefeilte Zeitplanung und -kontrolle, regelmäßige Zusammenfassungen des Vorgehens und Bestimmungen des personellen und finanziellen Bedarfs und seiner Deckung.

Ebenso wie alle zur Qualität beitragen, steuern auch alle Mitglieder der Maßnahme zu ihrer Sicherung bei. Die Lernenden sind dabei nicht Objekt der Evaluation, sondern sie sind die Handelnden, an denen sich die zu evaluierende Maßnahme realisiert.

Nicht alle Hindernisse können gänzlich ausgeräumt werden. Die Qualitätssicherung erhebt auch nicht den Anspruch auf allumfassende Perfektion, sondern ihr Selbstverständnis ist, so wie ihr Inhalt, lernorientiert.

Kapitel 5
Zum Abschluß: Wann sind Unternehmen lernfähig?

1 Der Fall CASCADES

Nach der Darstellung unterschiedlicher Formen und Maßnahmen individuellen und gruppenbezogenen Lernens im Unternehmen sollte – nach der ursprünglichen Fassung – ein Kapitel mit der Überschrift „Praktizierte Lernkultur II: Organisationales Lernen" geschrieben werden. Beabsichtigt war, über Untersuchungen zu berichten, die die organisationale Lernfähigkeit von Unternehmen auch transparent nachweisen konnten. Die Ausbeute der Materialien war ernüchternd. Bleiben lernfähige Organisationen also Utopie? Werden zweckgerichtete soziale Systeme so gestaltet und gelenkt, daß eingefahrene Routinen Veränderungen von kollektiven Handlungsmustern entgegenstehen und somit das Lernen und die Freisetzung von Lernpotentialen verhindern, blockieren oder gar verpönen? Wird der qualifikatorische Nutzwert individueller und gruppenorientierter Lernprozesse nicht ad absurdum geführt, wenn rigide Macht- und Führungsstrukturen der Anwendung und Umsetzung des Gelernten gegenüberstehen?

Lediglich ein konkretes Beispiel kann hier aufgeführt werden, bei dem durch eine relativ detaillierte Dokumentation der Unternehmenskultur und des Führungsstils belegbar ist, daß organisationale Lernfähigkeit eine idealtypische Realisation gefunden zu haben scheint. *Aktouf* und Mitarbeiter (1992) berichten von dem kanadischen Unternehmen CASCADES, das durch die grundsätzliche Möglichkeit des Hinterfragens jeglicher organisationaler Vorannahmen und Entscheidungen eine Unternehmenskultur geschaffen hat, die durch die Nichtbeachtung traditioneller Strukturen der Kommunikations- und Machtverteilung zu einem hohen Ausmaß an Selbständigkeit, Verantwortungsbewußtsein und Committment aller Organisationsmitglieder führte. Auf der Basis teilnehmender Beobachtungen und Interviews mit Mitarbeitern und Mitgliedern der Geschäftsleitung wurden die Merkmale der Unternehmenskultur herausgearbeitet und über einen Zeitraum von 5 Jahren beschrieben (vgl. *Aktouf/Chrétien*, 1987 und *Aktouf*, 1992).

Das Unternehmen

CASCADES wurde 1950 als kleines Unternehmen der Papierrück-
gewinnung von der Familie Lemaire (Vater, Mutter und drei Brüder)
im Osten von Quebec gegründet. Die hier dargestellten Untersuchungen beziehen sich hauptsächlich auf diesen Standort in Kings-
ey-Falls. Heute ist CASCADES in Kanada und in Europa einer der
führenden Hersteller von Kraftpapier und Flachpappe. Durch die
schrittweise Übernahme von in Konkurs geratenen Firmen ist aus
dem kleinen Familienunternehmen ein multinationaler Konzern mit
34 Tochterbetrieben und 4200 Mitarbeitern geworden. Die Unternehmensphilosophie von CASCADES wurde von Anfang an geprägt
durch den Versuch, die familiären Umgangsformen der Gründer auf
die Firma und die Beziehung zu den Mitarbeitern zu übertragen.
Familiensinn, Transparenz, Solidarität und Teilen stellen auch heute
noch zentrale Elemente der Unternehmensführung dar. Der Mana-
gementstil der drei Brüder Bernard, Laurent und Alain Lemaire ist
gekennzeichnet durch Nähe und Vertraulichkeit auf allen Ebenen.
Die Achtung der Selbständigkeit und der Fähigkeit der Mitarbeiter,
eigene Strukturen zu schaffen, erzeugte an der Basis eine Schaffens-
kraft, die nach *Aktouf* (1992) auch in finanzieller Hinsicht Früchte
getragen hat. Dies zeigt sich u.a. in der ständigen Wertsteigerung der
Unternehmensaktien, aber auch in der Übernahme und systematischen Umwandlung von Konkursunternehmen in erfolgreiche Betriebe. Trotz der Folgen der Weltwirtschaftskrise, des Börsenkrachs
vom Oktober 1987 und der steigenden Umweltauflagen werfen fast
sämtliche Betriebe der CASACDES-Gruppe Gewinne ab.

Die Führungsphilosophie und ihre Prinzipien

Die wesentlichen Charakteristika der Unternehmenskultur von
CASCADES bestehen in der Redefinition geläufiger Managementre-
geln (vgl. *Aktouf/Chrétien*, 1987 und *Aktouf* 1992).

• **Die Hierarchie wird nach Belieben mißachtet.** Die Hierarchiestruktu-
  ren verlaufen mit zwei bis vier Ebenen äußerst flach. Es ist üblich
  und gestattete Praxis, die Wege in der Hierarchie kurz zu halten. So
  kann ein Arbeiter durchaus ins Hauptquartier gehen und sein Pro-
  blem direkt mit dem Präsidenten oder Vizepräsidenten besprechen.
• **Die Exklusivität von Kapital, Gewinn und Besitz wird verneint.** Die
  Mitarbeiter und ihre Angehörigen können Fahrzeuge, Material,
  Produkte, Betriebsmittel, Räumlichkeiten usw. für persönliche
  Zwecke kostenlos benutzen. Dies schließt den Hubschrauber des
  Präsidenten ein. 1982 erhielt jeder Mitarbeiter anläßlich der ersten
  Aktienemission der CASCADES Gruppe für jedes Jahr der Be-
  triebszugehörigkeit fünf Aktien geschenkt. Des weiteren ist die
  Firma bereit, Aktienkäufe der Mitarbeiter für zwei Jahre ohne

Zinsen vorzufinanzieren, und zwar bis zu einem Maximum von 20 % des jährlichen Gehalts der Mitarbeiter. Zusätzlich wird ein substantieller Teil der Gewinne unter allen Mitarbeitern verteilt. Dieser Betrag kann bis zu 7 % des jährlichen Gehalts ausmachen.

- **Das klassische unternehmerische Tabu der Nichtweitergabe von Informationen über die finanzielle und wirtschaftliche Lage wird gebrochen und ersetzt durch Offenheit und Transparenz auf allen Ebenen.** Es gibt keine Vertraulichkeit in bezug auf Informationen, die die Mitarbeiter angehen. Außer einigen wenigen technischen Details sind alle Informationen über Produktion, Gewinn, Umsätze usw. für alle zugänglich. Die Mehrzahl dieser Informationen wird einmal monatlich in den Fabriken ausgehängt. Der Präsident begründet dies so: „Meine Gewinne sind jedem bekannt, und jeder weiß wie ich sie verwende. Die Mitarbeiter sehen, daß dies (Investitionen) ihren Arbeitsplatz schützt und alles dadurch nur noch verbessert wird".

- **Die traditionsgemäße Distanz und Anonymität gegenüber den Angestellten und Arbeitern wird aufgehoben und ersetzt durch Nähe und Vertraulichkeit.** Die Türen sind prinzipiell für jedermann offen. Es ist eine generelle Anweisung, daß man es „wie die Pest" vermeiden soll, ein Gespräch mit irgend jemand anderem in der Firma zurückzuweisen. Die familiäre Atmosphäre kann durch die folgenden Aussagen der Mitarbeiter untermalt werden: „Bernard sagt allen ‚Guten Tag', er weiß, wer du bist und er kennt deinen Namen… Er ist sehr gesprächig, er sucht das Gespräch mit dir", „Die Firma, das sind wir alle", oder: „Wir helfen uns gegenseitig, ob Boß oder nicht".

- **Es gibt keine genaue Unterscheidung des Mitarbeiterstatus durch klare Abgrenzung der Stellen untereinander.** Formelle Differenzierungsstrukturen (Organigramme) fehlen. Arbeitsplatz- bzw. Stellenbeschreibungen als solche existieren nirgends. Titel und Positionsbezeichnungen sind vage und gelten als unwichtig, privilegierte Gruppen gibt es nicht. Der Präsident drückt es mit folgenden Worten aus: „Ich lehne Stellenbeschreibungen und Titel ab; niemand erlangt dadurch Autorität, daß er einen Titel hat".

- **Die Entscheidungsbefugnis liegt nicht nur bei den Leitenden.** Der Präsident betont: „Die Arbeiter sollen selbst entscheiden, das macht die eigene Arbeit bedeutend". Persönliche Initiative und Eigenverantwortung werden überall gefördert. Das Grundprinzip lautet: „Warte nicht, bis jemand kommt, um dir zu sagen, was Du tun sollst – finde es selbst heraus und tue es." Jeder wird ermutigt, „Dinge auszuprobieren" oder zu experimentieren. Komplementär dazu gibt es das ungeschriebene Recht, Fehler machen zu dürfen. Die Angst vor Fehlern wird genommen. Jeder sollte seine eigenen

Fehler erkennen und die notwendigen Anpassungen selbst vornehmen.

• **Organisatorische Selbständigkeit und Gestaltungsfreiheit.** Die organisatorischen Strukturen erlauben es jedem Team, jeder Werkstatt, jeder Fabrik, als eine eigene, zusammenhängende Ganzheit zu leben. Jede Fabrik ist juristisch selbständig und stellt ein kleines Unternehmen dar, das einige Dienste der zentralen Holding nutzt, ansonsten aber völlig autonom im Hinblick auf das Management, die Umsätze, die Gewinne usw. ist. Die Mitarbeiter haben freie Hand bei der Arbeitsorganisation, so z.B. beim Zusammenstellen der Schicht oder der Verteilung der Aufgaben. Sich für andere Aufgaben zu qualifizieren, hängt dabei von der Eigeninitiative der Mitarbeiter ab.

Die Erfolgsfaktoren

Nach *Aktouf* (1992) resultiert der Erfolg von CASCADES aus zwei erfolgsbestimmenden Faktoren des Führungsstils:

1. der Integration zwischen „charismatischen" und „traditionellen" Führungselementen;
2. der grundsätzlichen Hinterfragung (Interpellation) der Führung.

Zu 1: Der traditionelle mehr patriarchalische Aspekt der Führungslegitimation liegt begründet in der Personalunion von Eigentum und Firmenleitung. Die Gründerfamilie ist verflochten zwischen Berufs- und Gesellschaftsleben und übt ihre Autorität auf der Basis von Güte, Sorge um das Wohl der Mitarbeiter, Gerechtigkeit und Recht aus. Die charismatische Dimension der Machtausübung des Präsidenten basiert auf der nicht vorhandenen oder sehr schwach ausgeprägten hierarchischen Struktur, der Tatsache, daß der Chef mit „anpackt" und quasi in Gemeinschaft mit seinen Mitarbeitern lebt. Er erzeugt damit nach Aussagen seiner Mitarbeiter Zuneigung und Liebe, löst Faszination aus und wird als Vorbild betrachtet. Gleichzeitig werden ihm Attribute eines „Helden" zugeschrieben, aufgrund des Verstoßes gegen geltende Macht- und Führungsregeln, wie sie weiter oben aufgeführt wurden.

Zu 2: Der das **Modell organisationaler Lernfähigkeit** wohl am stärksten berührende Aspekt ist der der grundsätzlichen Hinterfragbarkeit der Macht durch die Mitarbeiter. Verhalten und Entscheidung der Topmanager können jederzeit in Frage gestellt werden. Über die Möglichkeit des Hinterfragens von Macht kann sich jeder Mitarbeiter grundsätzlich an Entscheidungen beteiligen und sein Mitspracherecht bei Plänen und Zukunftsprojekten wahrnehmen. Ein derartiges partizipatives

Klima liefert die Grundlage für Leistung, Kreativität und Qualität. Eigenständigkeit und Selbstorganisation der Mitarbeiter wird unterstützt und gefördert. Die Möglichkeit des Hinterfragens scheint eine der Quellen zu sein, aus der die Führung ihre Legitimation und Anerkennung durch diejenigen schöpft, die ihr unterstellt sind.

Es ergibt sich somit die scheinbar paradoxe Situation, daß Macht umso legitimer und unangefochtener wird, je hinterfragbarer sie ist.

Neben der Legitimation der Macht der Leitenden hat die Möglichkeit des Hinterfragens eine zweite wesentliche Auswirkung auf die Mitarbeiter. Sie schafft die Grundlage dafür, daß der Mitarbeiter als aktiver, selbständiger und somit gleichberechtigter Gesprächspartner gilt. Die Fähigkeit und Möglichkeit, das Wort zu ergreifen und sich somit aktiv in Szene zu setzen, liefert Freiräume, die zur Bejahung der Verhältnisse am Arbeitsplatz führen. „Hinterfragen" bedeutet auch die gemeinsame Reflexion von Führungs- und Entscheidungsprozessen.

Aktouf (1992, S. 55) charakterisiert den Erfolg der CASCADES'-schen Unternehmensphilosophie zusammenfassend wie folgt:

> „Ein allgemeines Gefühl der Bejahung, des Teilens, der Nähe und Verbundenheit, der Bescheidenheit; Raum für Gefühle, Hinterfragung, Verstoß gegen die klassischen Regeln des Managements: Dies sind die mächtigen Symbole eines stark verinnerlichten, zutiefst anerkannten Topmanagements bei CASCADES. Das Geheimnis liegt im Übergang von einem Konzept, bei dem die Mitarbeiter als reagierende Organismen „motiviert" werden müssen, zu einem Konzept, das die Mitarbeiter als Menschen betrachtet, die sich von ihrem Urteilsvermögen und ihren Wünschen leiten lassen. CASCADES liefert ihnen die „Gründe" sich zu mobilisieren und mitzumachen."

2 Potentiale für die Realisierung lernfähiger Unternehmen

Durch hierarchie- und bereichsübergreifende Kommunikation, den Verzicht auf Status und den Einsatz formaler Machtmittel sowie die gleichberechtigte Beziehung zwischen Management und Mitarbeitern wurden in dem Fallbeispiel die Grundlagen für einen optimalen Austausch zwischen den Wissensbasen der Organisation und ihrer Mitglieder geschaffen (vgl. auch Abb. 24). Durch die den Mitarbeitern zugestandene Autonomie und Partizipation wurde ein über das individuelle Lernen hinausgehendes Lernen der Organisation ermöglicht. Als wesentliches Merkmal organisationaler Lernfähigkeit resultierte daraus die Erhöhung des Flexibilitäts- und Reflexionspotentials der gesamten Organisation.

In wohl den wenigsten Fällen finden sich idealtypische Merkmale und förderliche Bedingungen in so vielfältiger Weise, wie in dem beschriebenen Familienunternehmen. Berichtet wird in der Literatur noch von einem brasilianischen Unternehmen, das ebenfalls im Familienbesitz ist und dessen zentrale Bausteine des Unternehmenserfolgs auf einen transparenten Informationsaustausch, größere Entscheidungsbefugnisse, Mitbestimmung und Gewinnbeteiligung zurückzuführen sind (vgl. *Semler*, 1993). Aber auch die Umsetzung von „Lean"-philosophien birgt grundsätzlich Potentiale organisationalen Lernens. Ausgearbeitete Programme mit vielfältigen Maßnahmen auf individueller und gruppenbezogener Interventionsebene (wie Workshops, Selbstauditing usw.) ermöglichen es, die kulturelle Neuorientierung des Unternehmens oder von Unternehmensbereichen umzusetzen und Verhaltensänderungen der Organisationsmitglieder in wesentlichen Grundorientierungen (bspw. „konsequente Entscheidungsdelegation", „Kontinuierlicher Verbesserungsprozeß") zu erreichen (vgl. bspw. *Sander*, 1995).

Die Mechanismen organisationalen Lernens können nur dann wirksam werden, wenn Veränderungskonzepte in einem kollektiven Reflexionsprozeß durch die Organisationsmitglieder identifiziert, hinterfragt und gegebenenfalls modifiziert werden. *Reinhardt* (1995, S. 245) führt allerdings eine Reihe von Problemen bzw. erforderlichen Lernprozessen für das Management bei der Gestaltung lernfähiger Organisationen an:

- die Veränderung des eigenen Weltbildes bedeutet auch für Manager zunächst eine Änderung der Wahrnehmungsprozesse und damit der sie steuernden Werthaltungen und Überzeugungen;
- der Verzicht auf die Machbarkeits- und Kontrollillusion gegenüber den Mitarbeitern widerspricht grundsätzlich dem Selbstverständnis „erfolgreicher" Manager;
- das noch nicht vorhandene Vertrauen der Manager in die Prinzipien der Selbstorganisation und in die Kompetenzen und Selbstverantwortung der Mitarbeiter und
- der in den westlichen Kulturen tief verwurzelte Individualismus behindert die Etablierung effizienter teambezogener Handlungs- und Kommunikationsmuster.

Das Hinterfragen und Verändern von Wahrnehmungs-, Denk- und Handlungsgewohnheiten setzt individuelle Lernprozesse voraus. Um den hohen Ansprüchen lernfähiger Organisationen auf der Mitarbeiterebene gerecht zu werden, sind deshalb personale Fördermaßnahmen unabdingbar. Auch systemtheoretische Positionen begreifen Entwicklungsprozesse im Veränderungsmanagement als Lernprozesse zunächst auf individueller Ebene (vgl. Abb. 6). Sie sehen in dem Aufbau von Kompetenzen ein wichtiges Gestaltungsmoment, um eine konstruktive und reflexive Auseinandersetzung zwischen den Organisationsmitgliedern zu erhalten.

Vor dem Hintergrund neuer Führungsphilosophien im Produktionsbereich betrifft dies auch die operative Ebene und das untere und mittlere technische Management. Die Mitarbeiter müssen unabhängig von Status und hierarchischer Einordnung in die Lage versetzt bzw. befähigt werden, diejenigen hinterfragen zu können, die jeweils das „Sagen" haben. Hinterfragen von Entscheidungen und Planungen bei meist komplexen Sachverhalten, wie sie in den aktuellen Umfeldbedingungen betrieblicher Realität repräsentiert sind, setzt aber anspruchsvolle kognitive und kommunikative Leistungen voraus (vgl. 2. Kapitel, Abschnitte 3.2 und 3.3) ebenso wie ein positives Selbstkonzept der Mitarbeiter. Der Aufbau einer in diesem Sinne umfassenden beruflichen Handlungskompetenz wurde bisher eklatant vernachlässigt. Damit in diesem Sinne aber sinnvolle und effiziente individuelle und gruppenbezogene Lernprozesse im Unternehmen eingeleitet werden können, sind Lernbedarf, Bedürfnisse und Potentiale der Mitarbeiter zu ermitteln, die beabsichtigten Fördermaßnahmen darauf abzustimmen und die realisierten Maßnahmen zu überprüfen.

Wann also sind Unternehmen lernfähig? Sie sind dann besonders lernfähig, wenn eine „Pflege" des Lernens kontinuierlich und erfolgreich betrieben wird. Merkmale, Bedingungen, Strategien und die Umsetzung einer solchen **Lernkultur** in das Unternehmen durch die Gestaltung individueller und organisationaler Lernprozesse waren Gegenstand dieses Buches.

Literaturverzeichnis

Aktouf, O. (1992). Der Fall „Cascades": Die Hinterfragung der Führung und die Teilung der Macht. Organisationsentwicklung, 2, S. 44–57.

Aktouf, O. & Chrétien, M. (1987). Die Entfremdung abbauen: Wie eine Unternehmenskultur „erlebt" und nicht künstlich konstruiert wurde. Zeitschrift für Organisationsentwicklung, 2, S. 11–28.

Argyle, M. & Trower, P. (1981). Signale von Mensch zu Mensch. Weinheim: Beltz.

Argyris, C. & Schön, D.A. (1978). Organizational Learning. Reading: Addison-Wesley.

Aumüller, R. (1992). Die Herausforderung an den Vorgesetzten – in wen investiere ich? Agogik – Zeitschrift für Fragen sozialer Entscheidung, 15 (4), S. 15–22.

Baitsch, Ch. (1985). Kompetenzentwicklung und partizipative Arbeitsgestaltung. Frankfurt/Main: Lang.

Bandura, A. (1969). Principles of behavior modification. New York: Holt, Rinehart & Winston.

Bandura, A. (1979). Sozial-kognitive Lerntheorie. Stuttgart: Klett.

Bardeleben, R.v.; Böll, G. & Kühn, H. (1986). Strukturen betrieblicher Weiterbildung – Ergebnisse einer empirischen Kostenuntersuchung. Berichte zur beruflichen Bildung, Heft 3. Berlin: Bundesinstitut für Berufsbildung.

Beer, M.; Eisenstat, R.A. & Spector, B. (1991). Wie Verjüngungskampagnen ein sicherer Erfolg werden. Harvard Manager, 4 (13), S. 34–48.

Bergmann, B.; Wiedemann, J. & Zehrt, P. (1995). Beschreibung und Trainierbarkeit der Störungsdiagnosekompetenz von Instandhaltungspersonal. Zeitschrift für Arbeits- und Organisationspsychologie, 13 (4), S. 146–156.

Böning, U. (1994). Ist Coaching eine Modeerscheinung? In: L.M. Hofmann & E. Regnet (Hrsg.). Innovative Weiterbildungskonzepte (S. 171–186). Göttingen: Verlag für Angewandte Psychologie.

Booz-Allen & Hamilton Inc. (1990). Making Strategy Work. Special Report.

Bracht, F. & Sonntag, Kh. (1996). Ausbildungs- und Organisationsentwicklung bei arbeitsplatzbezogenem Lernen – Erprobung eines betrieblichen Lernortsystems. In: P. Dehnbostel, H. Holz & H. Nowack (Hrsg.). Neue Lernorte und Lernortkombinationen (S. 144–169). Bielefeld: Bertelsmann.

Bronner, R. (1994). Zukunftsanforderungen an das Management-Lernen. In: H. Simon & Kh. Schwuchow (Hrsg.). Management – Lernen und Strategie (S. 99–109). Stuttgart: Schäffer-Poeschel.

Brown, J.S.; Collins, A. & Duguid, P. (1989). Situated Cognition and the culture of learning. Educational Researcher, 18, pp. 32–42.

Büdenbender, U. (1994). Zukunftssichernde Personalpolitik. Jahrbuch Weiterbildung 1994 (S. 8–12). Düsseldorf: Verlagsgruppe Handelsblatt.

Cognition and Technology Group at Vanderbilt (1990). Anchored instruction and its relation to situated cognition. Educational Researcher, 19, pp. 34–40.

Collins, A.; Brown, J.S. & Newmann, S.E. (1989). Cognitive apprenticeship: Teaching the crafts of reading, writing and mathematics. In: L.B. Resnick (ed.). Knowing, learning and instruction (pp. 453–494). Hillsdale, New York: Erlbaum.

Comelli, G. (1993). Qualifikation für Gruppenarbeit: Teamentwicklungstraining. In: L.v. Rosenstiel; E. Regnet & M. Domsch (Hrsg.). Führung von Mitarbeitern. Handbuch für erfolgreiches Personalmanagement (S. 355–378). Stuttgart: Schäffer-Poeschel.

Comelli, G. (1994). Teamentwicklungstraining – Training von „family groups". In: *L.M. Hofmann & E. Regnet* (Hrsg.). Innovative Weiterbildungskonzepte (S. 61–84). Göttingen: Verlag für Angewandte Psychologie.

Deppe, J. & Peters, J. (1994). Personalentwicklung im Lean Management. Jahrbuch Weiterbildung 1994, S. 68–71. Düsseldorf: Verlagsgruppe Handelsblatt.

Dijek, J.J. v. (1990). Transnational Management in an Evolving European Context. European Management Journal, 8 (4).

D'Iribarne, A. & Lutz, B. (1984). Work organisation in flexibel manufacturing systems. In: *T. Martin* (eds.). Design of work in automated manufacturing systems. Proceedings of the IFAC Workshop Karlsruhe 7.-9. November 1983 (pp. 127–131). Oxford: Pergamon Press.

Dörner, D. (1989). Die Logik des Mißlingens. Hamburg: Rowohlt

Dörner, D.; Kreuzig, H.W.; Reither, F. & Stäudel, T. (Hrsg.) (1983). Lohhausen. Vom Umgang mit Unbestimmtheit und Komplexität. Bern: Huber.

Duell, W. & Frei, F. (Hrsg.) (1986). Arbeit gestalten – Mitarbeiter beteiligen. Eine Heuristik qualifizierender Arbeitsgestaltung. Frankfurt: Campus.

Edelmann, W. (1988). Lernpsychologie. München: Urban & Schwarzenberg.

Edelmann, M. & Brauer, S. (1995). Zur Ermittlung von Qualifikationsanforderungen für die teamorganisierte Produktion in der Keramikindustrie. Unveröffentlicher Untersuchungsbericht, Psychologisches Institut der Universität Heidelberg.

Euler, D. & Stevens, H. (1965). Die analytische Arbeitsbewertung. Düsseldorf.

Flanagan, J.C. (1954). The critical incident technique. Psychological Bulletin, 51, pp. 327–358.

Fleishman, E.A. & Quaintance, M.K. (1984). Taxonomies of human performance. Orlando: Academic Press.

Fleishman, E.A. & Reilly, M.E. (1992). Handbook of human abilities. Definitions, measurements and job task requirements. Palo Alto, CA: Consulting Psychological Press.

Franke, G. (1993). Training und Lernen am Arbeitsplatz. In: *C.K. Friede & Kh. Sonntag* (Hrsg.). Berufliche Kompetenz durch Training (S. 85–99). Heidelberg: Sauer.

Franke, G. & Kleinschmitt, M. (1987). Der Lernort Arbeitsplatz. Berlin: Beuth.

Frei, F.; Duell, W. & Baitsch, Ch. (1984). Arbeit und Kompetenzentwicklung. Bern: Huber.

Friede, C.K. & Sonntag, Kh. (Hrsg.) (1993). Berufliche Kompetenz durch Training. Heidelberg: Sauer

Friedrich, H.F. & Mandl, H. (1992). Lern- und Denkstrategien – ein Problemaufriß. In: *H. Mandl & H.F. Friedrich* (Hrsg.). Lern- und Denkstrategien. Analyse und Intervention (S. 3–54). Göttingen: Hogrefe.

Frieling, E.; Facaoaru, C.; Benedix, H.; Pfaus, H. & Sonntag, Kh. (1993). Tätigkeits-Analyse-Inventar (TAI). Landsberg: ecomed.

Galperin, P.J. (1967). Die Entwicklung der Untersuchungen über die Bildung geistiger Operationen. In: *H. Hiebsch* (Hrsg.). Ergebnisse der sowjetischen Psychologie (S. 367–405). Berlin: Akademie Verlag.

Gebert, D. (1987). Gegenwärtige und zukünftige Tendenzen der Organisationsentwicklung. In: *L.v. Rosenstiel; H.E. Einsiedler; R. Streich & S. Rau* (Hrsg.). Motivation durch Mitwirkung (S. 111–118). Stuttgart: Schäffer-Poeschel.

Geilhardt, Th. & Mühlbradt, Th. (Hrsg.) (1995). Planspiele im Personal- und Organisationsmanagement. Göttingen: Verlag für Angewandte Psychologie.

Gerstenmaier, J. & Mandl, H. (1994). Wissenserwerb unter konstruktivistischer Perspektive. Forschungsbericht Nr. 33. München: Ludwig-Maximilians-Universität, Lehrstuhl für Empirische Pädagogik und Pädagogische Psychologie.

Goldstein, J.L. (1986). Training in Organizations: Needs Assessment, Development and Evaluation. Monterey: Brooks.

Gomez, P. & Probst, G.J.B. (1987). Vernetztes Denken im Management. In: Die Orientierung. Bern.

Gottschall, D. (1992). Lean Production. Psychologie Heute, 9, S. 56–63.

Greif, S. & Kurtz, H.-J. (Hrsg.) (1996). Handbuch selbstorganisiertes Lernen. Göttingen: Verlag für Angewandte Psychologie.

Hacker, W. (1986). Arbeitspsychologie. Psychische Regulation von Arbeitstätigkeiten. Bern: Huber.

Hacker, W.; Iwanowa, A. & Richters, P. (1983). Tätigkeits-Bewertungs-System (TBS). Berlin: Psychodiagnostisches Zentrum.

Häfeli, K.; Kraft, U. & Schallberger, U. (1988). Berufsausbildung und Persönlichkeitsentwicklung. Bern: Huber.

Hamel, G. & Prahalad, C.K. (1989). „Strategic Intent" – aber jetzt gegen die Japaner. Harvard Manager, 4, S. 12–25.

Hamel, G. & Prahalad, C.K. (1991). Nur Kompetenzen sichern das Überleben. Harvard Manager, 2, S. 66–78.

Hauser, E. (1993). Coaching von Mitarbeitern. In: L.v. Rosenstiel; E. Regnet & M. Domsch (Hrsg.). Handbuch für erfolgreiches Personalmanagement (S. 223–236). Stuttgart: Schäffer-Verlag.

Heintel, P. (1995). Teamentwicklung. In: B. Voß (Hrsg.). Kommunikations- und Verhaltenstrainings (S. 193–205). Göttingen: Verlag für Angewandte Psychologie.

Holleis, W. (1987). Unternehmenskultur und moderne Psyche. München.

Hollmann, H. (1991). Validität in der Eignungsdiagnostik. Neue Ansätze einer sachgerechten Bewertung und effizienten Verbesserung. Göttingen: Hogrefe.

Jaehrling, D. (1989). Suggestopädie und mentales Training in der betrieblichen Weiterbildung bei Audi. Personalführung (1), S. 44–49.

Jaehrling, D. (1995). Künftige Anforderungen an Führungskräftetrainings im Verhaltensbereich. In: B. Voß (Hrsg.). Kommunikations- und Verhaltenstrainings (S. 3–11). Göttingen: Verlag für Angewandte Psychologie.

Jeserich, W. (1989). Mitarbeiter auswählen und fördern – Assessment-Center-Verfahren. München: Hanser.

Jönck, U. (1994). Internationale Personalentwicklung. Jahrbuch Weiterbildung, S. 20–24.

Junker, R; Kraus, A. & Sonntag, Kh. (1990). Bildungsbedarf bei Einführung neuer Techniken. Personalwirtschaft, 5, S. 28–31.

Kaehlbrandt, R. (1995). Jargon und Pidgin. Deformation der deutschen Wissenschaftssprachen. Forschung und Lehre, 4, S. 178–179.

Kauz, S. (1993). „Der Karriereanker" von E.H. Schein als Instrument der Personalentwicklung – Eine empirische Analyse. Universität Mannheim: Unveröffentlichte Diplomarbeit.

Kearsley, G. (1982). Costs, benefits and productivity in training systems. Reading, Mento Park: Addison-Wesley.

Kirwan, B. & Ainsworth, L.B. (Eds.) (1992). A Guide to Task Analysis, London: Taylor & Francis.

Klimecki, R.; Probst, G.J.B. & Eberl, P. (1991). Systementwicklung als Managementproblem. In: W.H. Staehle & S. Sydow (Hrsg.). Managementforschung, Bd. 1 (S. 103–162). Berlin.

Kluge, A. (1994). Suggestopädisches Lernen im Betrieb. Aachen: Verlag Mainz.

Kluge, A. & Sonntag, Kh. (1994). Bericht über eine Studie zur Wirksamkeit von suggestopädischem Lehrverhalten in gewerblich technischen Qualifizierungsprozessen. Abschlußbericht der wissenschaftlichen Begleitung zum FORCE Aktionsprogramm (Projektnr. D/91/2/519/P-FPC). Neckarsulm: Audi.

Kohn, M. L. & Schooler, C. (1978). The reciprocal effects of substantive complexity of work on intellectuals. Flexibility: a longitudinal assessment. American Sociological Review, 48, pp. 24–52.

Kotter, J.P. (1982). What effective general managers really do. Harvard Business Review, 60 (6), pp. 156–167.

Lang, R. & Hellpach, W. (1922). Gruppenfabrikation. Berlin: Springer.

Law, L.-C. (1995). Constructivist instructional theories and acquisition of expertise. Research report No. 48. München: Ludwig-Maximilians-Universität, Lehrstuhl für Empirische Pädagogik und Pädagogische Psychologie.

Leutner, D. (1995). Computergestützte Planspiele als Instrument der Personalentwicklung. In: *Th. Geilhardt & Th. Mühlbradt* (Hrsg.). Planspiele im Personal- und Organisationsmanagement (S. 105–116). Göttingen: Verlag für Angewandte Psychologie.

Lott, C. (1992). Laufbahn aus eigener Hand. Agogik, 4, S. 9–14.

Malik, F. (1992). Deutsche Manager sind nur Schönwetterkapitäne. Manager Magazin, Nr. 2, S. 72–73.

Mayring, P. (1988). Qualitative Inhaltsanalyse. Grundlagen und Techniken. Weinheim: Deutscher Studien Verlag.

McCormick, E.H. (1979). Jobanalysis: Methods and applications. New York: Amacon.

Meichenbaum, D. (1979). Kognitive Verhaltensmodifikation. München: Urban & Schwarzenberg.

Meichenbaum, D. & Goodmann, I. (1971). Training impulsive children to talk themselves: A means of developing self-control. Journal of Abnormal Psychology, 77, S. 115–126.

Mercedes Benz AG (1995). Entwicklungsprogramm für Facharbeiter. Mercedes Benz AG, Gaggenau.

Meyer-Dohm, P. (1991). Lernen im Unternehmen – Vom Stellenwert betrieblicher Bildungsarbeit. In: *P. Meyer-Dohm & P. Schneider* (Hrsg.). Berufliche Bildung im lernenden Unternehmen (S. 195–211). Stuttgart, Dresden: Klett.

Moss-Kanter, R. (1991). Transcending Business Boundaries: 12.000 World Managers View Change. Harvard Business Review, 69, pp. 151–164.

Nenner, A. (1990). Die suggestopädische Lern- und Unterrichtsmethode in der Berufsbildung der AUDI AG. In: *K.-H. Sommer* (Hrsg.). Betriebspädagogik in Theorie und Praxis (S. 313–323). Esslingen.

Niebergall, A. & Schulz, U. (1996). Evaluation von Expertenurteilen bei der Personalauswahl mittels Conjoint-Analyse. Zeitschrift für Arbeits- und Organisationspsychologie, 40 (1), S. 38–41.

Ogger, G. (1992). Nieten in Nadelstreifen. München.

Orendi, B.; Pabst, J. & Udris, I. (1986). Kooperation in Arbeitsgruppen – Gruppentrainings zur Förderung von sozialer Handlungskompetenz. Zürich: Eidgenössische Technische Hochschule, Lehrstuhl für Arbeits- und Organisationspsychologie.

Pautzke, G. (1989). Die Evaluation der organisatorischen Wissensbasis. Herrsching: Kirsch.

Peters, T. & Waterman, R. (1982). In Search of Excellence. Lessons from America's Best-Run Companies. New York: Harper & Row.

Redding, R.E. (1990). Taking Cognitive Task Analysis into the Field: Bridging the Gap from Research to Application. Proceeding of a Human Factors Society, 34 St. Annual Meeting, S. 1304–1308.

Reinhardt, R. (1993). Das Modell Organisationaler Lernfähigkeit und die Gestaltung lernfähiger Organisationen. Frankfurt: Lang.

Reinhardt, R.; Sonntag, Kh. & Schaper, N. (1995). Lerngruppenkonzept für Multiplikatoren im Produktionsbereich. In: *H.Geißler, D.Behrmann & J. Petersen* (Hrsg). Lean Management und Personalentwicklung (S. 191–210). Frankfurt: Lang.

Reinmann-Rothmeier, G.; Mandl, H. & Prenzel, M. (1994). Computerunterstützte Lernumgebungen. In: *H. Arzberger & K.-H. Brehm* (Hrsg.). Computerunterstützte Lernumgebung. Planung, Gestaltung und Bewertung. Erlangen: Publicis MCD-Verlag.

Rosenstiel, L.v. (1994). Motivation durch Mitwirkung: Wege und Ziele des Lernens. In: *L.M. Hofmann & E. Regnet* (Hrsg.). Innovative Weiterbildungskonzepte (S. 53–60). Göttingen: Verlag für Angewandte Psychologie.

Rudolf, E.; Schönfelder, E. & Hacker, W. (1987). Tätigkeitsbewertungssystem Geistige Arbeit (TBS-GA). Berlin: Psychodiagnostisches Zentrum der Humboldt Universität.

Sander, G. (1995). Wissen und Erfahrung zu Neuem verbinden. In: *Kh. Schwuchow* (Hrsg.). Jahrbuch Weiterbildung (S. 47). Düsseldorf: Verlag Handelsblatt.

Sarges, W. (1990). Management Diagnostik. Göttingen: Hogrefe.

Schaper, N. (1995). Lernbedarfsanalysen und Trainingsgestaltung bei komplexen Diagnoseaufgaben. Frankfurt: Lang.

Schaper, N. & Sonntag, Kh. (1995). Lernbedarfsanalyse bei komplexen Aufgabenstellungen – eine inhaltsbezogene und methodenkritische Studie. Zeitschrift für Arbeits- und Organisationspsychologie, 39 (4), S. 168–178.

Schein, E.H. (1978). Career dynamics: Matching individual and organizational needs. Menlo Park, Massachusetts: Addison-Wesley.

Schein, E.H. (1990). Career Anchors: Trainer's manual. San Diego: Pfeiffer.

Schein, E.H. (1990). Career Anchors: Discovering your real values. San Diego: Pfeiffer.

Schirmer, F. (1991). Aktivitäten von Managern. In: *W.H. Staehle & J. Sydow* (Hrsg.). Managementforschung, Bd.1 (S. 205–253). Berlin: de Giuyter.

Schöni, W. & Wicki, M. (in Vorb.). Leitfaden zur Qualitätssicherung in der betrieblichen Ausbildung.

Schöni, W.; Wicki, M. & Sonntag, Kh. (1996). Produktionsarbeit und Bildungsqualität. Evaluationsstudien in Betrieben der Textil- und der Chemieindustrie. Zürich: Ruegger.

Schreyögg, A (1996). Coaching. Frankfurt/M: Campus

Schuler, H. (1991). Leistungsbeurteilung – Funktionen, Formen und Wirkungen. In: *H. Schuler* (Hrsg.). Beurteilung und Förderung beruflicher Leistung (S. 11–40). Stuttgart: Verlag für Angewandte Psychologie.

Schuler, H. & Prochaska, M. (1992). Ermittlung personaler Merkmale: Leistungs- und Potentialbeurteilung von Mitarbeitern. In: *K. Sonntag* (Hrsg.). Personalentwicklung in Organisationen (S. 157–186). Göttingen: Hogrefe.

Semler, R. (1993). Das SEMCO-System: Management ohne Manager. München.

Shepherd, A. (1985). Hierarchical task analysis and training decisions. Programmed Learning and Educational Technology, 22, S. 162–176.

Simon, H. (1995). „Lernoberfläche des Unternehmens". In: *H. Simon & Kh. Schwuchow* (Hrsg.). Management – Lernen und Strategie (S. 149–158). Stuttgart: Schäffer-Poeschel.

Sonntag, Kh. (1985). Erforderliche Qualifikationen beim Tätigkeitsvollzug in der flexiblen automatisierten Fertigung. Zeitschrift für Arbeitswissenschaft, 39, S. 193–200.

Sonntag, Kh. (1989). Trainingsforschung in der Arbeitspsychologie. Bern: Huber.

Sonntag, Kh. (1990). Qualifikation und Qualifizierung bei komplexen Arbeitstätigkeiten. In: *C.G. Hoyos & B. Zimolong* (Hrsg.). Ingenieurpsychologie. Enzyklopädie der Psychologie D/III/2 (S. 536–571). Göttingen: Hogrefe.

Sonntag, Kh. (1992) (Hrsg.) Personalentwicklung in Organisationen. Göttingen: Hogrefe

Sonntag, Kh. (1992). Ermittlung tätigkeitsbezogener Merkmale: Qualifikationsanforderungen und Voraussetzungen menschlicher Aufgabenbewältigung. In: *Kh. Sonntag* (Hrsg.). Personalentwicklung in Organisationen. Psychologische Grundlagen, Methoden und Strategien, (S. 135–156). Göttingen: Hogrefe.

Sonntag, Kh. & Lohbeck, B. (1995). Software-ergonomische Entwicklung eines computerunterstützten Lernprogramms zur Störungsdiagnose. Zeitschrift für Arbeits- und Organisationspsychologie, 39 (4), S. 188–193.

Sonntag, Kh. & Schäfer-Rauser, U. (1993). Selbsteinschätzung beruflicher Kompetenzen bei der Evaluation von Bildungsmaßnahmen. Zeitschrift für Arbeits- und Organisationspsychologie, 37 (4), S. 163–171.

Sonntag, Kh. & Schaper, N. (1988). Kognitives Training zur Bewältigung steuerungstechnischer Aufgabenstellungen. Zeitschrift für Arbeits- und Organisationspsychologie, 32, S. 128–138.

Sonntag, Kh. & Schaper, N. (1992). Förderung beruflicher Handlungskompetenz. In: *Kh. Sonntag* (Hrsg.). Personalentwicklung in Organisationen (S. 187–210). Göttingen: Hogrefe.

Sonntag, Kh. & Schaper, N. (1993). Strategies and trainings for maintenance personnel: Optimizing fault diagnosis activities. In: *M.J. Smith & G. Salvendy* (eds.). Human computer interaction, Vol.1 (pp. 90–95). New York: Elsevier.

Sonntag, Kh. & Stegmaier, R. (1996). Konstruktivistische Ansätze für die Lernerfolgsüberprüfung im handlungsorientierten Unterricht. Studie im Auftrag des Landesinstituts für Schule und Weiterbildung NRW, Soest. Schriftenreihe des Landesinstituts.

Sonntag, Kh.; Hamp, St. & Rebstock, H. (1985). Qualifizierungskonzept Rechnergestützte Fertigung. Arbeitswissenschaftliche Veröffentlichungen des Bayerischen Staatsministeriums für Arbeit und Sozialordnung. München.

Sonntag, Kh.; Rothe, H.J. & Schaper, N. (1994). Wissenserfassung bei diagnostischen Tätigkeiten in komplexen Fertigungssystemen als Grundlage für die Gestaltung beruflichen Trainings. Unterrichtswissenschaft, 3, S. 215–232.

Sonntag, Kh.; Schäfer-Rauser, U. & Nenner, A. (1993). Suggestopädie in der betrieblichen Ausbildung. In: *C.K. Friede & Kh. Sonntag* (Hrsg.). Berufliche Kompetenz durch Training (S. 127–142). Heidelberg: Sauer.

Sonntag, Kh.; Schaper, N. & Benz, D. (1995). Überprüfung curricularer Vorgaben für die Fachschule für Technik – Fachrichtung Maschinentechnik. Forschungsbericht im Auftrag des Landesinstituts NRW für Schule und Weiterbildung Soest, Referat I/5. Soest.

Sonntag, Kh.; Schaper, N. & Benz, D. (1996). Leitfaden zur Personalplanung bei technisch-organisatorischen Innovationen (LPI). In: *H. Dunckel* (Hrsg.). Handbuch psychologischer Arbeitsanalyse. Zürich: vdf.

Steininger, K.; Fichtbauer, S. & Goeters, K.-M. (1995). Personalentwicklung für komplexe Mensch-Maschine-Systeme. Anforderungen, Auswahl, Training. Weinheim: Beltz.

Strauß, B. & Kleinmann, M. (1995). Computersimulierte Szenarien in der Personalarbeit. Göttingen: Verlag für Angewandte Psychologie.

Stürzl, W. (1993). Lean Production in der Praxis. Paderborn: Junfermann.

Thierau, H.; Stangel-Meseke, M. & Wottawa, H. (1992). Evaluation von Personalentwicklungsmaßnahmen. In: *Kh. Sonntag* (Hrsg.). Personalentwicklung in Organisationen: Psychologische Grundlagen, Methoden und Strategien. Göttingen: Hogrefe.

Tijmstra, S. & Casler, K. (1994). Management – Lernen für Europa. In: *H. Simon & K. Schwuchow* (Hrsg.). Management – Lernen und Strategie (S. 271–285). Stuttgart: Schäffer-Poeschel.

Udris, I. (1993). Trainingsverfahren zur Förderung der Sozialkompetenz. In: *C.K. Friede & Kh. Sonntag*. Berufliche Kompetenz durch Training. Heidelberg: Sauer.

Ulich, E. (1992). Arbeitspsychologie. Zürich: vdf.

Ulich, E. & Baitsch, Ch. (1987). Arbeitsstrukturierung. In: *U. Kleinbeck & J. Rutenfranz* (Hrsg.). Arbeitspsychologie. Enzyklopädie der Psychologie. Themenbereich D/III Bd.1 (S. 493–532). Göttingen: Hogrefe.

Ulich, E.; Conrad-Betschart, H. & Baitsch, Ch. (1989). Arbeitsform mit Zukunft. Ganzheitlich-flexibel statt arbeitsteilig. Bern: Lang.

Ulrich, H. & Probst, G.J.B. (1990). Anleitung zum ganzheitlichen Denken und Handeln. Bern: Haupt.

Van Cott, H.P. & Paramore, B. (1988). Task analysis. In: *S. Gael* (ed.). The job analysis handbook for business, industry and government, Vol. 7, (pp. 651–671). New York: Wiley.

Vester, F. (1991). Ballungsgebiete in der Krise. München: dtv.

Vester, F. (1995). Spielen hilft verstehen. In: *Th. Geilhardt & Th. Mühlbradt* (Hrsg.). Planspiele im Personal- und Organisationsmanagement (S. 18–26). Göttingen: Verlag für Angewandte Psychologie.

Volpert, W.; Oestereich, R.; Gablenz-Kolakovic, S.; Krogoll, T. & Resch, M. (1983). Verfahren zur Ermittlung von Regulationserfordernissen in der Arbeitstätigkeit (VERA). Köln: TÜV Rheinland.

Volpert, W. (1987). Psychische Regulation von Arbeitstätigkeiten. In: *U. Kleinbeck & I. Rutenfranz* (Hrsg.). Arbeitspsychologie. Enzyklopädie der Psychologie (S. 1–42). Göttingen: Hogrefe.

Warnecke, H.-J. (1993). Der Produktionsbetrieb. Berlin: Springer.

Weinert, A.B. (1987). Lehrbuch der Organisationspsychologie. München: Psychologische Verlagsunion.

Womack, J.P.; Jones, D.T. & Roos, D. (1992). Die zweite Revolution in der Autoindustrie. Frankfurt: Campus.

Zander, E. (1993). Beurteilungswesen und Mitarbeitergespräch. Personal, 12, S. 560–563.

Stichwortverzeichnis

T

task alignment 9
Teamentwicklung 177 ff.
Technikerqualifikationen 37, 38
technischer Determinismus 2, 3
Tiefenstruktur 125
Training
– Denk- 151 ff.
– Strategie- 157 ff.
– Verhaltens- 80 f., 82
Transfer 184
triple-loop-learning 70 f.
Tutorielle Systeme 90

U

Unternehmenskultur 42
Unternehmensplanung 47

V

Veränderungsprozesse 9 f.
Veränderungstypus 5, 7
Vorgehensregeln 159 f.

W

Wirkungsanalyse 128, 129
Wissensanalyse 126, 135

Z

Zielbeziehungsmatrizen 186

Buchanzeigen

Die Reihe „Innovatives Personalmanagement" gibt Denkanstöße für Personalpraktiker und zeigt verständliche, nachvollziehbare Wege zum effektiven Personalmanagement.

Band 1:
Sozialleistungsmanagement. Mitarbeitermotivation mit geringem Aufwand
Von Prof. Dr. Dieter Wagner, Universität Potsdam, und Prof. Dr. Achim Grawert, Fachhochschule für Wirtschaft, Berlin
1993. X, 232 Seiten. Gebunden DM 78,–
ISBN 3-406-35085-2

Band 2:
Das Managementsystem PPM. Durch Mitarbeiterbeteiligung zu höherer Produktivität
Von Prof. Dr. Robert D. Pritchard, Texas-A&M-University, Prof. Dr. Uwe Kleinbeck und Dr. Klaus-Helmut Schmidt, Universität Dortmund
1993. XV, 256 Seiten. Gebunden DM 78,–
ISBN 3-406-35884-5

Band 3:
Managerleben. Im Spannungsfeld von Arbeit, Freizeit und Familie
Von Dr. Richard K. Streich, INPUT-Institut für Personal- und Unternehmensmanagement, Paderborn
1994. IX, 242 Seiten. Gebunden DM 78,–
ISBN 3-406-35526-9

Band 4:
Werteorientierte Personalarbeit. Strategie und Umsetzung in einem neuen Automobilwerk
Von Dipl.-Kfm. Gerhard Bihl, BMW AG, München, mit einer Einführung von Prof. Dr. Lutz von Rosenstiel
1995. IX, 166 Seiten. Gebunden DM 58,–
ISBN 3-406-39081-1

Band 5:
Führung durch Motivation. Mitarbeiter für Organisationsziele gewinnen
Von Prof. Gerhard Comelli, Mönchengladbach, und Prof. Dr. Lutz von Rosenstiel, München
1995. X, 309 Seiten. Gebunden DM 68,–
ISBN 3-406-39405-1

Band 6:
Betriebliche Weiterbildung. Management von Qualifikation und Wissen
Von Prof. Dr. Peter Pawlowsky. Technische Universität Chemnitz-Zwickau, und Dipl.-Kfm Jens Bäumer, Freie Universität Berlin
1996. X, 252 Seiten. Gebunden DM 78,–
ISBN 3-406-40043-4

Verlag C.H. Beck · 80791 München

Literatur zu Managementfragen

Bickmann/Schad
Integratives Management
Das Ende des Thomas-prinzips

Von Roland Bickmann und Marcus Schad

1995. IX, 222 Seiten. Gebunden DM 58,–
ISBN 3-406-39030-7

Kern des Buches sind in langjähriger Praxis entwickelte „Bausteine der Unternehmenskultur", die es ermöglichen, aufgrund konkreter Handlungsweisen sowohl die Integrationsebene der Mitarbeiter als auch die der neuen Unternehmenssicht zu verbinden.

Müller-Seitz
Erfolgsfaktor Arbeitszeit
Optimale Arbeitszeitsysteme aus betriebswirtschaftlich-arbeitswissenschaftlicher Sicht

Von Peter Müller-Seitz

1996. IX, 181 Seiten. Kartoniert DM 78,–
ISBN 3-406-40106-6

Das Werk faßt die vorliegenden Erkenntnisse zum Thema Arbeitszeit zusammen und stellt für Praktiker in Produktion und Personalverwaltung die leistungswirtschaftliche Seite des Themas dar. Im Mittelpunkt stehen betriebswirtschaftliche Aspekte der Festlegung richtiger Arbeitszeiten sowie die Koordination von Arbeits- und Betriebszeiten

Verlag C.H. Beck · 80791 München